高职高专“十三五”规划教材

税法基础

主　编　孔德军　田小燕
副主编　芦运莉　胡　迪
参　编　贾从飞

机械工业出版社

本书根据最新税收法规变化情况和高职高专税法课程的教学实际要求编写，内容新颖、实用、可操作性强。本书共10个项目，项目一介绍了税法基本理论及税法要素；项目二至项目九介绍了我国目前的主要税种税款的计算与纳税申报等，包括增值税、消费税、企业所得税、个人所得税和其他税种；项目十介绍税收征收管理相关知识。每个项目后都附有职业能力训练，让学生能够及时检查巩固自己的学习效果。

本书可作为高等职业院校、高等专科学校、成人高等院校的会计、财务管理、审计、工商管理等相关专业的教材，也可供企业管理人员、财务人员、税务人员学习和工作参考。

图书在版编目（CIP）数据

税法基础／孔德军，田小燕主编．—北京：机械工业出版社，2017.2（2017.8重印）
高职高专"十三五"规划教材
ISBN 978-7-111-55572-8

Ⅰ.①税… Ⅱ.①孔… ②田… Ⅲ.①税法-中国-高等职业教育-教材 Ⅳ.①D922.22

中国版本图书馆CIP数据核字（2016）第294802号

机械工业出版社（北京市百万庄大街22号 邮政编码100037）
策划编辑：孔文梅 责任编辑：孔文梅
封面设计：鞠 杨 责任校对：张 薇
责任印制：李 洋
三河市国英印务有限公司印刷

2017年8月第1版·第2次印刷
184mm×260mm·15.25印张·317千字
3 001－6 000册
标准书号：ISBN 978-7-111-55572-8
定价：39.00元

凡购本书，如有缺页、倒页、脱页，由本社发行部调换

电话服务
服务咨询热线：010-88379833
读者购书热线：010-88379649

网络服务
机 工 官 网：www.cmpbook.com
机 工 官 博：weibo.com/cmp1952
教育服务网：www.cmpedu.com
金 书 网：www.golden-book.com

前　言 Preface

税法课程是会计类专业的核心课程，也是其他经管类专业的必修或选修课程。随着市场经济的不断发展，我国的税收法律制度也在不断改革与完善。近年来我国进行了一系列重大的税制改革，随着 2016 年 5 月 1 日起在全国范围内全面推开营业税改征增值税，税法的变化对企业及税务征管工作、对职业院校税法课程提出了新的要求。税法课程内容应主动适应税收法规的变化，及时增加新的税收法规内容，突出教材的理论性、新颖性、实用性和可操作性。本书作者多年从事税法教学及企业会计核算、纳税申报实务工作，教学与实践经验较为丰富，在编写时针对高职高专税法课程教学的特点，坚持理论与实践相结合的原则。本书具有以下特点：

1. 目的性强。

本书内容注重对学生基本技能的培养。通过学习本书，学生能够熟练掌握有关税法方面的基础知识和基本理论，运用所学知识准确处理企业各项业务活动中所涉及的税种、税款计算、缴纳与纳税申报问题。

2. 体系完整。

本书既包括对税法理论的阐述、现行税制各个具体税种的介绍，也包括对税收征收管理制度的描述，使学生对税法理论、结构有一个完整的认识。

3. 突出重点。

对当前我国税制的主要税种的税法做了较为详尽的介绍，并对主要税种纳税申报表及其附列资料填写的具体操作进行了详细的解释与说明；同时，对辅助性税种的税法做了概要性的介绍；对企业实务中较少用到的税种不再编入其中。

4. 注重实践。

每一项目中的内容都有例题解析，帮助学生理解、巩固所学知识点，项目结束后附有职业能力训练题，强化学生动脑和动手能力的训练，增强学生对税法知识的把握和业务实际操作技能的培养。

5. 内容新颖。

针对税法的最新变化编写，力求在内容上做到“最新”，并根据税制改革的进程，适时进行内容的删减与调整。

本书由江苏财经职业技术学院孔德军、田小燕任主编，江苏财经职业技术学院芦运莉、胡迪任副主编，参加编写的人员还有淮安开元税务师事务所贾从飞。由于水平和经验有限，书中肯定有不足之处，恳请同行和读者提出宝贵意见。

为方便教学，本书配备电子课件等教学资源。凡选用本书作为教材的教师均可索取，请发送邮件至 cmpgaozhi@sina.com，咨询电话：010－88379375，QQ：945379158。

编　者

目　录 | Contents

Contents

项目一 税法基本原理

知识目标

※ 了解税收产生的原因
※ 了解税收的形式特征、税收法律关系的构成
※ 理解税收的定义和作用、税收体系

技能目标

※ 掌握税法的构成要素
※ 掌握税法的分类

任务一 税收认知

一、税收产生于个人及公共需要

按照现代经济学原理，人类的需要作为现代政治、经济、文化、法律的基础，具体可以分为两类：①私人需要，所谓私人需要是指社会成员的个体需要。私人需要既包括生活需要，也包括生产需要。生活需要主要是人类繁衍和劳动力再生产的需要，即对吃、穿、住、用等生活资料的需要。生产需要是指物质资料再生产的需要。随着社会物质生产方式的转变，即随着分工和协作的发展，家庭作为生产基本单位的职能逐渐让位于作坊、工场，以及由此发展而来的工厂、公司。所以，现代的私人需要，实际是指家庭的生活需要和厂商的生产需要。②公共需要。公共需要是指在一定社会整体范围内，为保证人口或劳动力再生产与物质资料再生产得以顺利进行的外部条件的需要，包括社会和平、社会秩序、公共工程与公共事业，在以社会化大生产为基础的商品经济条件下，还包括国民经济的稳定和发展。

按现代经济学基本原理，基于私人需要的个体性、竞争性、排他性，满足私人需要最有效的方式是市场经济。而满足公共需要的基本方式却不是市场经济，这是由公共需要的基本特点所决定的。

没有政府的情形是难以想象的。一个典型事例就是航海灯塔。

大海中的灯塔是所有航海者都需要的服务，理论上可由一个商人制造一个灯塔，然后向来往航船收费，弥补制造与维护灯塔的运行成本。然而有三个基本问题难以解决：①在风浪巨大的大海上需要很多灯塔，每个灯塔的制造成本都很高，难以由一个投资者筹集这么多的资金；②如果来往船只在通过灯塔时拒绝缴费，声称他没有收到灯塔指挥或埋怨灯塔指导的航向是错误的，灯塔建造者将陷入无奈；③船只有大有小，有满有空，如何确定费用缴纳标准？在这种情况下，由任何一个人来解决大家都需要的灯塔都不可能，唯一的办法是所有航海者联合起来，共同商议解决办法，共同需要、共同建造、共同缴费、共同维护，显然，满足公共需要必须由一个代表大家共同利益的组织（比如政府）来满足。

相对于私人需要而言，公共需要具有三个特点：①主体整体集合性，即公共需要是所有消费者的共同需要，它们是一个完整整体，无法分散；②效用非排他性，即在满足公共需要时无法将不缴费者排斥于公共物品消费之外；③消费非竞争性，即每个人对公共物品的消费并不会导致其他人消费的减少。由于公共需要的上述特点，导致无法通过家庭或厂商来满足公共需要，其原因在于家庭或厂商作为民间经济主体，既不具备超脱的公共利益，也不具有至高无上的权威。所以，面对公共需要，其执行者只能是政府，在现代经济学上，习惯上将政府称为“公共部门”。

二、税收定义及特征

税收是国家依据其社会管理职能，为满足社会公共需要，凭借政治权力，运用法律手段，按照预定标准参与国民收入分配而取得财政收入的一种形式。

税的名称

在中国，汉语中的“税”最早见于《春秋》一书，“税”字是“禾”加“兑”。可见，古人造字，税从“禾”、从“兑”。“禾”泛指农作物，说明中国古代最初的赋税是与农作物有关。“兑”有二层意思，一层意思为送达，与“禾”构成“税”字，就是按规定向国家交纳农产品；另一层意思是《易经》上的解释，“兑”有平的意思，与“禾”成“税”，又引申为公平、公正，就是说税收要公平、公正，而这正是税法的重要原则之一。

近些年我国税收收入情况见表1-1。

表 1-1　2006—2015 年全国税收收入明细表

（单位：亿元）

年　份	税收收入	增长（%）
2006	37 637	21.93
2007	49 442.73	31.39
2008	54 219.62	9.66
2009	59 515	9.8
2010	73 202	23
2011	89 720	22.57
2012	100 601	12.1
2013	110 497	9.8
2014	119 158	7.8
2015	124 982	4.8

（资料来源：中华人民共和国财政部 http://gks.mof.gov.cn/zhengfuxinxi/tongjishuju/index_1.html）

与其他财政收入形式相比，税收有着如下特征：

1. 强制性

税收强制性是指税收参与社会物品的分配依据的是国家的政治权力，而不是财产权利，即与生产资料的占有没有关系。税收强制性具体表现在税收是以国家法律的形式规定的，而税收法律作为国家法律的组成部分，对不同的所有者都是普遍适用的，任何单位和个人都必须遵守，不依法纳税者要受到法律的制裁。税收的强制性说明，依法纳税是人们不应回避的法律义务。我国宪法就明确规定，我国公民“有依法纳税的义务”。正因为税收有强制性的特点，所以它是国家取得财政收入的最普遍、最可靠的保证。

2. 无偿性

税收无偿性是就具体的征税过程来说的，表现为国家征税后税款即为国家所有，并不存在对纳税人的偿还问题。税收无偿性是相对的。对具体纳税人来说，纳税后并未获得任何报酬。从这个意义上说，税收不具有偿还性或返还性。但若从财政资金运用过程来看问题，税收是对政府提供公共物品和服务成本的补偿，这里又反映出有偿性的一面。当然，就某一具体的纳税人来说，他所缴纳的税款与他从公共物品或劳务的消费中所得到的利益并不一定是对等的。

3. 固定性

税收固定性是指课税对象及每一单位课税对象的征收比例或征收数额是相对固定的，而且是以法律形式事先规定的，只能按法律规定的标准征收，而不能无限度地征收。纳税人取得了应纳税的收入或发生了应纳税的行为，必须按法律规定标准如数缴纳，而不能改变这个标准。当然，固定性也不能绝对化，随着社会经济条件的变化，具体的征税标准是可以改变的，国家可以修订税法、调高或调低税率等，但这只是变动征收标准而不是取消征收标准。所以，这与税收的固定性是不矛盾的。

税收所具有的三个特征是互相联系、缺一不可的，同时具备这三个特征才叫税收。税收的强制性决定了征收的无偿性，而无偿性与纳税人的经济利益关系极大，因而要求征收的固定性，这样对纳税人来说比较容易接受，对国家来说可以保证收入的稳定。税收的特征是税收区别于其他财政收入形式如上缴利润、国债收入、规费收入、罚没收入等的基本标志。

任务二 税法认知

一、税收与税法的关系

税收是国家财政收入的主要手段，税法是保障税收的法律手段，税收遵守税法的规定。

税收是以实现国家公共财政职能为目的，基于政治权力和法律规定，由政府专门机构向居民和非居民就其财产或特定行为实施强制、非罚与不直接偿还的金钱或实物课征，是国家最主要的一种财政收入形式。国家取得财政收入的手段有多种多样，如税收、发行货币、发行国债、收费、罚没等，而税收则由政府征收，取自于民、用之于民。

税法是国家制定的用以调整国家与纳税人之间在纳税方面的权利及义务关系的法律规范的总称。税法是税收制度的法律表现形式，它调整的对象是税收分配过程中形成的权利义务关系。税法有广义与狭义之分，广义的税法包括各级权力机关制定的税收法律、法规、规章，是由税收实体法、税收程序法等构成的法律体系。狭义的税法仅指国家最高权力机关正式制定的税收法律。

二、税收法律关系

税收法律关系是税法所确认和调整的国家与纳税人之间、国家与国家之间以及各级政府之间在税收分配过程中形成的权利与义务关系。

1. 税收法律关系权利主体

法律关系的权利主体是指法律关系的参加者。税收法律关系的主体即税收法律关系中享有权利和承担义务的当事人。在我国，权利主体一方是代表国家行使征税职责的行政机关，另一方是履行纳税义务的人。

（1）征税主体：各级税务机关、海关。

（2）纳税主体：法人、自然人、其他组织。

2. 税收法律关系权利客体

税收法律关系权利客体即税收法律关系主体的权利、义务所共同指向的对象，也就是征税对象。例如，所得税法律关系客体就是生产经营所得和其他所得，财产税法律关系客体即财产，货物劳务税（简称“货劳税”）法律关系客体就是货物销售收入或劳务收入。

3. 税收法律关系的内容

税收法律关系的内容就是权利主体所享有的权利和所应承担的义务，这是税法的灵魂，它规定权利主体享有哪些权利、应承担哪些义务。

税务机关的权利主要表现在依法进行征税、税务检查以及对违章者进行处罚；其义务主要是向纳税人宣传、咨询、解释辅导税法，及时将税款解缴国库，受理纳税人对税收争议的申诉等。

纳税义务人的权利主要有多缴税款申请退还权、延期纳税权、依法申请减免权、申请复议和提起诉讼等。其义务是按税法规定办理税务登记、进行纳税申报、接受税务检查、依法缴纳税款等。

三、税法的分类

（一）按照税法的职能作用的不同分类

税法按职能作用的不同可分为税收实体法和税收程序法。

1. 税收实体法

税收实体法主要是确定税种立法，具体规定各税种的征收对象、征收范围、税目、税率、纳税地点等，如《中华人民共和国企业所得税法》《中华人民共和国个人所得税法》就属于税收实体法。

2. 税收程序法

税收程序法是指税务管理方面的法律，具体规定税收征收管理、纳税程序、发票管理、纳税申报、税款征收、税收检查、税收法律责任等。如《中华人民共和国税收征收管理法》《中华人民共和国海关法》等就属于税收程序法。

（二）按照税法征收对象的不同分类

税法按征收对象的不同可分为货物和劳务税、所得税、财产税、行为税和资源税法。

1. 货物和劳务税

货物和劳务税（也称货物劳务税、货劳税）是以商品生产、商品流通和提供劳务的销售额（收入）为征税对象的一类税收，这类税法的特点是与商品生

产、流通、消费有密切联系，易发挥宏观调控作用。由于这些税种都是按照商品销售和劳务收入计算征收的，在生产经营和销售、服务环节征收，税收收入不受成本费用变化的影响，而对价格变化较为敏感。货物劳务税主要包括增值税、消费税和关税等。

2. 所得税

所得税是以纳税人的各种收益额为征收对象的一类税收，所得税类税收属于终端税种，体现了量能负担原则，即所得多的多征，所得少的少征，无所得的不征。其特点是：征税对象不是一般收入，而是总收入减去准予扣除的成本、费用项目后的余额，即应纳税所得额。征税对象受成本、费用、利润高低的影响较大。这类税主要包括企业所得税、个人所得税等。

3. 财产税

财产税是以纳税人财产数量或财产价值为征收对象的一类税收。其特点是：税收负担与财产价值、数量关系密切，体现调节财富、合理分配等原则。财产税主要包括房地产税、车船税、船舶吨税、契税、城镇土地使用税等。

4. 资源税

资源税是以自然资源和某些社会资源为征收对象的一类税收。其特点是：税负高低与资源级差受益水平关系密切。资源税主要包括资源税、土地增值税、城镇土地使用税、耕地占用税等。

5. 行为税

它是国家为了实现某种特定目的，以纳税人某些特定行为为征税对象的一类税收，其特点是：征税的选择性较为明显，税种较多，具有较强的时效性。我国现行的印花税、车船购置税、城市维护建设税、耕地占用税等都属于行为税类。

（三）按照税收的征收权限和收入支配权限不同分类

税收按征收权限和收入支配权限不同可以分为中央税、地方税和中央地方共享税。

1. 中央税

中央税是指由中央立法、收入划归中央并由中央政府征收管理的税收，如：关税，消费税，海关代征的进口环节增值税和消费税等。

2. 地方税

地方税是指由中央统一立法或授权立法、收入划归地方并由地方负责征收管理的税收，如房产税、城镇土地使用税、城市维护建设税、车船税、契税、土地增值税等。

3．**中央地方共享税**

中央地方共享税是指税收收入支配由中央和地方按比例或法定方式分享的税收，如增值税、企业所得税、个人所得税、资源税、对证券（股票）交易征收的印花税等。

（四）按照税收的计税标准不同分类

税收按计税标准不同可以分为从价税、从量税和复合税。

1．**从价税**

从价税是指以征税对象的价值或价格为计税依据征收的一种税，一般采用比例税率和累进税率，如我国的增值税、企业所得税、个人所得税等都采用从价计征形式。

2．**从量税**

从量税是指以征税对象的实物量为计税依据征收的一种税，一般采用定额税率，如我国的资源税、城镇土地使用税、耕地占用税等都采用从量计征形式。

3．**复合税**

复合税是指对征税对象采取从价和从量相结合的复合计税方法征收的一种税，如对卷烟、白酒征收的消费税采取从价和从量相结合的复合计税方法。

四、税法构成要素

税法的构成要素是指各种税收实体法具有的共同的基本要素的总称。税法的构成要素一般包括总则、纳税义务人、征税对象、税目、税率、纳税环节、纳税期限、纳税地点、减税免税、罚则、附则等项目。

（一）总则

总则主要包括立法依据、立法目的、适用原则等。

（二）纳税义务人

纳税人又称纳税主体，是税法规定的直接负有纳税义务的单位和个人。任何一个税种，首先要解决的就是国家对谁征税的问题。纳税人有两种基本形式：自然人和法人。它们是两个相对应的法律概念。自然人是基于自然规律而出生、生存的人，既包括本国公民，也包括外国人和无国籍人。自然人是享有民事权利并承担民事义务的主体。法人是依法成立，具有独立的财产和经费，依法独立承担民事责任的社会组织。我国的法人主要有机关法人、事业法人、企业法人、社团法人。

与纳税人紧密联系的两个概念是：代扣代缴义务人和代收代缴义务人。

代扣代缴义务人是指虽不承担纳税义务，但依照有关规定，在向纳税人支付收入、结算货款、收取费用时有义务代扣代缴其应纳税款的单位与个人。

代收代缴义务人是指虽不承担纳税义务，但依照有关规定，在向纳税人收取商品或劳务收入时，有义务代收代缴其应纳税款的单位与个人。

（三）征税对象

征税对象又称为课税对象、征税客体，指税法规定对什么征税，是征纳税双方权利义务共同指向的客体或标的物，是区别一种税与另一种税的重要标志，如资源税的征税对象是自然资源。征税对象是税法最基本的要素，它决定着某一种税的征税范围，同时也决定了各个不同税种的名称，征税对象按其性质不同，通常分为货物与劳务、所得额、财产、资源、特定行为五大类，因此通常也将税收分为相应的货物和劳务税类、所得税类、财产税类、资源税类、行为税类。

与课税对象相关的基本概念是税基。

税基又称为计税依据，是据以计算征税对象应纳税款的直接数量依据，它决定对征税对象课税的计算问题，是对课税对象量的规定，如增值税的计税依据就是销售额。计税依据按计量单位的性质可以分为两种基本形式：价值形式与物理形式。价值形式包括应纳税所得额、销售收入等；物理形式包括面积、体积、容积、重量等。以价值形式作为税基，称为从价计征，即按照征税对象的货币价值计算，如增值税的税额由销售额乘以适用税率计算产生，其税基为销售额，属于从价计征的方法；以物理形式作为税基，称为从量计征，即按照征税对象的自然计量计算，如城镇土地使用税应纳税额是由占用的土地面积乘以每单位面积的税额计算产生，其税基为占用的土地面积，属于从量计征方法。

（四）税目

税目是指税法中规定的征税对象的具体项目，它规定了征税对象的具体范围，是对课税对象质的界定。凡列入税目的即为应税项目，未列入税目，则不属于应税项目。如消费税的征税对象是生产和进口环节的应税消费品。我国对消费品共设计了 15 个税目，凡是不在这 15 个个税目范围内的消费品则不征消费税，如衣服、鞋帽等。

（五）税率

税率是指应纳税额与征税对象的比例或征收额度，它是计算税额的尺度，税率是税法的核心要素，税率的高低是衡量税负轻重与否的重要标志。我国现行主要税率有以下几种：

1. 比例税率

即同一征税对象，不分数额大小，规定相同的征收比例。比例税率在适用中又分为三种具体形式：

（1）单一比例税率，是指对同一征税对象的所有纳税人都适用同一比例税率。

（2）差别比例税率，是指对同一征税对象的不同纳税人适用不同的比例税率。

我国现行税法又分别按产品、行业和地区的不同将差别比例税率划分为以下三种类型：①产品差别比例税率，即针对不同产品分别适用不同的比例税率，同一产品采用同一比例税率，如消费税、关税等；②行业差别比例税率，即针对不同行业采用不同的比例税率，同一行业采用相同的比例税率，如增值税等；③地区差别比例税率，即区分不同地区采用不同的比例税率，同一地区采用同一比例税率，如城市维护建设税。

（3）幅度比例税率，是指对同一征税对象，税法只规定最低税率和最高税率，各地区在该幅度内确定具体的适用税率。

2. **累进税率**

累进税率是指随着征税对象数量增大而提高的税率，即按征税对象数额的大小划分为若干等级，各定一个税率递增征税，不同等级的课税数额分别适用不同的税率，课税数额越大，适用税率越高。一般适用于对所得额的征税。累进税率又分为全额、超额和超率累进税率。

（1）全额累进税率是把征税对象的数额分为若干级，确定不同等级的税率，按征税对象的全部数额达到哪一级，就按哪一级的税率征税。

（2）超额累进税率是指把征税对象按数额的大小分成若干等级，每一等级规定一个税率，税率依次提高，但每一纳税人的征税对象则依所属等级同时适用几个税率分别将计算结果相加后得出应纳税款。

下面通过一个例子来帮助理解全额累进税率和超额累进税率。

以个人所得税为例，假设甲乙二人的月工资收入分别为5 000元和5 005元。

按照税法规定允许扣除3 500元，则甲乙二人的应税收入分别为1 500元和1 505元。在全额累进税率和超额累进税率两种情况下，二人应纳税额如表1－2所示。

表1－2　全额累进税率和超额累进税率计算应纳税额

按照全额累进税率计算应纳税额	按照超额累进税率计算应纳税额
甲应纳税额＝1 500×3%＝45（元）	甲应纳税额＝1 500×3%＝45（元）
乙应纳税额＝1 505×10%＝150.50（元）	乙应纳税额＝1 500×3%＋5×10%＝45.50（元）

目前，个人所得税采用超额累计税率。在级数较多的情况下，为了简化计算，可用速算扣除法。因全额累进计算比超额累进计算要简单，可将超额累进计算转化为全额累进计算方法。对于同样的课税对象数量，按全额累进方法计算出

的税额比超额累进方法计算出的税额多，即有重复计算的部分，这个多征的常数称为速算扣除数。用公式表示为

速算扣除数 = 按全额累进方法计算的税额 - 按超额累进方法计算的税额

按超额累进方法计算的税额 = 按全额累进方法计算的税额 - 速算扣除数。

如上例，用速算扣除法计算，则：乙应纳税额 = 1 505 × 10% - 105 = 45.50（元）。

（3）超率累进税率，即以征税对象数额的相对率划分为若干级距，分别规定相应的差别税率，相对率每超过一个级距的，对超过的部分就按高一级的税率计算征税。目前采用这种税率的是土地增值税，土地增值税四级超率累进税率见表1-3。

表1-3 土地增值税四级超率累进税率表

级 数	增值额与扣除项目金额的比率	税率（%）	速算扣除系数（%）
1	不超过50%的部分	30	0
2	超过50%～100%的部分	40	5
3	超过100%～200%的部分	50	15
4	超过200%的部分	60	35

3. **定额税率**

定额税率，即按征税对象确定的计算单位，直接规定一个固定的税额。目前采用定额税率的有资源税、城镇土地使用税、车船税等。

（六）纳税环节

纳税环节主要指税法规定的征收对象在从生产到消费的流转过程中应当缴纳税款的环节。如货物劳务税在生产流通环节纳税，所得税在分配环节纳税等。按照某种税征税环节的多少，可以将税种划分为一次课征制或多次课征制。

（1）一次课征制是指同一税种在商品流转全过程中只选择某一环节课征的制度，如对金银珠宝征收消费税。

（2）多次课征制是指同一税种在商品流转全过程中选择两个或两个以上环节课征的制度，如增值税。

（七）纳税期限

纳税期限是指税法规定的关于税款缴纳时间方面的规定，纳税期限可以分为两种：①按期纳税，如增值税纳税期限根据纳税人的生产经营情况与税额的大小分别核定为1日、3日、5日、10日、15日、1个月或者1个季度为1期，逐期计算缴纳；②按次纳税，如进口商品应纳的增值税，就是在纳税人纳税义务发生后，按次计算缴纳。

（八）纳税地点

纳税地点是纳税人根据税法规定向征收机关申报纳税的具体地点。税法上规定的纳税地点有机构所在地、经济活动发生地、财产所在地、报关地等。

（九）减免税

减免税是指国家对某些纳税人和征税对象给予鼓励和照顾的一种特殊规定。制定这种特殊规定，一方面是为了鼓励和支持某些行业或项目的发展；另一方面是为了照顾某些纳税人的特殊困难。减免税主要包括三个方面的内容：

1. 减税和免税

减税是指从应征税额中减征部分税款；免税是指对按规定应征收的税款全部免除。减税和免税具体又分为两种情况，一种是税法直接规定的减免税优惠，如民政部门举办的福利生产企业可减征或者免征企业所得税；另一种是依法给予的一定期限内的减免税优惠，期满后仍按规定纳税，如《财政部、国家税务总局关于暂免征收部分小微企业增值税和营业税通知》（财税【2013】2 号）及财税【2014】71 号）：增值税小规模纳税人，月销售额不超过 3 万元（含 3 万元）的，免征增值税，其中，以一个季度为纳税期限的增值税小规模纳税人，季度销售额不超过 9 万元的，按照规定免征增值税。时间截至 2017 年 12 月 31 日。

2. 起征点

起征点是指对征税对象达到一定数额才开始征税的界限，征税对象的数额没有达到规定数额的不征税，征税对象的数额达到规定数额的，就其全部数额征税。如《中华人民共和国增值税暂行条例》（2008 年 11 月 10 日中华人民共和国国务院令第 538 号）中规定：增值税起征点的幅度是销售货物和提供应税劳务的，起征点为月销售额 5 000 ~ 20 000 元；按次纳税的，为每次（日）销售额 300 ~ 500元。

3. 免征额

免征额是指对征税对象总额中免予征税的数额。即将纳税对象中的一部分给予减免，只就减除后的剩余部分计征税款。如《中华人民共和国个人所得税法》规定了免征额制度，对工资、薪金所得，以每月收入额减除费用 3 500 元后的余额为应纳税所得额。

（十）法律责任

法律责任是指对违反国家税法规定的行为人采取的处罚措施，一般包括违法行为和因违法而应承担的法律责任两部分内容。违法行为是指违反税法规定的行为，包括作为和不作为，因违反税法而承担的法律责任包括行政责任与刑事责任。

职业能力训练

一、单项选择题

1. 税收是凭借（　　）取得财政收入的一种形式。

A. 国家对纳税人提供的服务　　B. 资产所有权

C. 人权　　D. 政治权力

2. 国家对（　　）具有偿还的义务。

A. 税收　　B. 财政货币发行　C. 国债　　D. 规费收入

3. 负有代扣代缴税款义务的单位、个人是（　　）。

A. 实际负税人　B. 扣缴义务人　C. 纳税义务人　D. 税务机关

4. 在征税对象的全部数额中，免予征税的部分称为（　　）。

A. 免征额　　B. 起征点　　C. 免予额　　D. 减税额

5. 一个征税对象同时适用几个等级的税率形式是（　　）。

A. 定额税率　B. 比例税率　C. 超额累进税率　D. 全额累进税率

6.（　　）的特点是税率不受价格变动影响，适用于从量税。

A. 比例税率　B. 定额税率　C. 累进税率　D. 边际税率

7. 我国现行税法中，区分不同税种的主要标志是（　　）。

A. 纳税义务人　B. 征税对象　C. 适用税率　D. 纳税环节

8. 国务院税务主管部门制定的税收部门规章是税法体系的一个组成部分，在全国范围内具有普遍适用效力，但不得与税收法律、行政法规相抵触。有权制定税收部门规章的税务主管机关是（　　）。

A. 财政部和国家税务总局　　B. 地方人民政府

C. 省级财政厅（局）　　D. 省级国家税务局和地方税务局

9. 在税收分配活动中，税法的调整对象是（　　）。

A. 税收分配关系　　B. 经济利益关系

C. 税收权利义务关系　　D. 税收征纳关系

10. 以下对税收概念的相关理解不正确的是（　　）。

A. 税收的本质是一种分配关系

B. 税收分配是以国家为主体分配

C. 征税的目的是满足社会公共需要

D. 税收“三性”是区别税与非税的外在尺度和标志

二、多项选择题

1. 税法构成要素包括（　　）。

A. 纳税环节　B. 纳税义务人　C. 征税对象　D. 税率

2. 税收的特征是（　　）。

A. 强制性　　B. 无偿性　　C. 非罚性　　D. 固定性

3. 在我国税收法律关系中，权利主体的一方是代表国家行使征税职责的国家税务机关，它包括（　　）。

A. 国家各级税务机关　　B. 国家各级财政机关

C. 国家各级农业主管部门　　D. 海关

4. 税率是对征税对象的征收比例或征收额度，我国现行的税率主要有（　　）。

A. 比例税率　　B. 定额税率　　C. 超额累进税率　D. 超率累进税率

5. 下列税收法律规范属于税收实体法的有（　　）。

A. 增值税暂行条例　　B. 企业所得税法

C. 个人所得税法　　D. 税收征收管理法

6. 征税对象构成了税收实体法诸要素中的基本要素，主要因为（　　）。

A. 征税对象是一种税区别于另一种税的最主要标志

B. 征税对象明确了各税种的征税范围

C. 征税对象规定着计算各种应征税款的依据

D. 税制要素中的其他要素一般都是以征税对象为基础确定的

7. 下列税法中属于税收实体法的有（　　）。

A. 个人所得税法　　B. 税收征收管理法

C. 发票管理办法　　D. 企业所得税法

8. 目前计税依据形式主要包括（　　）。

A. 价值量形式　　B. 实物量形式

C. 劳务形式　　D. 计量形式

9. 我国现行税法中运用累进税率形式的有（　　）。

A. 全额累进税率　　B. 全率累进税率

C. 超额累进税率　　D. 超率累进税率

10. 关于税收实体法要素，下列说法正确的有（　　）。

A. 纳税人是税法规定的直接负有纳税义务的单位和个人，是实际负担税款的单位和个人

B. 征税对象是税法中规定征税的目的物，是国家征税的依据

C. 计税依据是税法中规定的据以计算各种应纳税款的依据和标准，也是纳税人合理负担税收的重要标志

D. 纳税人在计算应纳税款时，应以税法规定的税率为依据，因此，税法规定的税率反映了纳税人的税收实际负担率

三、判断题

1. 减税与免税实质是相同的，都是减少征税。（　　）

2. 税率是税法的核心要素，税率高低是衡量纳税人税负轻重的重要标志。（　　）

3. 定额税率适用于从价计征的税种。（　　）

4. 按照现行税法规定，税收征收管理机关可包括地方政府财政机关。（　　）

5. 全国人大常委会发布实施的《税收征收管理法》属于税收实体法。（　　）

6. 从我国现阶段来看，税收制度的设计要“效率优先，兼顾公平”。（　　）

7. 税法与税收密不可分，税收是税法的表现形式，税法则是税收所确定的具体内容。（　　）

8. 在税收法律关系中，代表国家行使征税职权的税务机关是权利主体，履行纳税义务的纳税人是义务主体或权利客体。（　　）

9. 在税收法律关系中，权利主体双方法律地位是平等的，所以双方的权利与义务也是对等的。（　　）

10. 增值税属于中央地方共享税。（　　）

项目二 增值税核算

知识目标

※ 掌握增值税的基本知识；了解增值税的概念、特点和作用；能够正确选择适用税率；掌握一般纳税人采用简易计征方法纳税的条件；了解增值税相关优惠政策。

※ 能够准确计算销售额、准予抵扣的进项税额；能够正确进行一般纳税人和小规模纳税人的增值税应纳税额的计算。

技能目标

※ 能正确进行增值税的纳税申报以及各种发票的管理和使用。

任务一 增值税概述

一、增值税的概念

增值税是以商品（含应税劳务和服务、无形资产、不动产）在流转过程中产生的增值额为计税依据而征收的一种流转税。按照现行我国增值税法的规定，增值税是对在中华人民共和国境内销售货物或提供加工、修理修配劳务（以下简称“应税劳务”），销售服务、转让无形资产或者销售不动产，以及进口货物的单位和个人，就其取得的销售货物、提供应税劳务、销售服务、转让无形资产或者销售不动产的销售额，以及进口货物金额计算税款，并实行税款抵扣制的一种流转税。

法规链接

1993 年底，国务院颁布了《中华人民共和国增值税暂行条例》，财政部印发了《中华人民共和国增值税暂行条例实施细则》，并于 1994 年 1 月 1 日起实施。

从此，我国增值税开始进入国际通行的规范化的行列。2008 年国务院决定全面实施增值税改革，对《中华人民共和国增值税暂行条例》进行了修订和发布。从 2012 年 1 月 1 日起，在上海交通运输业和部分现代服务业开展营业税改征增值税（简称“营改增”）试点。至此，货物劳务税收制度的改革拉开序幕。截至 2013 年 8 月 1 日，“营改增”范围推广到全国试行。2014 年 1 月 1 日，铁路运输和邮政业纳入试点范围。2014 年 6 月 1 日，电信业纳入试点范围。2016 年 5 月 1 日，全面推开“营改增”改革，将建筑业、房地产业、金融业和生活服务业纳入试点范围。从此，营业税退出历史舞台。目前，增值税是我国现阶段税收收入规模最大的税种。

二、增值税的特点

相对其他流转税而言，增值税具有以下的特征：

1. 多环节征税、税基广泛

增值税的征收范围广，其课税范围不仅涉及社会的生产、流通、消费、劳务等制造业和贸易行业，还涉及包括提供应税服务、转让无形资产和销售不动产等国民经济中第三产业的相关领域。增值税不仅在生产、服务环节征收，而且还可以在批发和零售以及进口环节征收。一切从事生产经营活动并取得经营收入的单位和个人都应该依法缴纳增值税。

2. 实行税款抵扣制度，逐环节征税，逐环节扣税

增值税税制的核心是税款的抵扣制。上一环节征多少，下一环节扣多少，如果上一环节未征税或免税，则下一环节不予抵扣。实行税款抵扣制度，使得纳税人在计算增值税应纳税款时，可以扣除商品（含应税劳务和服务）在以前生产销售环节已负担的税款，它消除了传统的间接税制在每一环节按销售额全额道道征税所导致的对转移价值的重复征税问题，从而避免重复征税。

3. 增值税实行价外税制度

对销售货物、提供加工修理修配劳务或者销售服务、转让无形资产或者销售不动产在各环节征收的税款，在计税时，作为计税依据的销售额中不包含增值税税额，这样有利于形成均衡的商品价格，并有利于税负转嫁的实现。这是增值税与传统的以全部流转额为计税依据的一个重要区别。

三、增值税的作用

1. 在税收征管上可以相互制约，防止偷税、漏税

增值税实行购进扣税法和发票注明税款抵扣制，商品和服务流转过程中所产生的销项税和进项税是前后相扣、相互钩稽的关系。在凭发票抵扣制度下，可以促使购买方向销售方索要发票，使买卖双方形成相互制约的关系，有利于税务机关对纳税情况的交叉稽核，防止偷税、漏税现象的发生。

2. 保证财政收入的稳定性和及时性

增值税的征收范围广、征收普遍，其课税范围涉及社会的生产、流通、消费、劳务、服务等诸多生产经营领域，凡从事货物销售、提供应税劳务和销售服务、转让无形资产或者销售不动产以及进口货物的单位和个人，只要取得增值额都要缴纳增值税，税基极为广泛。增值税在货物销售或应税劳务提供以及销售服务、转让无形资产或者销售不动产的环节课征，其税款随同销售额一并向购买方收取，纳税人不必动用经营资金缴税，可以保证财政收入的及时入库。增值税不受生产结构、经营环节变化的影响，税款收入具有稳定性。

3. 平衡税负，保持公平竞争

增值税以增值额为课税对象的特点，能够解决同一产品由一个厂进行加工或者由多个厂进行加工而产生的重复征税问题。

增值税的基本内容

一、增值税的纳税人和扣缴义务人

根据《增值税暂行条例》和《营业税改征增值税试点实施办法》（以下简称《“营改增”试点实施办法》）的规定，凡在我国境内销售货物或提供加工、修理修配劳务，销售服务、转让无形资产或者不动产，以及进口货物的单位和个人为增值税的纳税人。单位是指企业、行政单位、事业单位、军事单位、社会团体及其他单位；个人是指个体工商户和其他个人。

单位以承包、承租、挂靠方式经营的，承包人、承租人、挂靠人（以下统称承包人）以发包人、出租人、被挂靠人（以下统称发包人）名义对外经营并由发包人承担相关法律责任的，以该发包人为纳税人。否则，以承包人为纳税人。

根据纳税人的经营规模以及会计核算健全程度的不同，增值税的纳税人可分为小规模纳税人和一般纳税人。

（一）小规模纳税人

小规模纳税人是指年应征增值税销售额（以下简称“应税销售额”）在规定标准以下，并且会计核算不健全，不能按规定报送有关税务资料的增值税纳税人。

根据规定，凡符合下列条件的视为小规模纳税人：

(1) 从事货物生产或提供应税劳务的纳税人，以及以从事货物生产或提供应税劳务为主，并兼营货物批发或零售的纳税人，年应税销售额在50万元（含）以下的。

(2) 对上述规定以外的纳税人（不含提供应税服务的纳税人），年应税销售额在80万元（含）以下的。

(3) 年应税销售额超过小规模纳税人标准的个人按小规模纳税人纳税。

(4) 非企业性单位、不经常发生应税行为的企业可选择按小规模纳税人纳税；应税服务年销售额超过规定标准但不经常提供应税服务的单位和个体工商户可选择按照小规模纳税人纳税。

(5) 提供应税服务的纳税人，应税服务年销售额未超过500万元的为小规模纳税人。

小规模纳税人不能领购和使用增值税专用发票，按简易办法计算缴纳增值税。凡能够认真履行纳税义务的小规模企业，经县（市）税务局批准，其销售货物或提供应税劳务、销售服务、转让无形资产或者销售不动产可由税务所代开增值税专用发票。

（二）一般纳税人

一般纳税人是指年应税销售额超过财政部、国家税务总局规定的小规模纳税人标准的企业和企业性单位（以下简称企业）。

兼有销售货物、提供应税劳务以及销售服务、无形资产和不动产的纳税人，销售货物及应税劳务销售额与销售服务、无形资产和不动产的销售额分别计算，分别适用增值税一般纳税人资格认定标准。

新开业的符合一般纳税人条件的企业，应在办理税务登记的同时申请办理一般纳税人认定手续。税务机关对其预计年应税销售额超过小规模企业标准的暂认定为一般纳税人。

提示

年应税销售额未超过标准的小规模纳税人，会计核算健全，能准确核算并提供销项税额、进项税额的，可以向主管税务机关申请一般纳税人资格认定，成为一般纳税人。

会计核算健全，是指能够按照国家统一的会计制度规定设置账簿，根据合法、有效凭证核算。能正确核算增值税的销项税额、进项税额和应纳税额。

下列纳税人不属于一般纳税人：

(1) 年应税销售额未超过小规模纳税人标准的企业。

(2) 个人（除个人经营者以外的其他个人）。

除财政部、国家税务总局另有规定外，纳税人自一般纳税人资格生效之日起，按照增值税一般计税方法计算应纳税额，并按照规定领取增值税专用发票。

提 示

除国家税务总局另有规定外，纳税人一经认定为一般纳税人后，不得转为小规模纳税人。

二、增值税的征税范围

根据《增值税暂行条例》和“营改增”的有关规定，增值税的征税范围包括在我国境内销售货物，提供应税劳务，销售服务、无形资产和不动产，以及进口货物。

“在我国境内”是指：

（1）销售货物的起运地或者所在地在境内；

（2）提供的应税劳务发生在境内；

（3）销售服务（租赁不动产除外）或者无形资产（自然资源使用权除外）的销售方或者购买方在境内；

（4）所销售或者租赁的不动产在境内；

（5）所销售自然资源使用权的自然资源在境内。

下列情形不属于在境内销售服务或者无形资产，不征增值税：

（1）境外单位或者个人向境内单位或者个人销售完全在境外发生的服务；

（2）境外单位或者个人向境内单位或者个人销售完全在境外使用的无形资产；

（3）境外单位或者个人向境内单位或者个人出租完全在境外使用的有形动产；

（4）财政部和国家税务总局规定的其他情形。

（一）征税范围的一般规定

1. 销售货物

销售货物，是指有偿转让货物的所有权。货物，是指有形动产，包括电力、热力、气体在内。有偿，是指从购买方取得货币、货物或者其他经济利益。

2. 提供应税劳务

提供应税劳务，是指纳税人有偿提供的加工、修理修配劳务。单位或者个体工商户聘用的员工为本单位或者雇主提供的应税劳务不包括在内。

加工是指受托加工货物，即委托方提供原料及主要材料，受托方按照委托方的要求制造货物并收取加工费的业务。

修理修配是指受托对损伤和丧失功能的货物进行修复，使其恢复原状和功能的业务。

3. 销售服务、无形资产或者不动产

销售服务、无形资产或者不动产，是指在我国境内有偿提供销售服务、转让无形资产或者销售不动产，但不包括非营业活动中提供的应税行为。

非营业活动是指：

1）行政单位收取的同时满足以下条件的政府性基金或者行政事业性收费。

①国务院或者财政部批准设立的政府性基金，由国务院或者省级人民政府及其财政、价格主管部门批准设立的行政事业性收费；

②收取时开具省级以上（含省级）财政部门监（印）制的财政票据；

③所收款项全额上缴财政。

2）单位或者个体工商户聘用的员工为本单位或者雇主提供取得工资的服务。

提 示

员工为本单位或者雇主提供的服务不征税，应仅限于员工为本单位或雇主提供职务性服务，即取得工资的服务。员工向用人单位或雇主提供与工作（职务）无关的服务，凡属于应税行为征收范围的均应按规定征收增值税。

3）单位或者个体工商户为聘用的员工提供服务。

4）财政部和国家税务总局规定的其他情形。

4. 进口货物

进口货物，是指申报进入中国关境的货物。我国增值税法规定，只要是报关进口的应税货物，均属于增值税的征税范围，除享受免税政策外，在进口环节缴纳增值税。

（二）征税范围的特殊行为

1. 视同销售行为

视同销售不同于一般意义上的销售货物、劳务、服务、无形资产或不动产行为，其发生并不能带来直接的现金流入，所以是一个税收概念。根据《增值税暂行条例》和《“营改增”试点实施办法》的规定，对于单位或个人发生的视同销售行为，征收增值税。

“营改增”在全国范围全面实施后，增值税的视同销售行为由原先的8项扩展至10项，具体包括下列行为：

《增值税暂行条例实施细则》规定的7种视同销售行为：

（1）将货物交付其他单位或个人代销。

（2）销售代销货物。

（3）设有两个以上机构并实行统一核算的纳税人，将货物从一个机构移送到其他机构用于销售，但相关机构设在同一县（市）的除外。

（4）将自产、委托加工或购进的货物作为投资，提供给其他单位或个体工商户。

（5）将自产、委托加工或购进的货物分配给股东或者投资者。

（6）将自产、委托加工的货物用于集体福利或个人消费。

（7）将自产、委托加工或购进的货物无偿赠送其他单位或个人。

（8）《营业税改征增值税试点实施办法》第十四条规定的“三种”视同销售服务、无形资产或者不动产的情形。

1）单位和个体工商户向其他单位或个人无偿提供应税服务，但以公益活动为目的或者以社会公众为对象的除外。

2）单位或者个人向其他单位或者个人无偿转让无形资产或者不动产，但用于公益事业或者以社会公众为对象的除外。

3）财政部和国家税务总局规定的其他情形。

2. 混合销售行为

混合销售是指一项销售行为既涉及服务又涉及货物。从事货物的生产、批发或者零售的单位和个体工商户的混合销售行为，按照销售货物缴纳增值税；其他单位和个体工商户的混合销售行为，按照销售服务缴纳增值税。

上述所称从事货物的生产、批发或者零售的单位和个体工商户，包括以从事货物的生产、批发或者零售为主，并兼营销售服务的单位和个体工商户在内。

混合销售行为具有以下特征：①在同一次交易中发生；②涉及同一个纳税人；③涉及同一个消费者；④交易的内容涉及货物又涉及应税服务。例如：生产货物的单位，在销售货物的同时附带运输，其销售货物及提供运输的行为属于混合销售行为，所收取的货物款项及运输费用应一律按销售货物计算缴纳增值税；建筑安装公司承包一项工程，在负责施工的同时给建设单位提供建筑安装材料，这种混合销售行为按照销售服务缴纳增值税。

3. 混业经营

混业经营是指纳税人生产或销售不同税率的货物，或者既销售货物又提供应税劳务和应税服务。试点纳税人兼有不同税率或者征收率的销售货物、提供加工修理修配劳务或者销售服务、无形资产或者不动产的，应当分别核算适用不同税率或者征收率的销售额，未分别核算销售额的，按照以下方法适用税率或者征收率：

（1）兼有不同税率的销售货物、提供加工修理修配劳务或者销售服务、无形资产或者不动产的，从高适用税率。

（2）兼有不同征收率的销售货物、提供加工修理修配劳务或者销售服务、无形资产或者不动产的，从高适用征收率。

（3）兼有不同税率和征收率的销售货物、提供加工修理修配劳务或者销售服务、无形资产或者不动产的，从高适用税率。

三、增值税的税率与征收率

根据《增值税暂行条例》和《“营改增”试点实施办法》的规定，我国增值税采用比例税率形式，包括适用于一般纳税人的 5 种税率，以及小规模纳税人和采用简易征收办法纳税的一般纳税人适用的征收率，如图 2-1 所示。

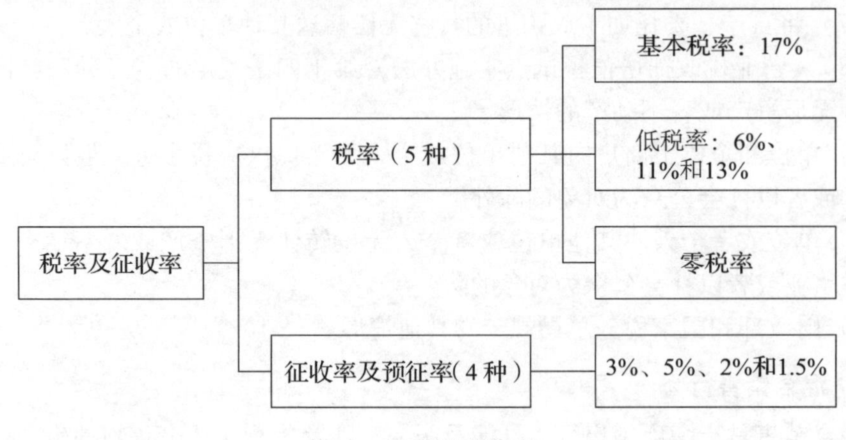

图 2-1 增值税税率

（一）基本税率

增值税一般纳税人销售货物或进口货物，提供加工、修理修配劳务和提供有形动产租赁服务，除适用低税率和零税率范围外，税率一律为 17%，这就是通常所说的基本税率。

（二）低税率

（1）增值税一般纳税人销售或进口下列货物，税率为 11%：

1）农产品（含粮食）、食用植物油、鲜奶；

2）自来水、暖气、冷气、热水、煤气、石油液化气、天然气、沼气、居民用煤炭用品；

3）图书、报纸和杂志；

4）饲料、化肥、农药、农机、农膜；

5）食用盐；

6）音像制品和电子出版物；

7）二甲醚；

8）食用盐；

9）国务院及有关部门规定的其他货物。

（2）提供交通运输、邮政、基础电信、建筑、不动产租赁服务，销售不动产，转让土地使用权，税率为 11%。

（3）提供金融服务、现代服务（租赁服务除外），销售无形资产（销售土地使用权除外），提供增值电信服务，提供生活服务，税率为 6%。

（三）零税率

（1）纳税人出口货物，税率为零，但是国务院另有规定的除外。

（2）境内单位和个人发生的跨境应税服务行为，税率为零。具体范围由财政部和国家税务总局另行规定。

（四）征收率

小规模纳税人采用简易办法征收增值税，征收率为3%。一般纳税人在特殊情况下，也可按简易办法依照3%的征收率计算缴纳增值税。另外，2016年全面推开“营改增”试点又增加了一档5%的征收率，它是对不动产经营租赁、销售等情形的一项特别规定。

1. 小规模纳税人

考虑到小规模纳税人经营规模小，且会计核算不健全，难以按上述税率计税和使用增值税专用发票抵扣进项税额，因此实行按销售额与征收率计算应纳税额的简易方法，小规模纳税人征收率一般为3%。

征收率的特别规定如下：

（1）小规模纳税人（除其他个人外，下同）销售及出租不动产适用5%征收率。

提 示

个人出租住房，应按照5%的征收率减按1.5%计算应纳税额。

（2）小规模纳税人销售自己使用过的固定资产和销售旧货，减按2%征收率征收增值税。所称旧货，是指进入二次流通的具有部分使用价值的货物（含旧汽车、旧摩托车和旧游艇），但不包括自己使用过的物品。

提 示

小规模纳税人销售自己使用过的除固定资产以外的物品，应按3%的征收率征收增值税。

2. 一般纳税人

根据《中华人民共和国增值税暂行条例》的规定，一般纳税人在特殊情况下，也按简易方法分别依照3%征收率计算缴纳增值税。具体的适用范围为：

（1）一般纳税人销售自己使用过的属于税法规定不得抵扣且未抵扣进项税额的固定资产，按简易办法依3%征收率减按2%征收增值税。

（2）一般纳税人销售自己使用过的除固定资产以外的物品，应按3%的征收率征收增值税。

（3）一般纳税人销售旧货，按简易办法依3%征收率减按2%征收增值税。

（4）一般纳税人销售货物属于下列情形之一的，暂按简易办法依照3%征收率计算缴纳增值税：

①寄售商店代销寄售物品（包括居民个人寄售的物品）。

②典当业销售死当物品。

（5）根据“营改增”试点办法的规定，在“营改增”试点期间，一般纳税人如从事符合“营改增”规定的特定项目，可以按简易方法分别依照3%、5%

征收率计算缴纳增值税。

3. **预征率**

根据“营改增”试点办法的规定，针对一些特殊项目采用预征率预缴税款，预征率分为2%、3%、5%三种。具体适用范围见表2－1、表2－2、表2－3所示。

表2－1 跨县市提供建筑服务的预征率

性 质	预征率	项 目
一般纳税人	3%	一般纳税人提供跨县（市）提供建筑服务，选择简易计税应以取得的全部价款和价外费用扣除支付的分包款后的余额为销售额，按3%的预征率在建筑服务发生地预缴税款后，向机构所在地主管税务机关进行纳税申报
	2%	一般纳税人提供跨县（市）提供建筑服务，选择一般计税方法的，应以取得的全部价款和价外费用扣除支付的分包款后的余额为销售额，按2%的预征率在建筑服务发生地预缴税款后，向机构所在地主管税务机关进行纳税申报
小规模纳税人	3%	试点纳税人中的小规模纳税人提供跨县（市）提供建筑服务，选择简易计税应以取得的全部价款和价外费用扣除支付的分包款后的余额为销售额，按3%的预征率在建筑服务发生地预缴税款后，向机构所在地主管税务机关进行纳税申报

表2－2 房地产开发及不动产租赁预征率

行 业	预征率	项 目
房地产开发	3%	房地产开发企业中的一般纳税人销售房地产老项目，适用一般计税方法的，应以取得的全部价款和价外费用为销售额，按照3%的预征率预缴税款
		房地产开发企业采取预收款方式销售所开发的房地产项目，在预收款时按3%预征率预缴增值税
不动产租赁	3%	一般纳税人出租2016年4月30日前取得的不动产，适用一般计税方法的，应以取得的全部价款和价外费用，按照3%的预征率预缴税款
		一般纳税人出租其2016年5月1日后取得的与机构所在地不在同一县（市）的不动产，应按3%的预征率在不动产所在地预缴税款后，向机构所在地主管税务机关进行纳税申报

表2－3 转让不动产的预征率

性 质	预征率	项 目
一般纳税人	5%	一般纳税人销售其2016年5月1日后取得（不含自建）的不动产，应适用一般计税方法，以取得的全部价款和价外费用为销售额计算应纳税额。纳税人应以取得的全部价款和价外费用减去该项不动产购置原价或者取得不动产时的作价后的余额，按照5%的预征率在不动产所在地预缴税款后，向机构所在地主管税务机关进行纳税申报

（续）

性　质	预征率	项　目
一般纳税人	5%	一般纳税人销售其 2016 年 5 月 1 日后自建的不动产，应适用一般计税方法，以取得的全部价款和价外费用为销售额计算应纳税额。纳税人应以取得的全部价款和价外费用，按照 5% 的预征率在不动产所在地预缴税款后，向机构所在地主管税务机关进行纳税申报
		一般纳税人销售其 2016 年 4 月 30 日前取得的不动产（不含自建），可以选择适用简易计税方法，应以取得的全部价款和价外费用减去该项不动产购置原价或者取得不动产时的作价后的余额，按照 5% 的预征率在不动产所在地预缴税款后，向机构所在地主管税务机关进行纳税申报
		一般纳税人销售其 2016 年 4 月 30 日前自建的不动产，可以选择适用简易计税方法，以取得的全部价款和价外费用为销售额，按照 5% 的征收率计算应纳税额。纳税人应按照上述计税方法在不动产所在地预缴税款后，向机构所在地主管税务机关进行纳税申报
小规模纳税人	5%	小规模纳税人销售其取得（不含自建）的不动产（不含个体工商户销售购买的住房和其他个人销售不动产），应以取得的全部价款和价外费用减去该项不动产购置原价或者取得不动产时的作价后的余额为销售额，按照 5% 的征收率计算应纳税额。纳税人应按照上述计税方法在不动产所在地预缴税款后，向机构所在地主管税务机关进行纳税申报
		小规模纳税人销售其自建的不动产，应以取得的全部价款和价外费用为销售额，按照 5% 的征收率计算应纳税额。纳税人应按照上述计税方法在不动产所在地预缴税款后，向机构所在地主管税务机关进行纳税申报

（五）其他规定

纳税人兼营销售货物、劳务、服务、无形资产或者不动产，适用不同税率或者征收率的，应当分别核算适用不同税率或者征收率的销售额；未分别核算销售额的，从高适用税率。

四、增值税的优惠政策

1. 根据《中华人民共和国增值税暂行条例》的规定，下列项目免征增值税：

（1）农业生产者销售的自产农业产品；

（2）避孕药具和用品；

（3）古旧图书，指向社会收购的古书和旧书；

（4）直接用于科学研究、科学实验和教学的进口仪器、设备；

（5）外国政府、国际组织无偿援助的进口物资和设备；

（6）由残疾人组织直接进口供残疾人专用的物品；

(7) 销售自己使用过的物品。仅指其他个人（自然人）销售自己使用过的物品，企事业单位不享受这一优惠政策。

2. 销售服务、无形资产或者不动产免税规定

根据“营改增”试点办法的规定，下列项目免征增值税：

(1) 个人转让著作权。

(2) 残疾人个人提供应税服务。

(3) 航空公司提供飞机播撒农药服务。

(4) 纳税人提供技术转让、技术开发和与之相关的技术咨询、技术服务。

(5) 符合条件的节能服务公司实施合同能源管理项目中提供的应税服务。

(6) 试点纳税人提供的国际货物运输代理服务。

(7) 中国邮政集团公司及其所属邮政企业提供的邮政普遍服务和邮政特殊服务。

(8) 个人销售自建自用住房。

(9) 托儿所、幼儿园提供的保育和教育服务。

(10) 养老机构提供的养老服务。

(11) 残疾人福利机构提供的育养服务。

(12) 婚姻介绍服务。

(13) 殡葬服务。

(14) 福利彩票、体育彩票的发行收入。

(15) 医疗机构提供的医疗服务。

(16) 从事学历教育的学校提供的教育服务。

提示

提供教育服务免征增值税的收入，是指对列入规定招生计划的在籍学生提供学历教育服务取得的收入，具体包括：经有关部门审核批准并按规定标准收取的学费、住宿费、课本费、作业本费、考试报名费收入，以及学校食堂提供餐饮服务取得的伙食费收入。除此之外的收入，包括学校以各种名义收取的赞助费、择校费等，不属于免征增值税的范围。

职业培训机构等国家不承认学历的教育机构不在免征范围。

(17) 学生勤工俭学提供的服务。

(18) 纪念馆、博物馆、文化馆、文物保护单位管理机构、美术馆、展览馆、书画院、图书馆在自己的场所提供文化体育服务取得的第一道门票收入。

(19) 寺院、宫观、清真寺和教堂举办文化、宗教活动的门票收入。

(20) 行政单位之外的其他单位收取的符合《营业税改增值税试点实施办法》第十条规定条件的政府性基金和行政事业性收费。

(21) 2018 年 12 月 31 日前，公共租赁住房经营管理单位出租公共租赁住房。

（22）纳税人提供的直接或者间接国际货物运输代理服务。

（23）符合条件的利息收入：

（24）被撤销金融机构以货物、不动产、无形资产、有价证券、票据等财产清偿债务。

（25）保险公司开办的一年期以上人身保险产品取得的保费收入。

（26）符合条件的金融商品转让收入。

（27）金融同业往来利息收入。

（28）国家商品储备管理单位及其直属企业承担商品储备任务，从中央或者地方财政取得的利息补贴收入和价差补贴收入。

（29）2017 年 12 月 31 日前，科普单位的门票收入，以及县级及以上党政部门和科协开展科普活动的门票收入。

（30）政府举办的从事学历教育的高等、中等和初等学校（不含下属单位），举办进修班、培训班取得的全部归该学校所有的收入。

提 示

举办进修班、培训班取得的收入进入该学校下属部门自行开设账户的，不予免征增值税。

（31）政府举办的职业学校设立的主要为在校学生提供实习场所并由学校出资自办、由学校负责经营管理、经营收入归学校所有的企业，从事《销售服务、无形资产或者不动产注释》中“现代服务”（不含融资租赁服务、广告服务和其他现代服务）、“生活服务”（不含文化体育服务、其他生活服务和桑拿、氧吧）业务活动取得的收入。

（32）家政服务企业由员工制家政服务员提供家政服务取得的收入。

（33）军队空余房产租赁收入。

（34）将土地使用权转让给农业生产者用于农业生产。

（35）涉及家庭财产分割的个人无偿转让不动产、土地使用权。

家庭财产分割，包括下列情形：离婚财产分割；无偿赠予配偶、父母、子女、祖父母、外祖父母、孙子女、外孙子女、兄弟姐妹；无偿赠予对其承担直接抚养或者赡养义务的抚养人或者赡养人；房屋产权所有人死亡，法定继承人、遗嘱继承人或者受遗赠人依法取得房屋产权。

（36）随军家属就业。

1）为安置随军家属就业而新开办的企业，自领取税务登记证之日起，其提供的应税服务 3 年内免征增值税。

享受税收优惠政策的企业，随军家属必须占企业总人数的 60%（含）以上，并有军（含）以上政治和后勤机关出具的证明。

2）从事个体经营的随军家属，自办理税务登记事项之日起，其提供的应税服务 3 年内免征增值税。

（37）农业机耕、排灌、病虫害防治、植物保护、农牧保险以及相关技术培

训业务，家禽、牲畜、水生动物的配种和疾病防治。

3. 小微企业免税规定

（1）在2017年12月31日前，增值税小规模纳税人，月应税销售额不超过3万元（含）的，免征增值税。其中，以1个季度为纳税期限的增值税小规模纳税人，季度销售额不超过9万元的，免征增值税。

（2）增值税小规模纳税人月应税销售额不超过3万元（按季纳税9万元）的，当期因代开增值税专用发票（含货物运输业增值税专用发票）已经缴纳的税款，在专用发票全部联次追回或者按规定开具红字专用发票后，可以向主管税务机关申请退还。

4. 起征点免税规定

个人发生应税行为的销售额在起征点以下的，免征增值税；达到起征点的，全额计算缴纳增值税。起征点的幅度规定如下

（1）按期纳税的，为月销售额5 000～20 000元（含本数）；

（2）按次纳税的，为每次（日）销售额300～500元（含本数）。

提 示

增值税起征点仅适用于个体工商户、小规模纳税人和其他个人。增值税起征点不适用于登记为一般纳税人的个体工商户。2017年12月31前，对月销售额2万元（含本数）～3万元的增值税小规模纳税人，免征增值税。

【例2－1】 纳税人提供应税服务的起征点为20 000元，某个体工商户（小规模纳税人）2016年8月取得餐饮服务收入40 000元（含税），该个体工商户本月应缴纳增值税计算如下：

该个体工商户本月餐饮服务不含税收入＝40 000÷（1＋3%）＝38 834.95（元）

因为提供应税服务的起征点为20000元，餐饮服务取得的收入38834.95元超过起征点，全额征税。所以

该个体工商户本月应缴纳增值税额＝38 834.95×3%＝1 165.05（元）

五、增值税专用发票的使用和管理

为加强增值税征收管理，规范增值税专用发票使用行为，根据《中华人民共和国增值税暂行条例》及其实施细则和《中华人民共和国税收征收管理法》及其实施细则，制定有关规定。

（一）增值税专用发票的领购

一般纳税人有下列情形之一者，不得领购使用专用发票：

（1）会计核算不健全，不能向税务机关准确提供增值税销项税额、进项税

额、应纳税额数据及其他有关增值税税务资料者。其中，有关增值税税务资料的内容，由国家税务总局直属分局确定。

（2）有以下行为之一，经税务机关责令限期改正而仍未改正者：

1）私自印制专用发票；

2）向个人或税务机关以外的单位和个人买取专用发票；

3）借用他人专用发票；

4）虚开增值税专用发票；

5）未按规定要求开具专用发票；

6）未按规定保管专用发票和专用设备；

7）未按规定申请办理防伪税控系统变更发行；

8）未按规定接受税务机关检查。

（二）专用发票的开具限额

专用发票实行最高开票限额管理。最高开票限额，是指单份专用发票开具的销售额合计数不得达到的上限额度。

最高开票限额由一般纳税人申请，区县税务机关依法审批。最高开票限额为10万元及以下的，由区县级税务机关审批；最高开票限额为100万元的，由地市级税务机关审批；最高开票限额为1 000万元及以上的，由省级税务机关审批。防伪税控系统的具体发行工作由区县级税务机关负责。

（三）专用发票的开具范围

一般纳税人销售货物或者提供应税劳务和应税服务，应向购买方开具专用发票。属于下列情形之一的，不得开具增值税专用发票：

（1）商业企业一般纳税人零售的烟、酒、食品、服装、鞋帽（不包括劳保专用部分）、化妆品等消费品不得开具专用发票。

（2）增值税小规模纳税人销售货物或者提供应税劳务和应税服务的。（小规模纳税人发生应税行为，购买方索取增值税专用发票的，可以向主管税务机关申请代开。）

（3）销售货物或者提供应税劳务和应税服务适用免税规定的不得开具专用发票，法律、法规及国家税务总局另有规定的除外。

（4）向消费者个人销售货物或者提供应税劳务和应税服务。

（四）专用发票的开具要求

专用发票应按下列要求开具：

（1）项目齐全，与实际交易相符；

（2）字迹清楚，不得压线、错格；

（3）发票联和抵扣联加盖财务专用章或者发票专用章；

（4）按照增值税纳税义务的发生时间开具。

（五）增值税专用发票抵扣联进项税额的抵扣

自 2017 年 7 月 1 日起，增值税一般纳税人取得的 2017 年 7 月 1 日及以后开具的增值税专用发票和机动车销售统一发票，应自开具之日起 360 日内认证或登录增值税发票选择确认平台进行确认，并在规定的纳税申报期内，向主管国税机关申报抵扣进项税额。

增值税一般纳税人取得的 2017 年 7 月 1 日及以后开具的海关进口增值税专用缴款书，应自开具之日起 360 日内向主管国税机关报送《海关完税凭证抵扣清单》，申请稽核比对。其中，认证是指税务机关通过防伪税控系统对专用发票所列数据的识别、确认。认证相符是指纳税人识别号无误，专用发票所列密文解译后与明文一致。

专用发票抵扣联无法认证的，可使用专用发票联到主管税务机关认证。专用发票联复印件留存备查。

提 示

未经认证或未在规定时间内认证的增值税专用发票，以及认证不符的增值税专用发票，其进项税额不得抵扣。

（六）丢失已开增值税专用发票的处理

一般纳税人丢失已开具专用发票的抵扣联，如果丢失前已认证相符的，可使用专用发票联复印件留存备查；如果丢失前未认证的，可使用专用发票联到主管税务机关认证，专用发票发票联复印件留存备查。

一般纳税人丢失已开具专用发票的发票联，可将专用发票抵扣联作为记账凭证，专用发票抵扣联复印件留存备查。

任务三 增值税税款的计算

增值税的计税方法，包括一般计税方法、简易计税方法和扣缴计税方法。

一、一般纳税人的应纳税额的计算

一般纳税人销售货物或提供应税劳务、销售服务、转让无形资产或者销售不动产，采用一般计税方法计算应纳增值税额，即应纳增值税额为当期销项税额抵扣当期进项税额后的余额。其计算公式为

$$应纳税额 = 当期销项税额 - 当期进项税额$$

当期销项税额小于当期进项税额不足抵扣时，其不足部分可以结转下期继续抵扣。

由此可见，增值税一般纳税人当期应纳税额的多少，取决于当期销项税额和

当期进项税额这两个因素。在分别确定销项税额和进项税额的情况下，就不难计算出应纳税额。

（一）销项税额的计算

销项税额是指纳税人销售货物、提供应税劳务或销售服务、无形资产和不动产，按照销售额和规定的税率计算并向购买方收取的增值税税额。销项税额的计算公式为

$$销项税额=销售额\times适用税率$$

或

$$销项税额=组成计税价格\times适用税率$$

1. 一般销售方式下的销售额

销售额是指纳税人发生应税行为而向购买方收取的全部价款和价外费用，但是不包括收取的销项税额。

价外费用，包括价款外向购买方收取的手续费、基金、补贴、集资费、违约费、返还利润、储备费、包装费、优质费、奖励费、包装物租金、运输装卸费、代收款项、代垫款项及其他各种性质的价外收费项目，但下列项目不包括在内。

（1）代为收取并符合税法规定的政府性基金或者行政事业性收费。

（2）以委托方名义开具发票代委托方收取的款项。例如：销售货物的同时代办保险等而向购买方收取的保险费，以及向购买方收取的代购买方缴纳的车辆购置税、车辆牌照费，不属于价外费用。

凡随同销售货物、提供应税劳务或销售服务、无形资产或不动产而向购买方收取的价外费用，无论其会计上如何核算，均应并入销售额计算应纳税额。

提 示

应当注意的是，增值税一般纳税人向购买方收取的价外费用和逾期包装物的押金，应视为含税收入，在征税时换算成不含税收入再并入销售额。

2. 特殊销售方式下的销售额

（1）采取折扣方式销售

在销售活动中，折扣方式销售一般有折扣销售、销售折扣和销售折让三种方式。不同的销售方式下，销售额的确定会有所不同。税法对不同销售方式如何计征增值税的销售额分别做了规定：

1）折扣销售（商业折扣），是指企业根据市场供需情况，或针对不同的顾客，在商品标价上给予的扣除。税法规定，纳税人采取折扣销售方式销售货物、提供应税劳务或销售服务、无形资产和不动产时，如果销售额和折扣额在同一张发票上分别注明的，可按折扣后的销售额征收增值税；未在同一张发票上分别注明的，以价款为销售额，不得扣减折扣额。

【例2-2】 甲超市为增值税一般纳税人，其销售的订书机标明零售价为28元/个，A公司购进100个。由于是批量购进，甲超市同意给A公司打7.5折（商业折扣）。已知增值税税率为17%。其增值税销项税额的计算如下：

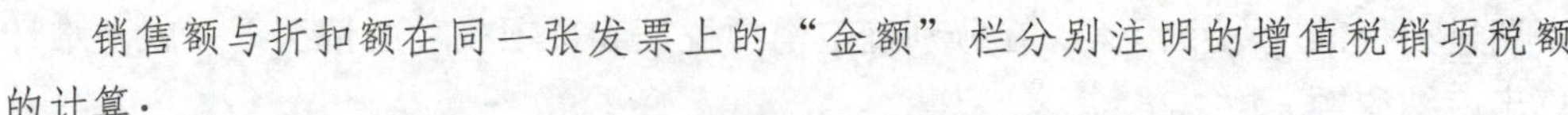

销售额与折扣额在同一张发票上的“金额”栏分别注明的增值税销项税额的计算：

增值税销项税额 =28×100×75%÷(1+17%)×17% =305.13（元）；

如果将折扣额另开发票的，增值税销项税额的计算：

增值税销项税额 =28×100÷(1+17%)×17% =406.84（元）。

2）销售折扣（现金折扣），是指销售者为了鼓励顾客尽早付清货款而提供的一种价格优惠。现金折扣发生在销货之后，是一种融资性质的理财费用。税法规定，纳税人采取销售折扣方式销售货物、提供应税劳务或销售服务、无形资产和不动产时，销售折扣不得从销售额中减除。

提 示

纳税人采取折扣方式销售，价款和折扣额在同一张发票上分别注明，是指价款和折扣额在同一张发票上的金额栏分别注明的，以折扣后的价款为销售额征收增值税。未在同一张发票金额栏注明折扣额，而仅在发票的备注栏注明折扣额的，折扣额不得从价款中减除。

3）销售退回或折让。这是指因错发商品或商品质量不合格而被购买方退回的商品或在价格上给予的折扣。税法规定，销售折让可以折让后的价款为销售额

(2) 采取以旧换新方式销售

以旧换新是指纳税人在销售货物时，有偿向购买方回收旧货物的行为。

1）一般货物的规定

税法规定，纳税人采取以旧换新方式销售货物的，应按新货物的同期销售价确定销售额，不得扣减旧货物的收购价格。

2）金银首饰的规定

考虑到金银首饰以旧换新业务的特殊性，对金银首饰以旧换新业务，可按销售方实际收取的不含增值税的全部价款征收增值税。

【例2-3】 某电器卖场为增值税一般纳税人，采取“以旧换新”方式销售电视机；本月该卖场销售新电视机150台，每台零售价为3 800元，旧电视机每台收购价为150元。其本月增值税销项税额计算如下：

增值税销项税额 =3 800×150÷(1+17%)×17% =82 820.51（元）

(3) 采取还本销售方式销售

还本销售是指纳税人销售货物后，在一定期限内将全部或部分销货款一次或分次无条件退还给购货方的一种销售方式。

税法规定，纳税人采取还本销售方式销售货物，其销售额就是货物的销售价格，不得从销售额中扣除还本支出。

(4) 采取以物易物方式销售

以物易物是指购销双方不以货币结算，而是以价格相等的货物交换，实现货物购销的一种方式。

税法规定，以物易物双方都应作正常的购销处理，以各自发出的货物核算销售额并计算销项税额，以各自收到的货物按规定核算购货额并计算进项税额。

提 示

在以物易物活动中，应分别开具合法的票据，如收到的货物不能取得相应的增值税专用发票或其他合法票据的，不能抵扣进项税。

（5）直销方式销售

直销方式就是生产商不经过中间商把商品直接销售到顾客手中的减少中间环节减低销售成本的一种销售模式。

1）直销企业先将货物销售给直销员，直销员再将货物销售给消费者的，直销企业的销售额为其向直销员收取的全部价款和价外费用。

2）直销企业通过直销员向消费者销售货物，直接向消费者收取货款，直销企业的销售额为其向消费者收取的全部价款和价外费用。

（6）包装物押金

1）一般规定

税法规定，纳税人为销售货物而出租、出借包装物收取的押金，单独记账的，且时间在1年以内，又未过期的，不并入销售额征税。但对因逾期未收回包装物不再退还的押金，应按所包装货物的适用税率征收增值税。其中，“逾期”是指合同约定实际逾期或以1年为期限，对收取1年以上的押金，无论是否退还均应并入当期的销售额中征税。

包装物押金是含税收入，在将包装物押金并入销售额征税时，需要先将该押金换算为不含税价，再并入销售额按所包装货物的税率计税。

2）啤酒、黄酒外的其他酒类产品的规定

税法还规定，对销售除啤酒、黄酒外的其他酒类产品而收取的包装物押金，无论是否返还以及会计制度如何核算，均应并入当期销售额征收增值税。

（7）视同销售行为销售额的确定

前面提到的“征税范围”中已经列明了10种视同销售行为，这10种视同销售行为一般不是以资金的形式反映出来，因而会出现无销售额的现象。在此情况下，主管税务机关有权按下列顺序核定其销售额：

1）按纳税人最近时期同类货物的平均销售价格或者提供同类应税服务的平均价格确定。

2）按其他纳税人最近时期同类货物的平均销售价格或者提供同类应税服务的平均价格确定。

3）按组成计税价格确定。

①销售货物的组成计税价格：

如果该货物不同时征收消费税，则

$$组成计税价格 = 成本 \times (1 + 成本利润率)$$

如果该货物还同时征收消费税，则

组成计税价格 = 成本 ×（1 + 成本利润率）+ 消费税税额

或　组成计税价格 = 成本 ×（1 + 成本利润率）÷（1 − 消费税税率）

或　组成计税价格 =〔成本 ×（1 + 成本利润率）+ 课税数量 × 消费税定额税率〕÷（1 − 消费税税率）

② 提供应税服务的组成计税价格：

组成计税价格 = 成本 ×（1 + 成本利润率）

公式中的成本，如属销售自产货物的，为实际生产成本；如属外购货物的，为实际采购成本。公式中的成本利润率由国家税务总局规定，但属于应从价定率征收或复合计征消费税的货物，为消费税有关法规确定的成本利润率。

另外，纳税人销售货物或者提供应税劳务和应税服务、转让无形资产和销售不动产的价格明显偏低并无正当理由的，由主管税务机关按照上述方法核定其销售。

（8）销售退回或折让

一般纳税人因销售货物、劳务、服务、无形资产或不动产退回或者折让而退还给购买方的增值税额，应从发生销售行为退回或者折让当期的销项税额中扣减。

一般纳税人销售货物、劳务、服务、无形资产或不动产，开具增值税专用发票后，发生销售退回或折让、开票有误等情形，应按国家税务总局的规定开具红字增值税专用发票。未按规定开具红字增值税专用发票的，增值税税额不得从销项税额中扣除。

3. 销售服务、无形资产和不动产相关项目销售额的具体规定

（1）贷款服务，以提供贷款服务取得的全部利息及利息性质的收入为销售额。

（2）直接收费金融服务，以提供直接收费金融服务收取的手续费、佣金、酬金、管理费、服务费、经手费、开户费、过户费、结算费、转托管费等各类费用为销售额。

（3）金融商品转让，按照卖出价扣除买入价后的余额为销售额。

转让金融商品出现的正负差，按盈亏相抵后的余额为销售额。若相抵后出现负差，可结转下一纳税期与下期转让金融商品销售额相抵，但年末时仍出现负差的，不得转入下一个会计年度。

金融商品的买入价，可以选择按照加权平均法或者移动加权平均法进行核算，选择后36个月内不得变更。

金融商品转让，不得开具增值税专用发票。

【**例2－4**】某银行2016年7月发生以下业务：

1）取得贷款业务利息收入7 950万元，支付单位、个人存款利息150万元；

2）取得转让公司债券收入1 312万元，债券的买入价为1 100万元；

3）取得金融服务手续费收入23.32万元；

4）吸收居民存款500万元。

已知金融业增值税税率为6%，所有收入为含税收入。试计算该银行本月应纳增值税的销售额。

根据“营改增”试点有关规定，贷款业务属于增值税的征税范围，以利息收入全额为营业额；债券等金融商品买卖以卖出价减去买入价后的余额为营业额；提供金融服务，以金融服务手续费为营业额；银行吸收居民存款，不征收增值税。

① 贷款业务应纳增值税的销售额 =7 950 ÷（1 +6%）=7 500（万元）

② 债券转让应纳增值税的销售额 =（1 312 －1100）÷（1 +6%）=200（万元）

③ 手续费应纳增值税的销售额 =23. 32 ÷（1 +6%）=22（万元）

该银行本月应纳增值税的销售额 =7 500 +200 +22 =7 722（万元）

（4）经纪代理服务，以取得的全部价款和价外费用，扣除向委托方收取并代为支付的政府性基金或者行政事业性收费后的余额为销售额。向委托方收取的政府性基金或者行政事业性收费，不得开具增值税专用发票。

（5）融资租赁和融资性售后回租业务。

1）经人民银行、银监会或者商务部批准从事融资租赁业务的试点纳税人，提供融资租赁服务，以取得的全部价款和价外费用，扣除支付的借款利息（包括外汇借款和人民币借款利息）、发行债券利息和车辆购置税后的余额为销售额。

2）经人民银行、银监会或者商务部批准从事融资租赁业务的试点纳税人，提供融资性售后回租服务，以取得的全部价款和价外费用（不含本金），扣除对外支付的借款利息（包括外汇借款和人民币借款利息）、发行债券利息后的余额作为销售额。

3）纳税人根据2016年4月30日前签订的有形动产融资性售后回租合同，在合同到期前提供的有形动产融资性售后回租服务，可继续按照有形动产融资租赁服务缴纳增值税。

（6）航空运输企业的销售额，不包括代收的机场建设费和代售其他航空运输企业客票而代收转付的价款。

（7）试点纳税人中的一般纳税人（以下称一般纳税人）提供客运场站服务，以其取得的全部价款和价外费用，扣除支付给承运方运费后的余额为销售额。

（8）试点纳税人提供旅游服务，可以选择以取得的全部价款和价外费用，扣除向旅游服务购买方收取并支付给其他单位或者个人的住宿费、餐饮费、交通费、签证费、门票费和支付给其他接团旅游企业的旅游费用后的余额为销售额。

选择上述办法计算销售额的试点纳税人，向旅游服务购买方收取并支付的上述费用，不得开具增值税专用发票，可以开具普通发票。

【例2－5】2016年7月，某旅行社组织35人旅游团，旅行社向每人收取4 800元。旅游期间，旅行社为每人支付交通费1 200元，住宿费800元，餐费400元，公园门票等费用600元。已知旅游业适用的增值税税率为6%。该旅行社当月应缴纳增值税的销售额计算如下：

其应纳增值税销售额不是按收取的全部费用为营业额，而是以收取的全部费用减去替旅游者付给其他单位的餐费、住宿费、门票费等相关支出后的余额为销售额。

该旅行社当月应纳增值税销售额＝{(4 800－1 200－800－400－600)×35}÷(1＋6%)＝59 433.96（元）

（9）一般纳税人提供建筑服务，适用一般计税方法计税的，应以取得的全部价款和价外费用为销售额计算应纳税额。试点纳税人提供建筑服务适用简易计税方法的，以取得的全部价款和价外费用扣除支付的分包款后的余额为销售额。

提 示

一般纳税人提供以下建筑服务，可以选择用简易计税方法计算缴纳增值税：①以清包工方式提供的建筑服务；②为甲供工程提供的建筑服务；③为建筑工程老项目提供的建筑服务。

【例2－6】宏达建筑公司为增值税一般纳税人，2016年3月7日承接A工程项目（建筑工程施工许可证上注明的合同开工日期为4月1日），并将A项目中的部分施工项目分包给了阳光公司。6月12日发包方按进度支付工程价款210万元。6月宏达公司支付给阳光公司工程分包款65.8万元。对A工程项目宏达建筑公司选用简易计税方法计算应纳税额，6月需缴纳多少增值税？

解 析

建筑工程施工许可证上注明的合同开工日期在4月30日前的建筑工程项目为建筑工程老项目，可以选择适用简易计税方法，以取得的全部价款和价外费用扣除支付的分包款后的余额为销售额。

宏达公司6月应纳增值税额为(210－65.8)/(1＋3%)×3%＝4.2（万元）

【例2－7】A建筑公司为增值税一般纳税人，机构所在地为淮安市。2016年6月21日到徐州市承接某安装工程项目，并将该项目中的部分施工项目分包给了B公司，7月30日发包方按进度支付工程价款333万元。当月该项目A公司购进材料取得增值税专用发票上注明的税额15万元；7月A公司支付给B公司工程分包款88.8万元，B公司开具给A公司增值税专票，税额8.88万元。对A建筑公司选择适用一般计税方法计算应纳税额，该公司7月需缴纳多少增值税？

解 析

一般纳税人跨县（市）提供建筑服务，适用一般计税方法计税的，应以取得的全部价款和价外费用为销售额计算应纳税额。纳税人应以取得的全部价款和价外费用扣除支付的分包款后的余额，按照2%的预征率在建筑服务发生地预缴税款后，向机构所在地主管税务机关进行纳税申报。

该公司7月销项税额为333/(1＋11%)×11%＝33（万元）

该公司7月进项税额为15＋8.8＝23.8（万元）

该公司7月应纳增值税额＝33－23.8＝9.2（万元）

在徐州市预缴增值税为（333－88.8）/（1＋11%）×2%＝4.4（万元）

在淮安市全额申报，扣除预缴增值税后应缴纳9.2－4.4＝4.8（万元）

（10）销售不动产的销售额规定。

1）房地产开发企业销售不动产的销售额规定：

①房地产开发企业中的一般纳税人销售其开发的房地产项目，适用一般计税方法计税的，以取得的全部价款和价外费用，扣除受让土地时向政府部门支付的土地价款后的余额为销售额。

②房地产开发企业中选择简易计税方法的一般纳税人和小规模纳税人，销售自行开发房地产项目的，以取得的全部价款和价外费用为销售额。

提 示

房地产开发企业中的一般纳税人，销售自行开发的房地产老项目，可以选择适用简易计税方法按照5%的征收率计税。房地产老项目，是指建筑工程施工许可证注明的合同开工日期在2016年4月30日前的房地产项目。

2）非房地产开发企业销售不动产的销售额规定：

①一般纳税人和小规模纳税人销售自建的不动产，无论适用一般计税方法还是简易计税方法，都以取得的全部价款和价外费用为销售额。

②选择适用简易计税方法的一般纳税人和小规模纳税人，销售取得（不含自建）的不动产，以取得的全部价款和价外费用减去该项不动产购置原价或者取得不动产时的作价后的余额为销售额。

③一般纳税人销售取得（不含自建）的不动产，适用一般计税方法计税的，以取得的全部价款和价外费用为销售额。

提 示

一般纳税人销售其2016年4月30日前取得的不动产，可以选择适用简易计税方法。

【例2－8】 辉煌房地产企业（一般纳税人）自行开发了房地产项目，施工许可证注明的开工日期是2015年1月10日，2016年2月1日开始预售房地产，至2016年4月30日共取得预收款5 250万元，已按照营业税规定申报缴纳营业税。A房地产企业对上述预收款开具收据，未开具营业税发票。该企业2016年6月又收到预收款5 250万元。2016年6月共开具了增值税普通发票10 500万元（含2016年4月30日前取得的未开票预收款5 250万元，和2016年6月收到的5 250万元），同时办理房产产权转移手续。

2016年6月还取得了建筑服务增值税专用发票价税合计1 110万元（其中：注明的增值税税额为110万元）。经计算，本期允许扣除的土地价款为1 500万。分别选择一般计税方法和简易计税方法计算缴纳增值税。分别计算该企业在7月申报期应申报多少增值税税款？

解析

(1) 选择一般计税方法计算缴纳增值税，则该房地产企业在7月申报期应申报增值税税款计算如下：

1) 根据《营改增试点办法》的规定，房地产开发企业采取预收款方式销售所开发的房地产项目，在预收款时按3%预征率预缴增值税。则该房地产企业应在6月申报期就取得的预收款计算应预缴税款。

应预缴税款＝5 250÷(1＋11%)×3%＝141.9（万元）

2) 根据《营改增试点办法》规定，销售额可扣除当期允许扣除的土地价款1 500万元。

3) 该房地产企业在7月申报期应申报应纳税额：

销项税额＝(5 250－1 500)÷(1＋11%)×11%＝3 378.38×11%＝371.6（万元）

进项税额＝110（万元）

应纳税额＝371.6－110＝261.6（万元）

应补税额＝261.6－141.9＝119.7（万元）

纳税人应在7月申报期应补增值税119.7万元。

(2) 选择简易征收方法计算缴纳增值税，则该房地产企业在7月申报期应申报增值税税款计算如下：

1) 6月应预缴增值税税款＝5 250÷(1＋5%)×3%＝150（万元）

2) 7月应纳增值税税款＝5 250÷(1＋5%)×5%＝250（万元）

3) 应补增值税税款＝5 250÷(1＋5%)×5%－150＝250－150＝100（万元）

试点纳税人按照上述（4）～（10）款的规定从全部价款和价外费用中扣除的价款，应当取得符合法律、行政法规和国家税务总局规定的有效凭证。否则，不得扣除。

上述凭证是指：

①支付给境内单位或者个人的款项，以发票为合法有效凭证。

②支付给境外单位或者个人的款项，以该单位或者个人的签收单据为合法有效凭证，税务机关对签收单据有疑议的，可以要求其提供境外公证机构的确认证明。

③缴纳的税款，以完税凭证为合法有效凭证。

④扣除的政府性基金、行政事业性收费或者向政府支付的土地价款，以省级以上（含省级）财政部门监（印）制的财政票据为合法有效凭证。

⑤国家税务总局规定的其他凭证。

提示

纳税人取得的上述凭证属于增值税扣税凭证的，其进项税额不得从销项税额中抵扣。

4. **混合销售的销售额**

根据税法的规定，从事货物的生产、批发或者零售的单位和个体工商户的混合销售行为，按照销售货物缴纳增值税；其他单位和个体工商户的混合销售行为，按照销售服务缴纳增值税。

5. **混业兼营销售的销售额**

纳税人兼营销售货物、劳务、服务、无形资产或者不动产，适用不同税率或者征收率的，应当分别核算适用不同税率或者征收率的销售额；未分别核算的，从高适用税率。

税人兼营免税、减税项目的，应当分别核算免税、减税项目的销售额；未分别核算的，不得免税、减税。

6. **含税销售额的换算**

增值税的一般纳税人在销售货物、劳务、服务、无形资产或者不动产时，一般应向购买方开具增值税专用发票，在发票上分别注明销售额和增值税税额。但是，一般纳税人和小规模纳税人在开具普通发票时，其所收取的销货款为价款和税款的合计数，即含增值税的销售额，应按下列公式换算为不含税销售额。一般纳税人应按所销售货物、劳务、服务、无形资产或者不动产适用的税率换算，而小规模纳税人应按规定的征收率换算。纳税人所收取的价外费用视为含税金额，比照上述规定换算为不含税的金额，并入销售额征税。

销售额（不含税）= 含税销售额 ÷（1 + 税率）

【例2-9】A公司（一般纳税人）2016年8月为B纳税人设备提供远程系统升级服务，合同价税款合计106万元，A公司应当缴纳的增值税税额计算如下：

应扣缴增值税 = 106 ÷（1 + 6%）× 6% = 6（万元）

（二）进项税额的计算

纳税人购进货物、加工修理修配劳务、服务、无形资产或者不动产，所支付或者负担的增值税为进项税额。进项税额与销项税额是相互对应的另一个概念，在购销业务中，对于销货方而言，在收回货款的同时，收回销项税额；对于购货方而言，在支付货款的同时，支付进项税额。也就是说，销货方收取的销项税额就是购货方支付的进项税额。

1. **准予从销项税额中抵扣的进项税额**

根据《增值税暂行条例》和“营改增”试点条例的规定，准予从销项税额中抵扣的进项税额，限于下列增值税扣税凭证上注明的增值税税额和按规定的扣除率计算的进项税额：

（1）从销售方取得的增值税专用发票（含税控机动车销售统一发票，下同）上注明的增值税额。

（2）从海关取得的海关进口增值税专用缴款书上注明的增值税额。

（3）购进免税农产品进项税额的确定与抵扣。一般纳税人向农业生产者购买的农产品，按照农产品收购发票或者销售发票上注明的农产品买价的13%的扣除率计算准予抵扣的进项税额。

进项税额＝买价×扣除率

买价是指纳税人购进农产品在收购发票或者销售发票上注明价款和按规定缴纳的烟叶税。

（4）从境外单位或者个人购进服务、无形资产或者不动产，自税务机关或者扣缴义务人取得的解缴税款的完税凭证上注明的增值税额。

【例2-10】 某工业企业（增值税一般纳税人），2016年6月购进生产用甲原料一批，已验收入库，取得的增值税专用发票上注明的价、税款分别为31万元、5.27万元；从某单位（增值税小规模纳税人）购入生产用乙材料，仅取得普通发票，全部价款8万元，材料验收入库；直接向农民收购用于生产加工的农产品一批，经税务机关批准的收购凭证上注明价款为28万元。该企业6月份进项税额计算如下：

1）取得的增值税专用发票，可以凭票抵扣进项税额5.27（万元）

2）取得的增值税普通发票，不可以抵扣进项税额。

3）购进免税农产品，可以按照农产品收购发票或者销售发票上注明的农产品买价的13%的扣除率计算准予抵扣的进项税额

进项税额＝28×13%＝3.64（万元）

4）6月份进项税额＝5.27＋3.64＝8.91（万元）

提 示

计算当期准予抵扣的进项税额时，应考虑：①是否已经取得合法扣税凭证；②是否发生不得抵扣进项税额的情形或者是否存在应当作进项税额转出的情形；③是否存在上期留抵税额。

2. 不准予从销项税额中抵扣的进项税额

纳税人购进货物、劳务、服务、无形资产或不动产，取得的增值税扣税凭证不符合法律、行政法规或者国务院税务主管部门有关规定的，其进项税额不得从销项税额中抵扣。其中，增值税扣税凭证，是指增值税专用发票、海关进口增值税专用缴款书、农产品收购发票、农产品销售发票和完税凭证。

下列项目的进项税额不得从销项税额中抵扣：

（1）用于简易计税方法计税项目、免征增值税项目以及集体福利或者个人消费的购进货物、加工修理修配劳务、服务、无形资产和不动产。其中涉及的固定资产、无形资产、不动产，仅指专用于上述项目的固定资产、无形资产（不包括其他权益性无形资产）、不动产。

其他权益性无形资产，包括基础设施资产经营权、公共事业特许权、配额、

经营权（包括特许经营权、连锁经营权、其他经营权）、经销权、分销权、代理权、会员权、席位权、网络游戏虚拟道具、域名、名称权、肖像权、冠名权、转会费等。

提 示

纳税人购进其他权益性无形资产无论是专用于简易计税方法计税项目、免征增值税项目、集体福利或者个人消费，还是兼用于上述项目，均可以抵扣进项税额。

（2）非正常损失的购进货物，以及相关的加工修理修配劳务和交通运输服务。

非正常损失，是指因管理不善造成货物被盗、丢失、霉烂变质，以及因违反法律法规造成货物或者不动产被依法没收、销毁、拆除的情形。

（3）非正常损失的在产品、产成品所耗用的购进货物（不包括固定资产）、加工修理修配劳务和交通运输服务。

（4）非正常损失的不动产，以及该不动产所耗用的购进货物、设计服务和建筑服务。

（5）非正常损失的不动产在建工程所耗用的购进货物、设计服务和建筑服务。

纳税人新建、改建、扩建、修缮、装饰不动产，均属于不动产在建工程。

（6）购进的旅客运输服务、贷款服务、餐饮服务、居民日常服务和娱乐服务。

一般意义上，旅客运输服务、餐饮服务、居民日常服务和娱乐服务主要接受对象是个人。对于一般纳税人购买的旅客运输服务、餐饮服务、居民日常服务和娱乐服务，难以准确界定接受劳务的对象是企业还是个人，因此，一般纳税人购进的旅客运输服务、餐饮服务、居民日常服务和娱乐服务的进项税额不得从销项税额中抵扣。

提 示

纳税人购买住宿服务取得的进项税额允许按规定抵扣。

（7）财政部和国家税务总局规定的其他情形。

纳税人接受贷款服务向贷款方支付的与该笔贷款直接相关的投融资顾问费、手续费、咨询费等费用，其进项税额不得从销项税额中抵扣。

3. 进项税额的抵扣时间

关于进项税额的抵扣时间，总的原则是：进项税额的抵扣不得提前。税法对不同扣税凭证的抵扣时间做了详细的规定。

（1）防伪税控系统开具的增值税专用发票进项税额的抵扣时限。

增值税一般纳税人取得2010年1月1日以后开具的增值税专用发票和机动车销售统一发票，必须自该发票开具之日起180天到税务机关认证，并在认证通过的次月申报期内，向主管税务机关申报抵扣进项税额。否则不予抵扣进项税额。

提 示

增值税一般纳税人提供货物运输服务，使用增值税专用发票和增值税普通发票，开具发票时应将起运地、到达地、车种车号以及运输货物信息等内容填写在发票备注栏中，如内容较多可另附清单。

（2）自2013年7月1日起，增值税一般纳税人进口货物取得的属于增值税扣税范围的海关缴款书，需经税务机关稽核比对相符后，其增值税额方能作为进项税额在销项税额中抵扣。

特别要注意，增值税一般纳税人进口货物取得的属于增值税扣税范围的海关缴款书，应自开具之日起180天内向主管税务机关报送《海关完税凭证抵扣清单》（电子数据），申请稽核比对，逾期未申请的其进项税额不予抵扣。

4. 扣减进项税额的规定

（1）一般纳税人当期进项税额不足抵扣的部分，可以结转下期继续抵扣。

提 示

原增值税一般纳税人兼有销售服务、无形资产或者不动产的，截止到纳入营改增试点之日前的增值税期末留抵税额，不得从销售服务、无形资产或者不动产的销项税额中抵扣。

（2）纳税人在购进货物时，因货物质量、规格等原因而发生进货退回或折让，由于进货退回或折让不仅涉及货款或折让价款的收回，还涉及增值税的收回，因此，购货方应对当期进项税额进行调整。税法规定，一般纳税人因进货退回和折让而从销货方收回的增值税额，应从发生退货或折让进项税额中扣减。

"营改增"有关规定也要求，纳税人提供的适用一般计税方法计税的应税服务，因服务终止或者折让而收回的增值税额，应当冲减当期的进项税额。

对于一些企业不按规定扣减，造成进项税额虚增，不纳或少纳增值税的，都被认定属于偷税行为，按偷税予以处罚。

（3）《"营改增"试点实施办法》的规定中，将不动产纳入抵扣范围，但在抵扣期限上采用分期抵扣方式，即适用一般计税方法的试点纳税人，2016年5月1日后取得并在会计制度上按固定资产核算的不动产，其进项税额应自取得之日起分2年从销项税额中抵扣，第一年抵扣比例为60%，第二年抵扣比例为40%。具体规定如下：

1）在适用主体上不包括房地产企业自行开发的房地产；

2）上述取得不动产，包括以直接购买、接受捐赠、接受投资入股、自建以及抵债等各种形式取得不动产。

3）融资租入的不动产以及在施工现场修建的临时建筑物、构筑物，其进项税额不适用上述分2年抵扣的规定，按进项抵扣的一般原则规定进行处理。

（4）按照《"营改增"试点实施办法》规定不得抵扣且未抵扣进项税额的固

定资产、无形资产、不动产，发生用途改变，用于允许抵扣进项税额的应税项目，可在用途改变的次月按照下列公式计算可以抵扣的进项税额：

可以抵扣的进项税额 = 固定资产、无形资产、不动产净值/（1 + 适用税率）× 适用税率

（5）已抵扣进项税额的购进货物、劳务、服务、无形资产或不动产如果事后改变用途，用于《增值税暂行条例》和“营改增”规定不允许抵扣情况的，应将该项购进货物、劳务、服务、无形资产或不动产的进项税额从当期（即发生抵扣情况当期）发生的进项税额中扣减，在会计账务处理上做进项税额转出处理。无法准确确定该项进项税额的，按当期实际成本计算应扣减的进项税额。即：当期外购项目的实际成本（包括进价、运费、保险费和其他有关费用）乘以按征税时该货物、劳务、服务、无形资产或不动产适用的税率计算应扣减的进项税额。

【例 2 - 11】 某企业为增值税一般纳税人，7 月末盘库时发现，因管理不善，上月已经抵扣进项税额的外购农产品毁损，该批农产品账面成本为 177 万元（含支付给增值税一般纳税人的运费 3 万元）。该企业对该业务应当转出的进项税额计算如下：

转出的进项税额 = (177 − 3) ÷ (1 − 13%) × 13% + 3 × 11% = 26.33（万元）

（6）已抵扣进项税额的固定资产、无形资产或者不动产，发生上述“不准予从销项税额中抵扣的进项税额”规定情形的，按照下列公式计算不得抵扣的进项税额：

不得抵扣的进项税额 = 固定资产、无形资产或者不动产净值 × 适用税率

固定资产、无形资产或者不动产净值，是指纳税人根据财务会计制度计提折旧或摊销后的余额。

5. 关于增值税税控系统专用设备和技术维护费用抵减增值税税额的有关政策

（1）自 2011 年 12 月 1 日以后，增值税纳税人初次购买增值税税控系统专用设备支付的费用，经主管税务机关审核批准后，可凭购进增值税税控系统专用设备取得的增值税专用发票，按照发票上注明的价税合计额，全额抵免当期应纳增值税额，不足抵免的部分可在下期继续抵免。增值税纳税人非初次购买增值税税控系统专用设备支付的费用，由其自行负担，不得在增值税应纳税额中抵减。

（2）增值税纳税人自 2011 年 12 月 1 日以后缴纳技术维护费用，可凭技术维护服务单位开具的技术维护费发票，在增值税应纳税额中全额抵免。不足抵免的部分可结转到下期继续抵免。技术维护费按照主管部门核定的标准执行。

【例 2 - 12】 某一般纳税人 6 月取得新项目建筑服务收入 2 220 万元（含税），当月外购材料 200 万元，购入设备 50 万元，发生分包支出 1 000 万元，以上支出均为不含税金额，且按规定取得抵扣凭证。该纳税人 6 月应该缴纳的增值税计算如下：

当月销项税额 = 2 220 ÷ (1 + 11%) × 11% = 220（万元）

当月可以抵扣的进项税额 = 200 × 17% + 50 × 17% + 1 000 × 11% = 152.5（万元）

该纳税人 6 月应纳税额 = 220 − 152.5 = 67.5（万元）

二、小规模纳税人应纳税额的计算

根据《增值税暂行条例》规定，小规模纳税人销售货物、劳务、服务、无形资产或不动产，按照不含税销售额和增值税征收率3%计算应纳增值税额，不得抵扣进项税额。应纳税额的计算公式为

应纳税额 = 销售额 × 征收率

税法规定，小规模纳税人销售货物或者提供应税劳务和应税服务，只能开具普通发票。对于开具销售额和增值税额合并定价的普通发票时，在计税时需要将其换算为不含税销售额。换算公式为

不含税销售额 = 含税销售额 ÷（1 + 征收率）

【例 2 − 13】 某百货店为增值税小规模纳税人，5 月份取得零售收入总额 17.51 万元。该商店 5 月份应缴纳的增值税税额计算如下：

不含税销售额 = 17.51 ÷（1 + 3%）= 17（万元）

应缴纳增值税税额 = 17 × 3% = 0.51（万元）

三、进口货物应纳税额的计算

根据《增值税暂行条例》的规定，申报进入中国海关境内的货物，均应缴纳增值税。纳税人进口货物，按照组成计税价格和税法规定的税率计算应纳税额。组成计税价格和应纳税额的计算公式为

组成计税价格 = 关税完税价格 + 关税 + 消费税

应纳税额 = 组成计税价格 × 税率

【例 2 − 14】 某外贸进出口公司进口一批货物，成交价格 400 万元，这批货物在运抵我国关境输入地点起卸之前发生运费 22 万元，装卸费 10 万元，保险费 18 万元，关税税率 40%，消费税税率 30%，增值税税率 17%。当月以不含税价 1 000 万元全部售出。该进口商品应纳增值税计算如下：

（1）进口环节应纳税额的计算

关税完税价格 = 400 + 22 + 10 + 18 = 450（万元）

应纳进口关税 = 450 × 40% = 180（万元）

组成计税价格 =（450 + 180）/（1 − 30%）= 900（万元）

进口环节应纳增值税 = 900 × 17% = 153（万元）

（2）国内销售环节应纳增值税额的计算

增值税销项税额 = 1 000 × 17% = 170（万元）

国内销售环节应纳增值税额 = 170 − 153 = 17（万元）

综合案例 ——增值税应纳税额的计算

江淮公司为增值税一般纳税人，税率为17%，按月缴纳增值税，2016年4月份尚未抵扣完的进项税额为16 500元，该公司2016年5月份发生下列经济业务：

(1) 购进原材料一批，取得增值税专用发票上注明的价款为600万元，增值税额为102万元。支付运输费，取得增值税专用发票注明的运费为20万元，增值税款为2.2万元。支付装卸费，取得增值税专用发票注明的装卸费为3万元，增值税款为0.18万元。

(2) 购进包装物一批，取得增值税专用发票注明价款6万元，增值税额为1.02万元。月末，该批包装物尚未运达企业。

(3) 基本生产车间委托某机修厂修理设备，以银行存款支出修理费10万元，增值税额为1.7万元。工厂已收到机修厂开具的增值税专用发票。

(4) 购入不需安装的新设备一台，取得的专用发票上注明的价款为20万元，增值税额为3.4万元。支付运输费，取得货物运输业增值税专用发票注明的运费为5万元，增值税款为0.55万元。款项已用银行存款支付。

(5) 销售A型挖掘机10辆，每辆不含税价60万元，获得销售价款600万元，按规定收取增值税额为102万元，款项已收到并存入银行。

(6) 结转逾期未退还的包装物押金4万元，适用增值税税率为17%。

(7) 将自己生产的3辆B型挖掘机对外投资，同期该公司同类产品销售价为每辆不含税价50万元。开具增值税专用发票注明价款150万元。

(8) 因为管理不善导致购进的一批原材料发生非正常损失35万元，经批准，计入营业外支出。该批材料在购进时增值税专用发票上注明的增值税额为5.95万元。

(9) 公司因为质量问题将上月购买的原材料退回给供货厂家，收回价款4万元，增值税款为0.68万元。

要求：计算该公司本月应交增值税额。

案例分析

第一步：对每一项经济业务进行分析，确定并计算出具体的进项税额和销项税额。

(1) 购进原材料取得的增值税专用发票和货物运输业增值税专用发票上注明的税款，可以作为进项税额抵扣。则

允许抵扣进项税额 = 102 + 2.2 + 0.18 = 104.38（万元）

(2) 购进包装物取得的增值税专用发票注明的税款，可以作为进项税额抵扣。则

允许抵扣进项税额 = 1.02（万元）

(3) 委托修理支出的修理费取得的增值税专用发票注明的税款，可以作为进项税额抵扣。

允许抵扣进项税额 = 1.7（万元）

(4) 购入生产经营用的设备取得的增值税专用发票和货物运输业增值税专用发票，其进项税额可以抵扣。

允许抵扣进项税额 = 3.4 + 0.55 = 3.95（万元）

(5) 销售A型挖掘机应该缴纳增值税。

销项税额 = 102(万元)

(6) 逾期未退还的包装物押金应该缴纳增值税。因为包装物押金是含税价,所以应换算成不含税价后计算应缴增值税。

销项税额 = 40 000 ÷(1 + 17%)× 17% = 5 811.97(元)

(7) 将自己生产的B型挖掘机对外投资,属于视同销售处理,征收增值税。

销项税额 = 150 × 17% = 25.5(万元)

(8) 因管理不善导致购进的原材料发生损失,其进项税额作转出处理。

进项税额转出 = 5.95(万元)

(9) 因质量问题将上月购买的原材料退回给供货方,根据红字增值税专用发票,其增值税额可以冲减当期的进项税额。

进项税额 = -0.68(万元)

第二步: 计算本期的销项税额

本期销项税额 = 1 020 000 + 5 811.97 + 255 000 = 1 280 811.97(元)

第三步: 计算本期的进项税额

本期进项税额 = 1 043 800 + 10 200 + 17 000 + 39 500 - 6 800 = 1 103 700(元)

进项税额转出 = 59 500(元)

第四步: 计算本期增值税应纳税额

本期增值税应纳税额 = 本期销项税额 - 本期进项税额 + 进项税额转出 - 上期留抵税额 = 1 280 811.97 - 1 103 700 + 59 500 - 16 500 = 220 111.97(元)

增值税的征收管理

一、增值税纳税义务发生的时间

《增值税暂行条例》和《“营改增”试点实施办法》明确规定了增值税纳税义务发生的时间。纳税义务发生时间,是指增值税纳税义务人、扣缴义务人发生应税、扣缴税款行为应承担纳税义务、扣缴义务的起始时间。

(1) 纳税人销售货物或者应税劳务,其纳税义务发生的时间为收讫销售款或者取得索取销售款凭据的当天;先开具发票的,为开具发票的当天。按销售结算方式的不同,具体分为:

1) 采取直接收款的方式销售货物,不论货物是否发出,均为收到销售额或取得索取销售额的凭据并将提货单交给买方的当天。

2) 采取托收承付或委托银行收款方式销售货物,为发出货物并办妥托收手续的当天。

3) 采取赊销和分期收款方式销售货物的,为合同约定的收款日期的当天。

4) 采取预收货款方式销售货物,为货物发出的当天。

5) 委托其他纳税人代销货物,为收到代销单位销售的代销清单或者收到全部或部分货款的当天。当天发出代销商品超过 180 天仍未收到代销清单及货款的，视同销售实现，一律征收增值税，其纳税义务发生时间为发出代销商品满 180 天的当天。

6）销售应税劳务的，为提供劳务的同时收讫销售额或取得索取销售额凭据的当天。

7）纳税人发生视同销售货物行为的，为货物移送当天。

（2）纳税人销售服务、无形资产或者不动产，其纳税义务发生的时间具体为：

1）纳税人提供应税服务并收讫销售款项或者取得索取销售款项凭据的当天；先开具发票的，为开具发票的当天。

取得索取销售款项凭据的当天，是指书面合同确定的付款日期；未签订书面合同或者书面合同未确定付款日期的，为服务、无形资产转让完成的当天或者不动产权属变更的当天。

2）纳税人提供建筑服务、租赁服务、销售不动产、转让土地使用权采取预收款方式的，其纳税义务发生时间为收到预收款的当天。

3）纳税人从事金融商品转让的，为金融商品所有权转移的当天。

4）纳税人发生视同销售服务、无形资产或者不动产规定情形的，其纳税义务发生时间为服务、无形资产转让完成的当天或者不动产权属变更的当天。

（3）纳税人进口货物，为报关进口的当天。

（4）增值税扣缴义务发生时间为纳税人增值税纳税义务发生的当天。

二、增值税纳税期限

税法规定，增值税的纳税期限分别为 1 日、3 日、5 日、10 日、15 日、1 个月或者 1 个季度。纳税人的具体纳税期限，由主管税务机关根据纳税人应纳税额的大小分别核定；不能按照固定期限纳税的，可以按次纳税。以 1 个季度为纳税期限的规定适用于小规模纳税人、银行、财务公司、信托投资公司、信用社，以及财政部和国家税务总局规定的其他纳税人。不能按照固定期限纳税的，可以按次纳税。

纳税人以 1 个月或者 1 个季度为一期纳税的，自期满之日起 15 日内申报纳税；以 1 日、3 日、5 日、10 日或 15 日为一期纳税的，自期满之日起 5 日内预缴税款，于次月 1 日起 15 日内申报纳税并结清上月应纳税款。

纳税人进口货物的，应当自海关填发进口增值税专用缴款书之日起 15 日内缴纳税款。

扣缴义务人申报纳税的期限，依照上述规定执行。

三、增值税纳税地点

为了保证纳税人按期申报纳税，根据企业跨地区经营和搞活商品流通的特点及不同情况，税法还具体规定了增值税的纳税地点。

（1）固定业户应当向其机构所在地主管税务机关申报纳税。总机构和分支机构不在同一县（市）的，应当分别向各自所在地主管税务机关申报纳税；经国务院财政、税务主管部门或者其授权的财政、税务机关批准，可以由总机构汇总向总机构所在地主管税务机关申报纳税。

固定业户到外县（市）销售货物或应税劳务的，应当向其机构所在地主管税务机关申请开具外出经营活动税收管理证明，向其机构所在地主管税务机关申报纳税。未开具证明的，应当向销售地或者劳务发生地的主管税务机关申报纳税；未向销售地或者劳务发生地主管税务机关申报纳税的，由其机构所在地主管税务机关补征税款。

（2）非固定业户销售货物或提供应税劳务和应税劳务，应向销售地或者劳务和服务发生地主管税务机关申报纳税。未向销售地或者劳务和服务发生地主管税务机关申报纳税的，由其机构所在地或者居住地主管税务机关补征税款。

（3）其他个人提供建筑服务，销售或者租赁不动产，转让自然资源使用权，应向建筑服务发生地、不动产所在地、自然资源所在地主管税务机关申报纳税。

（4）进口货物，应当向报关地海关申报纳税。

（5）扣缴义务人应当向其机构所在地或者居住地的主管税务机关申报缴纳其扣缴的税款。

四、增值税纳税申报表格式及填写说明

根据《税收征收管理法》《增值税暂行条例》及《发票管理办法》的有关规定，国家税务总局制定了有关增值税纳税人纳税申报办法，规定了纳税申报资料包括纳税申报表及其附列资料和纳税申报其他资料。纳税申报表及其附列资料为必报资料，纳税申报其他资料的报备要求由各省、自治区、直辖市和计划单列市国家税务局确定。

（一）增值税一般纳税人

增值税一般纳税人（以下简称一般纳税人）纳税申报表及其附列资料包括：

1）增值税纳税申报表（一般纳税人适用）。

2）增值税纳税申报表附列资料（一）（本期销售情况明细）。

3）增值税纳税申报表附列资料（二）（本期进项税额明细）。

4）增值税纳税申报表附列资料（三）（服务、不动产和无形资产扣除项目明细）。

一般纳税人销售服务、不动产和无形资产，在确定服务、不动产和无形资产销售额时，按照有关规定可以从取得的全部价款和价外费用中扣除价款的，需填报增值税纳税申报表附列资料（三）。其他情况不填写该附列资料。

5）增值税纳税申报表附列资料（四）（税额抵减情况表）。

6）增值税纳税申报表附列资料（五）（不动产分期抵扣计算表）。

7）固定资产（不含不动产）进项税额抵扣情况表。

8）本期抵扣进项税额结构明细表。

9）增值税减免税申报明细表。

增值税一般纳税人纳税申报表见表2-4。

表 2-4　增值税纳税申报表

（一般纳税人适用）

根据国家税收法律法规及增值税相关规定制定本表。纳税人不论有无销售额，均应按税务机关核定的纳税期限填写本表，并向当地税务机关申报。

税款所属时间：自　　年　月　日至　　年　月　日

填表日期：　年　月　日　　　　　　　　　　　　　　　　　　　　　　金额单位：元至角分

所属行业：

纳税人识别号					
纳税人名称	（公章）	法定代表人姓名			
注册地址		生产经营地址			
开户银行及账号		登记注册类型		电话号码	

	项　目	栏　次	一般项目		即征即退项目	
			本月数	本年累计	本月数	本年累计
销售额	（一）按适用税率计税销售额	1				
	其中：应税货物销售额	2				
	应税劳务销售额	3				
	纳税检查调整的销售额	4				
	（二）按简易办法计税销售额	5				
	其中：纳税检查调整的销售额	6				
	（三）免、抵、退办法出口销售额	7			—	—
	（四）免税销售额	8			—	—
	其中：免税货物销售额	9			—	—
	免税劳务销售额	10			—	—
税款计算	销项税额	11				
	进项税额	12				
	上期留抵税额	13				—
	进项税额转出	14				
	免、抵、退应退税额	15			—	—
	按适用税率计算的纳税检查应补缴税额	16			—	—
	应抵扣税额合计	17 =12 +13 -14 -15 +16		—		—
	实际抵扣税额	18（如 17 < 11，则为17，否则为11）				
	应纳税额	19 =11 -18				
	期末留抵税额	20 =17 -18				—
	简易计税办法计算的应纳税额	21				

（续）

	项　目	栏　次	一般项目		即征即退项目	
			本月数	本年累计	本月数	本年累计
税款计算	按简易计税办法计算的纳税检查应补缴税额	22			—	—
	应纳税额减征额	23				
	应纳税额合计	24 = 19 + 21 − 23				
税款缴纳	期初未缴税额（多缴为负数）	25				
	实收出口开具专用缴款书退税额	26			—	—
	本期已缴税额	27 = 28 + 29 + 30 + 31				
	①分次预缴税额	28		—		—
	②出口开具专用缴款书预缴税额	29		—	—	—
	③本期缴纳上期应纳税额	30				
	④本期缴纳欠缴税额	31				
	期末未缴税额（多缴为负数）	32 = 24 + 25 + 26 − 27				
	其中：欠缴税额（≥0）	33 = 25 + 26 − 27		—		—
	本期应补（退）税额	34 = 24 − 28 − 29		—		—
	即征即退实际退税额	35	—	—		
	期初未缴查补税额	36			—	—
	本期入库查补税额	37			—	—
	期末未缴查补税额	38 = 16 + 22 + 36 − 37			—	—

授权声明	申报人声明
如果你已委托代理人申报，请填写下列资料： 为代理一切税务事宜，现授权__________（地址）__________为本纳税人的代理申报人，任何与本申报表有关的往来文件，都可寄予此人。 授权人签字：	本纳税申报表是根据国家税收法律法规及相关规定填报的，我确定它是真实的、可靠的、完整的。 声明人签字：

主管税务机关：　　　　　　　　接收人：　　　　　　　　接收日期：

增值税纳税申报表（一般纳税人适用）填写说明如下：

（1）“税款所属时间”：指纳税人申报的增值税应纳税额的所属时间，应填写具体的起止年、月、日。

（2）“填表日期”：指纳税人填写本表的具体日期。

(3)“纳税人识别号”：填写纳税人的税务登记证件号码。

(4)“所属行业”：按照国民经济行业分类与代码中的小类行业填写。

(5)“纳税人名称”：填写纳税人单位名称全称。

(6)“法定代表人姓名”：填写纳税人法定代表人的姓名。

(7)“注册地址”：填写纳税人税务登记证件所注明的详细地址。

(8)“生产经营地址”：填写纳税人实际生产经营地的详细地址。

(9)“开户银行及账号”：填写纳税人开户银行的名称和纳税人在该银行的结算账户号码。

(10)“登记注册类型”：按纳税人税务登记证件的栏目内容填写。

(11)“电话号码”：填写可联系到纳税人的常用电话号码。

(12)“即征即退项目”列：填写纳税人按规定享受增值税即征即退政策的货物、劳务和服务、不动产、无形资产的征（退）税数据。

(13)“一般项目”列：填写除享受增值税即征即退政策以外的货物、劳务和服务、不动产、无形资产的征（免）税数据。

(14)“本年累计”列：一般填写本年度内各月“本月数”之和。其中，第13、20、25、32、36、38栏及第18栏“实际抵扣税额”“一般项目”列的“本年累计”分别按本填写说明第（二十七）（三十四）（三十九）（四十六）（五十）（五十二）（三十二）条要求填写。

(15)第1栏“（一）按适用税率计税销售额”：填写纳税人本期按一般计税方法计算缴纳增值税的销售额，包含：在财务上不作销售但按税法规定应缴纳增值税的视同销售和价外费用的销售额；外贸企业作价销售进料加工复出口货物的销售额；税务、财政、审计部门检查后按一般计税方法计算调整的销售额。

营业税改征增值税的纳税人，服务、不动产和无形资产有扣除项目的，本栏应填写扣除之前的不含税销售额。

本栏“一般项目”列“本月数”=附列资料（一）第9列第1至5行之和－第9列第6、7行之和；本栏“即征即退项目”列“本月数”=附列资料（一）第9列第6、7行之和。

(16)第2栏“其中：应税货物销售额”：填写纳税人本期按适用税率计算增值税的应税货物的销售额。包含在财务上不作销售但按税法规定应缴纳增值税的视同销售货物和价外费用销售额，以及外贸企业作价销售进料加工复出口货物的销售额。

(17)第3栏“应税劳务销售额”：填写纳税人本期按适用税率计算增值税的应税劳务的销售额。

(18)第4栏“纳税检查调整的销售额”：填写纳税人因税务、财政、审计部门检查，并按一般计税方法在本期计算调整的销售额。但享受增值税即征即退政策的货物、劳务和服务、不动产、无形资产，经纳税检查属于偷税的，不填入“即征即退项目”列，而应填入“一般项目”列。

营业税改征增值税的纳税人，服务、不动产和无形资产有扣除项目的，本栏应填写扣除之前的不含税销售额。

本栏“一般项目”列“本月数”=附列资料（一）第7列第1至5行之和。

(19)第5栏“按简易办法计税销售额”：填写纳税人本期按简易计税方法计算增值税的销售额，包含纳税检查调整按简易计税方法计算增值税的销售额。

营业税改征增值税的纳税人，服务、不动产和无形资产有扣除项目的，本栏应填写扣除之前的不含税销售额；服务、不动产和无形资产按规定汇总计算缴纳增值税的分支机构，其当期按预征率计算缴纳增值税的销售额也填入本栏。

本栏“一般项目”列“本月数”≥附列资料（一）第9列第8至13b行之和－第9列第14、15行之和；本栏“即征即退项目”列“本月数”≥附列资料（一）第9列第14、15行之和。

(20)第6栏“其中：纳税检查调整的销售额”：填写纳税人因税务、财政、审计部门检查，并按简易计税方法在本期计算调整的销售额。但享受增值税即征即退政策的货物、劳务和服务、不动产、无形资产，经纳税检查属于偷税的，不填入“即征即退项目”列，而应填入“一般项目”列。

营业税改征增值税的纳税人，服务、不动产和无形资产有扣除项目的，本栏应填写扣除之前的不含税销售额。

(21) 第7栏“免、抵、退办法出口销售额”：填写纳税人本期适用免、抵、退税办法的出口货物、劳务和服务、无形资产的销售额。

营业税改征增值税的纳税人，服务、无形资产有扣除项目的，本栏应填写扣除之前的销售额。

本栏“一般项目”列“本月数” = 附列资料（一）第9列第16、17行之和。

(22) 第8栏“免税销售额”：填写纳税人本期按照税法规定免征增值税的销售额和适用零税率的销售额，但零税率的销售额中不包括适用免、抵、退税办法的销售额。

营业税改征增值税的纳税人，服务、不动产和无形资产有扣除项目的，本栏应填写扣除之前的免税销售额。

本栏“一般项目”列“本月数” = 附列资料（一）第9列第18、19行之和。

(23) 第9栏“其中：免税货物销售额”：填写纳税人本期按照税法规定免征增值税的货物销售额及适用零税率的货物销售额，但零税率的销售额中不包括适用免、抵、退税办法出口货物的销售额。

(24) 第10栏“免税劳务销售额”：填写纳税人本期按照税法规定免征增值税的劳务销售额及适用零税率的劳务销售额，但零税率的销售额中不包括适用免、抵、退税办法的劳务的销售额。

(25) 第11栏“销项税额”：填写纳税人本期按一般计税方法计税的货物、劳务和服务、不动产、无形资产的销项税额。

营业税改征增值税的纳税人，服务、不动产和无形资产有扣除项目的，本栏应填写扣除之后的销项税额。

本栏“一般项目”列“本月数” = 附列资料（一）（第10列第1、3行之和 - 第10列第6行）+（第14列第2、4、5行之和 - 第14列第7行）；

本栏“即征即退项目”列“本月数” = 附列资料（一）第10列第6行 + 第14列第7行。

(26) 第12栏“进项税额”：填写纳税人本期申报抵扣的进项税额。

本栏“一般项目”列“本月数” + “即征即退项目”列“本月数” = 附列资料（二）第12栏“税额”。

(27) 第13栏“上期留抵税额”

1）上期留抵税额按规定须挂账的纳税人，按以下要求填写本栏的“本月数”和“本年累计”。

上期留抵税额按规定须挂账的纳税人是指试点实施之日前一个税款所属期的申报表第20栏“期末留抵税额”“一般货物、劳务和应税服务”列“本月数”大于零，且兼有营业税改征增值税服务、不动产和无形资产的纳税人（下同）。其试点实施之日前一个税款所属期的申报表第20栏“期末留抵税额”“一般货物、劳务和应税服务”列“本月数”，以下称为货物和劳务挂账留抵税额。

①本栏“一般项目”列“本月数”：试点实施之日的税款所属期填写“0”；以后各期按上期申报表第20栏“期末留抵税额”“一般项目”列“本月数”填写。

②本栏“一般项目”列“本年累计”：反映货物和劳务挂账留抵税额本期期初余额。试点实施之日的税款所属期按试点实施之日前一个税款所属期的申报表第20栏“期末留抵税额”“一般货物、劳务和应税服务”列“本月数”填写；以后各期按上期申报表第20栏“期末留

抵税额”“一般项目”列“本年累计”填写。

③本栏“即征即退项目”列“本月数”：按上期申报表第20栏“期末留抵税额”“即征即退项目”列“本月数”填写。

2）其他纳税人，按以下要求填写本栏“本月数”和“本年累计”。

其他纳税人是指除上期留抵税额按规定须挂账的纳税人之外的纳税人（下同）。

①本栏“一般项目”列“本月数”：按上期申报表第20栏“期末留抵税额”“一般项目”列“本月数”填写。

②本栏“一般项目”列“本年累计”：填写“0”。

③本栏“即征即退项目”列“本月数”：按上期申报表第20栏“期末留抵税额”“即征即退项目”列“本月数”填写。

(28) 第14栏“进项税额转出”：填写纳税人已经抵扣，但按税法规定本期应转出的进项税额。

本栏“一般项目”列“本月数”+“即征即退项目”列“本月数”=附列资料（二）第13栏“税额”。

(29) 第15栏“免、抵、退应退税额”：反映税务机关退税部门按照出口货物、劳务和服务、无形资产免、抵、退办法审批的增值税应退税额。

(30) 第16栏“按适用税率计算的纳税检查应补缴税额”：填写税务、财政、审计部门检查，按一般计税方法计算的纳税检查应补缴的增值税税额。

本栏“一般项目”列“本月数”≤附列资料（一）第8列第1至5行之和+附列资料（二）第19栏。

(31) 第17栏“应抵扣税额合计”：填写纳税人本期应抵扣进项税额的合计数。按表中所列公式计算填写。

(32) 第18栏“实际抵扣税额”

1）上期留抵税额按规定须挂账的纳税人，按以下要求填写本栏的“本月数”和“本年累计”。

①本栏“一般项目”列“本月数”：按表中所列公式计算填写。

②本栏“一般项目”列“本年累计”：填写货物和劳务挂账留抵税额本期实际抵减一般货物和劳务应纳税额的数额。将“货物和劳务挂账留抵税额本期期初余额”与“一般计税方法的一般货物及劳务应纳税额”两个数据相比较，取二者中小的数据。

其中：货物和劳务挂账留抵税额本期期初余额=第13栏“上期留抵税额”“一般项目”列“本年累计”；

一般计税方法的一般货物及劳务应纳税额=(第11栏“销项税额”“一般项目”列“本月数”-第18栏“实际抵扣税额”“一般项目”列“本月数”)×一般货物及劳务销项税额比例；

一般货物及劳务销项税额比例=(附列资料（一）第10列第1、3行之和-第10列第6行)÷第11栏“销项税额”“一般项目”列“本月数”×100%。

③本栏“即征即退项目”列“本月数”：按表中所列公式计算填写。

2）其他纳税人，按以下要求填写本栏的“本月数”和“本年累计”：

①本栏“一般项目”列“本月数”：按表中所列公式计算填写。

②本栏“一般项目”列“本年累计”：填写“0”。

③本栏“即征即退项目”列“本月数”：按表中所列公式计算填写。

(33) 第19栏“应纳税额”：反映纳税人本期按一般计税方法计算并应缴纳的增值税额。按以下公式计算填写：

1）本栏“一般项目”列“本月数”=第11栏“销项税额”“一般项目”列“本月数”-第18栏“实际抵扣税额”“一般项目”列“本月数”-第18栏“实际抵扣税额”“一般项

目”列“本年累计”。

2）本栏“即征即退项目”列“本月数”＝第11栏“销项税额”“即征即退项目”列“本月数”－第18栏“实际抵扣税额”“即征即退项目”列“本月数”。

（34）第20栏“期末留抵税额”

1）上期留抵税额按规定须挂账的纳税人，按以下要求填写本栏的“本月数”和“本年累计”：

①本栏“一般项目”列“本月数”：反映试点实施以后，货物、劳务和服务、不动产、无形资产共同形成的留抵税额。按表中所列公式计算填写。

②本栏“一般项目”列“本年累计”：反映货物和劳务挂账留抵税额，在试点实施以后抵减一般货物和劳务应纳税额后的余额。按以下公式计算填写：

本栏“一般项目”列“本年累计”＝第13栏“上期留抵税额”“一般项目”列“本年累计”－第18栏“实际抵扣税额”“一般项目”列“本年累计”。

③本栏“即征即退项目”列“本月数”：按表中所列公式计算填写。

2）其他纳税人，按以下要求填写本栏“本月数”和“本年累计”：

①本栏“一般项目”列“本月数”：按表中所列公式计算填写。

②本栏“一般项目”列“本年累计”：填写“0”。

③本栏“即征即退项目”列“本月数”：按表中所列公式计算填写。

（35）第21栏“简易计税办法计算的应纳税额”：反映纳税人本期按简易计税方法计算并应缴纳的增值税额，但不包括按简易计税方法计算的纳税检查应补缴税额。按以下公式计算填写：

本栏“一般项目”列“本月数”＝附列资料（一）（第10列第8、9a、10、11行之和－第10列第14行）+（第14列第9b、12、13a、13b行之和－第14列第15行）

本栏“即征即退项目”列“本月数”＝附列资料（一）第10列第14行＋第14列第15行。

营业税改征增值税的纳税人，服务、不动产和无形资产按规定汇总计算缴纳增值税的分支机构，应将预征增值税额填入本栏。预征增值税额＝应预征增值税的销售额×预征率。

（36）第22栏“按简易计税办法计算的纳税检查应补缴税额”：填写纳税人本期因税务、财政、审计部门检查并按简易计税方法计算的纳税检查应补缴税额。

（37）第23栏“应纳税额减征额”：填写纳税人本期按照税法规定减征的增值税应纳税额。包含按照规定可在增值税应纳税额中全额抵减的增值税税控系统专用设备费用以及技术维护费。

当本期减征额小于或等于第19栏“应纳税额”与第21栏“简易计税办法计算的应纳税额”之和时，按本期减征额实际填写；当本期减征额大于第19栏“应纳税额”与第21栏“简易计税办法计算的应纳税额”之和时，按本期第19栏与第21栏之和填写。本期减征额不足抵减部分结转下期继续抵减。

（38）第24栏“应纳税额合计”：反映纳税人本期应缴增值税的合计数。按表中所列公式计算填写。

（39）第25栏“期初未缴税额（多缴为负数）”：“本月数”按上一税款所属期申报表第32栏“期末未缴税额（多缴为负数）”“本月数”填写。“本年累计”按上年度最后一个税款所属期申报表第32栏“期末未缴税额（多缴为负数）”“本年累计”填写。

（40）第26栏“实收出口开具专用缴款书退税额”：本栏不填写。

（41）第27栏“本期已缴税额”：反映纳税人本期实际缴纳的增值税额，但不包括本期入库的查补税款。按表中所列公式计算填写。

（42）第28栏“①分次预缴税额”：填写纳税人本期已缴纳的准予在本期增值税应纳税额中抵减的税额。

营业税改征增值税的纳税人，分以下几种情况填写：

1）服务、不动产和无形资产按规定汇总计算缴纳增值税的总机构，其可以从本期增值税应纳税额中抵减的分支机构已缴纳的税款，按当期实际可抵减数填入本栏，不足抵减部分结转下期继续抵减。

2）销售建筑服务并按规定预缴增值税的纳税人，其可以从本期增值税应纳税额中抵减的已缴纳的税款，按当期实际可抵减数填入本栏，不足抵减部分结转下期继续抵减。

3）销售不动产并按规定预缴增值税的纳税人，其可以从本期增值税应纳税额中抵减的已缴纳的税款，按当期实际可抵减数填入本栏，不足抵减部分结转下期继续抵减。

4）出租不动产并按规定预缴增值税的纳税人，其可以从本期增值税应纳税额中抵减的已缴纳的税款，按当期实际可抵减数填入本栏，不足抵减部分结转下期继续抵减。

（43）第29栏“②出口开具专用缴款书预缴税额”：本栏不填写。

（44）第30栏“③本期缴纳上期应纳税额”：填写纳税人本期缴纳上一税款所属期应缴未缴的增值税额。

（45）第31栏“④本期缴纳欠缴税额”：反映纳税人本期实际缴纳和留抵税额抵减的增值税欠税额，但不包括缴纳入库的查补增值税额。

（46）第32栏“期末未缴税额（多缴为负数）”：“本月数”反映纳税人本期期末应缴未缴的增值税额，但不包括纳税检查应缴未缴的税额。按表中所列公式计算填写。“本年累计”与“本月数”相同。

（47）第33栏“其中：欠缴税额（≥0）”：反映纳税人按照税法规定已形成欠税的增值税额。按表中所列公式计算填写。

（48）第34栏“本期应补（退）税额”：反映纳税人本期应纳税额中应补缴或应退回的数额。按表中所列公式计算填写。

（49）第35栏“即征即退实际退税额”：反映纳税人本期因符合增值税即征即退政策规定，而实际收到的税务机关退回的增值税额。

（50）第36栏“期初未缴查补税额”：“本月数”按上一税款所属期申报表第38栏“期末未缴查补税额”“本月数”填写。“本年累计”按上年度最后一个税款所属期申报表第38栏“期末未缴查补税额”“本年累计”填写。

（51）第37栏“本期入库查补税额”：反映纳税人本期因税务、财政、审计部门检查而实际入库的增值税额，包括按一般计税方法计算并实际缴纳的查补增值税额和按简易计税方法计算并实际缴纳的查补增值税额。

（52）第38栏“期末未缴查补税额”：“本月数”反映纳税人接受纳税检查后应在本期期末缴纳而未缴纳的查补增值税额。按表中所列公式计算填写，“本年累计”与“本月数”相同。

（二）增值税小规模纳税人

增值税小规模纳税人（以下简称小规模纳税人）纳税申报表及其附列资料包括：

1）增值税纳税申报表（小规模纳税人适用）。

2）增值税纳税申报表（小规模纳税人适用）附列资料。

小规模纳税人销售服务，在确定服务销售额时，按照有关规定可以从取得的全部价款和价外费用中扣除价款的，需填报“增值税纳税申报表（小规模纳税人适用）附列资料”。其他情况不填写该附列资料。

3）增值税减免税申报明细表。

增值税纳税申报表（小规模纳税人适用）见表2-5。

表 2－5 增值税纳税申报表

（小规模纳税人适用）

纳税人识别号：□□□□□□□□□□□□□□□□□□□□

纳税人名称（公章）： 金额单位：元至角分

税款所属期： 年 月 日至 年 月 日 填表日期： 年 月 日

项目		栏次	本期数		本年累计	
			货物及劳务	服务、不动产和无形资产	货物及劳务	服务、不动产和无形资产
一、计税依据	（一）应征增值税不含税销售额（3%征收率）	1				
	税务机关代开的增值税专用发票不含税销售额	2				
	税控器具开具的普通发票不含税销售额	3				
	（二）应征增值税不含税销售额（5%征收率）	4	—		—	
	税务机关代开的增值税专用发票不含税销售额	5	—		—	
	税控器具开具的普通发票不含税销售额	6	—		—	
	（三）销售使用过的固定资产不含税销售额	7（7≥8）		—		—
	其中：税控器具开具的普通发票不含税销售额	8		—		—
	（四）免税销售额	9＝10＋11＋12				
	其中：小微企业免税销售额	10				
	未达起征点销售额	11				
	其他免税销售额	12				
	（五）出口免税销售额	13（13≥14）				
	其中：税控器具开具的普通发票销售额	14				
二、税款计算	本期应纳税额	15				
	本期应纳税额减征额	16				
	本期免税额	17				
	其中：小微企业免税额	18				
	未达起征点免税额	19				
	应纳税额合计	20＝15－16				
	本期预缴税额	21			—	—
	本期应补（退）税额	22＝20－21			—	—

纳税人或代理人声明：	如纳税人填报，由纳税人填写以下各栏：
本纳税申报表是根据国家税收法律法规及相关规定填报的，我确定它是真实的、可靠的、完整的。	办税人员： 财务负责人： 法定代表人： 联系电话： 如委托代理人填报，由代理人填写以下各栏： 代理人名称（公章）： 经办人： 联系电话：

主管税务机关： 接收人： 接收日期：

增值税纳税申报表（小规模纳税人适用）填写说明如下：

本表“货物及劳务”与“服务、不动产和无形资产”各项目应分别填写。

(1)“税款所属期”是指纳税人申报的增值税应纳税额的所属时间，应填写具体的起止年、月、日。

(2)“纳税人识别号”栏，填写纳税人的税务登记证件号码。

(3)“纳税人名称”栏，填写纳税人名称全称。

(4) 第1栏“应征增值税不含税销售额（3%征收率）”：填写本期销售货物及劳务、发生应税行为适用3%征收率的不含税销售额，不包括应税行为适用5%征收率的不含税销售额、销售使用过的固定资产和销售旧货的不含税销售额、免税销售额、出口免税销售额、查补销售额。

纳税人发生适用3%征收率的应税行为且有扣除项目的，本栏填写扣除后的不含税销售额，与当期《增值税纳税申报表（小规模纳税人适用）附列资料》第8栏数据一致。

(5) 第2栏“税务机关代开的增值税专用发票不含税销售额”：填写税务机关代开的增值税专用发票销售额合计。

(6) 第3栏“税控器具开具的普通发票不含税销售额”：填写税控器具开具的货物及劳务、应税行为的普通发票金额换算的不含税销售额。

(7) 第4栏“应征增值税不含税销售额（5%征收率）”：填写本期发生应税行为适用5%征收率的不含税销售额。

纳税人发生适用5%征收率应税行为且有扣除项目的，本栏填写扣除后的不含税销售额，与当期《增值税纳税申报表（小规模纳税人适用）附列资料》第16栏数据一致。

(8) 第5栏“税务机关代开的增值税专用发票不含税销售额”：填写税务机关代开的增值税专用发票销售额合计。

(9) 第6栏“税控器具开具的普通发票不含税销售额”：填写税控器具开具的发生应税行为的普通发票金额换算的不含税销售额。

(10) 第7栏“销售使用过的固定资产不含税销售额”：填写销售自己使用过的固定资产（不含不动产，下同）和销售旧货的不含税销售额，销售额 = 含税销售额/（1 + 3%）。

(11) 第8栏“税控器具开具的普通发票不含税销售额”：填写税控器具开具的销售自己使用过的固定资产和销售旧货的普通发票金额换算的不含税销售额。

(12) 第9栏“免税销售额”：填写销售免征增值税的货物及劳务、应税行为的销售额，不包括出口免税销售额。

应税行为有扣除项目的纳税人，填写扣除之前的销售额。

(13) 第10栏“小微企业免税销售额”：填写符合小微企业免征增值税政策的免税销售额，不包括符合其他增值税免税政策的销售额。个体工商户和其他个人不填写本栏次。

(14) 第11栏“未达起征点销售额”：填写个体工商户和其他个人未达起征点（含支持小微企业免征增值税政策）的免税销售额，不包括符合其他增值税免税政策的销售额。本栏次由个体工商户和其他个人填写。

(15) 第12栏“其他免税销售额”：填写销售免征增值税的货物及劳务、应税行为的销售额，不包括符合小微企业免征增值税和未达起征点政策的免税销售额。

(16) 第13栏“出口免税销售额”：填写出口免征增值税货物及劳务、出口免征增值税应税行为的销售额。

应税行为有扣除项目的纳税人，填写扣除之前的销售额。

(17) 第14栏“税控器具开具的普通发票销售额”：填写税控器具开具的出口免征增值税货物及劳务、出口免征增值税应税行为的普通发票销售额。

(18) 第15栏“本期应纳税额”：填写本期按征收率计算缴纳的应纳税额。

(19) 第16栏“本期应纳税额减征额”：填写纳税人本期按照税法规定减征的增值税应纳

税额。包含可在增值税应纳税额中全额抵减的增值税税控系统专用设备费用以及技术维护费，可在增值税应纳税额中抵免的购置税控收款机的增值税税额。

当本期减征额小于或等于第15栏“本期应纳税额”时，按本期减征额实际填写；当本期减征额大于第15栏“本期应纳税额”时，按本期第15栏填写，本期减征额不足抵减部分结转下期继续抵减。

(20) 第17栏“本期免税额”：填写纳税人本期增值税免税额，免税额根据第9栏“免税销售额”和征收率计算。

(21) 第18栏“小微企业免税额”：填写符合小微企业免征增值税政策的增值税免税额，免税额根据第10栏“小微企业免税销售额”和征收率计算。

(22) 第19栏“未达起征点免税额”：填写个体工商户和其他个人未达起征点（含支持小微企业免征增值税政策）的增值税免税额，免税额根据第11栏“未达起征点销售额”和征收率计算。

(23) 第21栏“本期预缴税额”：填写纳税人本期预缴的增值税额，但不包括查补缴纳的增值税额。

职业能力训练

一、单项选择题

1. 下列货物中，适用17%的增值税税率的是（　　）。

   A. 鲜奶　　B. 衣服　　C. 农用挖掘机　　D. 动物骨粒

2. 下列项目不允许扣除进项税额的是（　　）。

   A. 一般纳税人购进应税劳务

   B. 生产企业购进并验收入库的原材料

   C. 一般纳税人销售货物支付的运输费

   D. 专门用于免税项目购进的存货

3. 单位和个体经营者发生的下列行为中，应视同销售货物计算增值税销项税额或应纳税额的是（　　）。

   A. 将购买的货物用于非应税项目

   B. 将购买的货物用于职工福利或个人消费

   C. 将购买的货物用于对外投资

   D. 将购买的货物用于生产应税产品

4. 进口下列货物应按13%的税率征收增值税的是（　　）。

   A. 电视机　　B. 汽车　　C. 箱包　　D. 农机

5. 某酒厂系增值税一般纳税人，本期销售散装白酒10吨，增值税专用发票上注明的销售额为50 000元；收取包装物押金1 755元，已单独入账核算。该厂此项业务应申报的增值税销项税额为（　　）元。

   A. 8 500　　B. 8 798.35　　C. 8 755　　D. 7 519.96

6. 某皮革厂将自产的皮鞋作为福利发给本厂职工，该批产品制造成本共计8万元，利润率为10%，按当月同类产品平均销售价格计算为10万元。则该笔业务计征增值税的销售额应为（　　）万元。

A. 8.8　　B. 10　　C. 8　　D. 9

7. 委托加工的应税消费品，应按照受托方同类消费品的销售价格计算纳税，没有同类消费品销售价格的，按照组成计税价格计算纳税，其组成计税价格＝（　　）。

A.（材料成本+加工费）÷(1＋消费税税率)

B.（材料成本+加工费）÷(1－消费税税率)

C. 加工费÷(1＋消费税税率)

D. 加工费÷(1－消费税税率)

8. 纳税人将自产、委托加工或购买的货物分配给投资者，纳税义务发生时间为（　　）。

A. 收到投资收益的当天　　B. 货物移送的当天

C. 收到投资者签收凭据的当天　　D. 按约定合同规定的日期

9. 下列金融业务增值税计税营业额表述中，错误的是（　　）。

A. 保险公司办理初保业务，以被保险人收取的全部保险费减去相应的费用后为营业额

B. 金融机构从事外汇买卖的业务，以卖出价减去买入价后的余额为营业额

C. 金融机构将吸收的存款贷与他人使用，以贷款利息收入为营业额

D. 金融经纪业务以手续费（佣金）类的全部收入为营业额

10. 增值税按期纳税的起征点为月营业额（　　）。

A. 0～1 000 元　　B. 300～500 元

C. 5 000～20 000 元　　D. 1 000～5 000 元

二、多项选择题

1. 根据增值税法律制度的规定，下列各项中，可以作为增值税进项税额抵扣凭证的有（　　）。

A. 从销售方取得的注明增值税税额的增值税专用发票

B. 从海关取得的注明进口增值税税额的海关进口增值税专用缴款书

C. 购进农产品开具的农产品收购发票

D. 销售货物过程中支付运输费用而取得的注明运费金额的运输费用结算单据

2. 根据增值税法律制度的规定，企业发生的下列行为中，视同销售货物征收增值税的有（　　）。

A. 将购进的货物用于扩建职工食堂

B. 将本企业生产的货物分配给投资者

C. 将委托加工的货物用于集体福利

D. 将购进的货物作为投资提供给其他单位

3. 根据增值税法律制度的规定，下列各项中，其进项税额不可以从销项税额中抵扣的有（　　）。

A. 不动产在建工程使用的外购物资

B. 生产应税产品购入的原材料

C. 因管理不善变质的库存购进商品

D. 因管理不善被盗的产成品所耗用的购进原材料

4. 根据增值税法规规定，一般纳税人在下列情况下不可开具增值税专用发票的是（　　）。

A. 商品零售企业将货物出售给消费者

B. 生产企业将货物出售给小规模纳税人

C. 销售免税货物

D. 生产企业将货物销售给批发企业

5. 根据增值税法律制度的规定，下列项目的进项税额不得从销项税额中抵扣（　　）。

A. 非正常损失的购进货物，以及相关的加工修理修配劳务和交通运输服务

B. 非正常损失的在产品、产成品所耗用的购进货物（不包括固定资产）、加工修理修配劳务和交通运输服务

C. 非正常损失的不动产，以及该不动产所耗用的购进货物、设计服务和建筑服务

D. 购进的旅客运输服务、贷款服务、餐饮服务、居民日常服务和娱乐服务

6. 根据增值税法律制度的规定，下列关于增值税纳税义务发生时间的表述中正确的是（　　）。

A. 纳税人采取直接收款方式销售货物，为货物发出的当天

B. 纳税人销售应税劳务，为提供劳务同时收讫销售款或者取得索取销售款凭据的当天

C. 纳税人采取委托银行收款方式销售货物，为发出货物并办妥托收手续的当天

D. 纳税人进口货物，为报关进口的当天

7. 增值税纳税义务发生时间为（　　）。

A. 采取预收账款方式转让土地使用权的，收到预收账款的当天

B. 采取预收账款方式转让土地使用权的，转让土地使用权的当天

C. 实行月中预支，月终结算，竣工后清算办法的工程项目，月份终了与发包单位进行已完工工程价款结算的当天

D. 实行月中预支，月终结算，竣工后清算办法的工程项目，支付款项的当天

8. 根据增值税法律制度的规定，下列各项中，可作为增值税抵扣凭证的有（　　）。

A. 增值税专用发票　　B. 海关进口增值税专用缴款书

C. 农产品销售发票　　D. 防伪税控开具的机动车销售专用发票

9. 下列项目中，免征增值税的有（　　）。

A. 养老院提供的育养服务

B. 残疾人员为社会提供的劳务

C. 公立医院提供的医疗服务

D. 从事农业机耕、排灌、病虫害防治技术培训

10. 根据增值税法律制度的规定，下列各项中，一般纳税人要并入销售额计算销项税额的有（ ）。

A. 包装物租金　　B. 手续费

C. 违约金　　D. 委托加工应税消费品代收代缴的消费税

三、判断题

1. 单位或者个体工商户聘用的员工为本单位或者雇主提供加工、修理修配劳务，不征收增值税。（ ）
2. 增值税起征点仅适用于个体工商户小规模纳税人和其他个人。增值税起征点不适用于登记为一般纳税人的个体工商户。（ ）
3. 一般纳税人购买或销售免税货物所发生的运输费用，可以根据取得增值税专用发票注明的增值税额作为进项税额抵扣。（ ）
4. 纳税人采取以旧换新方式销售金银首饰的，在计算缴纳增值税时，不得从新货物销售额中减除收购旧货物的款项。（ ）
5. 纳税人将不动产或者土地使用权无偿赠送其他单位或者个人的，其纳税义务发生时间为不动产所有权、土地使用权转移的当天。（ ）
6. 某公司职员利用自己的交通工具为本单位运输货物收取运费等不要缴纳增值税。（ ）
7. 保险业的纳税期限为1个季度，自期满之日起15日内申报纳税。（ ）
8. 增值税一般纳税人支付的与非正常损失的购进货物相关的交通运输服务的进项税额，可以从销项税额中扣除。（ ）
9. 提供交通运输业服务、增值电信服务、基础电信服务，适用11%税率。（ ）
10. 纳税人提供的适用一般计税方法计税的应税服务，因服务终止或者折让而收回的增值税额，不可以冲减当期的进项税额。（ ）

四、综合实务题

1. A公司为增值税一般纳税人，5月购进货物一批，取得增值税专用发票，购进价为2 000万元，当月将其中的一部分货物分别销售给宾馆和个体零售商，取得含税销售收入分别为1 755万元和468万元。个体零售商将购进的货物销售给消费者，取得含税销售收入360.5万元。试分别计算A公司和个体零售商当月应缴纳的增值税税额。
2. 某银行8月份发生以下业务：

（1）代发国库券手续费收入24万元，结算罚息、加息2万元，出纳长款2 000元。

（2）销售支票收入15万元；办理结算业务手续费收入20万元。

（3）吸收存款600万元，支付存款利息2.5万元。

(4) 自有资金发放贷款 5 000 万元，贷款利息收入 500 万元，包括用储蓄存款发放贷款 2 000 万元，利息收入 200 万元。

(5) 将第一季度购进的有价证券转让，卖出价 860 万元，该证券买入价为 780 万元。

(6) 代收电话费取得手续费等收入 14 万元（其中包括工本费 2 万元）。

要求：计算该银行当月应纳的增值税税额。

3. 某商场（一般纳税人）开展“买一送一”促销活动销售货物。本期销售 A 商品 43 台，零售价为 3 627 元/台；同时赠送 B 商品 43 件，零售价为 29.25 元/件。已知 A、B 商品的适用税率为 17%。

要求：计算该商场此项业务应申报的增值税销项税额。

4. 某企业为增值税一般纳税人，8 月末盘库时发现，因管理不善丢失了一批上个月购进的免税农产品（已抵扣进项税额），账面成本 178 万元（含支付给增值税一般纳税人的运费 4 万元）。

要求：计算 8 月份该批农产品应该转出的进项税额。

5. 某食品加工厂为增值税一般纳税人，因为加工食品需要，3 月份向农民收购大豆一批，开具的农产品收购发票上注明的农产品买价为 60 万元，并将该批大豆验收入库；本月还从农民手中购进的红薯一批，农产品收购发票上注明的农产品买价为 15 万元，该批红薯在运回库房途中发生 1% 的损失，经查属于合理损耗。

要求：计算该加工厂本月可以抵扣的增值税进项税额。

6. 某工厂系增值税一般纳税人，7 月份发生下列经济业务：

(1) 委托 A 公司代销产品 100 件，协议价 110 元/件，制造成本为 70 元/件，增值税率为 17%。A 公司把全部产品出售后送来代销清单时，工厂开具增值税专用发票，发票上注明售价为 11 000 元，增值税为 1 870 元。

(2) 工厂的基建部门因从事公司食堂的建设领用自制的产品 50 件，每件售价 150 元，每件的实际成本为 100 元，适用的增值税率为 17%。

(3) 将一批外购的原材料对外投资，原材料账面实际成本为 65 000 元，增值税组成计税价为 70 000 元，适用增值税率为 17%。

(4) 工厂以自产的一批产品作为福利发放给本厂职工，该批产品实际制造成本为 60 000 元，无同类产品销售价，适用增值税率为 17%。

假设以上售价都为不含税阶。

要求：计算该厂 7 月份的销项税额。

7. 某电器箱柜厂系增值税一般纳税人，7 月份发生下列经济业务：

(1) 购进原材料一批，取得增值税专用发票注明价款 90 000 元，增值税税额为 15 300 元，原材料已验收入库并部分投入使用。在购货过程中支付运输费用 2 200 元，已取得运输部门开具的运费增值税专用发票发票，发票注明运费 2 500 元，增值税税额为 275 元。

(2) 购进包装物一批，取得增值税专用发票注明价款 4 000 元，增值税额为

680 元。月末，该批包装物尚未运达企业。

（3）销售甲种电缆箱柜 300 个，开具增值税专用发票注明的销售额为 150 000 元；

（4）没收逾期包装物押金 17 550 元，已入账核算。

（5）为装修办公室、车间，从成品库领用甲种电缆箱柜 25 件，已按成本价转账核算。甲产品的单位生产成本为 40 元/件。

要求：计算该厂 7 月应缴增值税税额。

8. 某公司为增值税一般纳税人，6 月份发生下列经济业务：

（1）5 日，支付广告服务费，取得增值税专用发票注明的金额 8 万元，增值税是 0. 48 万元。

（2）10 日，购进一台检测设备，取得增值税专用发票注明价款 18 万元，增值税为 3. 06 万元。支付运输费，取得增值税专用发票注明的金额为 0. 3 万元，增值税为 0. 033 万元。

（3）20 日，取得某项认证服务收入 106 万元，开具增值税专用发票，价税合计 106 万元。

（4）25 日，销售 2009 年 1 月 1 日前购进的一台固定资产，售价 1. 03 万元。

已知：本题涉及的部分现代服务业增值税税率 6%，征收率 3%。

要求：计算该公司 6 月应缴增值税税额。

9. 某旅行社 7 月组团境内旅游收入 80 万元，替旅游者支付给其他单位的住宿、交通门票、餐费共计 58 万元；组织境外旅游收入 110 万元，付给境外接团企业 70 万元费用。承接境外旅游团入境旅游，该境外旅游团共收费 40 万元，本旅行社取得接团收入 27 万元，其中含代付门票等费用 13 万元。

要求：计算该旅行社 7 月份应缴纳的增值税。

10. 翔宇建筑公司为增值税一般纳税人，7 月 10 日以清包工方式承接 A 工程项目，7 月 30 日发包方按工程进度支付工程价款 178 万元，该项目当月发生工程成本为 103 万元，其中购买材料、动力、机械等取得增值税专用发票上注明的金额为 45 万元。对 A 工程项目翔宇建筑公司选用简易计税方法计算应纳税额。

要求：计算翔宇公司 7 月需缴纳多少增值税。

项目三 消费税核算

知识目标

※ 掌握消费税的纳税人、征税范围、税目与税率等内容；
※ 重点掌握消费税应纳税额的计算；
※ 掌握消费税征收管理的规定。

技能目标

※ 能准确计算消费税应纳税额；
※ 能完成消费税纳税申报事宜。

任务一 消费税概述

一、消费税的概念

消费税是对我国境内从事生产、委托加工和进口应税消费品的单位和个人，就其销售额或销售数量，在特定环节征收的一种税。简单地说，消费税是对特定的消费品和消费行为征收的一种税。

法规链接

现行消费税税法的基本规范，是2008年11月5日国务院第34次常务会议修订通过的《中华人民共和国消费税暂行条例》（以下简称《消费税暂行条例》），及2008年12月18日经财政部部务会议和国家税务总局局务会议审议发布的《中华人民共和国消费税暂行条例实施细则》。

二、消费税的特点

1. 征税范围具有选择性

与增值税相比，消费税征税范围具有选择性，只针对特定消费品或消费行为征税，而不是对所有的消费品都征收消费税。

2. 征税环节具有单一性

消费税是在生产、委托加工、进口、流通的某一环节一次征收（卷烟除外），而不是在消费品生产、委托加工、进口、流通每个环节多次征收，即一次课征制。

3. 征收方法具有多样性

为了适应不同消费品的应税情况，消费税在征收方法上不力求一致，可采用从价定率的征收方式，也可以选择从量定额的征收方式。

4. 消费税具有转嫁性

消费税无论采取价内税形式还是价外税形式，也无论在哪个环节征收，消费品中所含的消费税税款最终都要转嫁到消费者身上，由消费者负担，税负具有转嫁性，并且较其他税种更明显。

任务二 消费税的基本内容

一、纳税人

在中国境内生产、委托加工和进口《消费税暂行条例》规定的消费品的单位和个人，以及国务院确定的销售《消费税暂行条例》规定的消费品的其他单位和个人，为消费税的纳税人。

在中华人民共和国境内，是指生产、委托加工和进口属于应当缴纳消费税的消费品的起运地或者所在地在境内。

单位，是指企业、行政单位、事业单位、军事单位、社会团体及其他单位等。

个人，是指个体工商户及其他个人。

二、纳税环节

（一）生产环节

纳税人生产的应税消费品，由生产者于销售时纳税。其中自产自用的用于本企业连续生产应税消费品的不纳税；用于其他方面的，于移送使用时纳税。

用于连续生产应税消费品，是指纳税人将自产自用应税消费品作为直接材料生产最终应税消费品，自产自用应税消费品构成最终应税消费品的实体。

用于其他方面，是指纳税人将自产自用的应税消费品用于生产非应税消费品、在建工程、管理部门、非生产机构、提供劳务、馈赠、赞助、集资、广告、样品、职工福利、奖励等方面。

（二）委托加工环节

委托加工的应税消费品，由受托方在向委托方交货时代收代缴。如果受托方是个体经营者，委托方需在收回加工应税消费品后向所在地主管税务机关缴纳消费税。

（三）进口环节

纳税人进口的应税消费品，由进口报关者于报关进口时纳税。

（四）零售环节

金银首饰、钻石及钻石饰品和铂金首饰消费税由零售者在零售环节缴纳。在零售环节征收消费税的金银首饰仅限于金基、银基合金首饰以及金、银和金基、银基合金的镶嵌首饰。

（五）批发环节。

卷烟在批发环节加征一道消费税。自 2015 年 5 月 10 日起，将卷烟批发环节从价税税率由 5% 提高至 11%，并按 0.005 元/支加征从量税。卷烟消费税改为在生产和批发两个环节征收后，批发企业在计算应纳税额时不得扣除已含的生产环节的消费税税款。如某卷烟厂将自产的卷烟销售给甲烟草批发公司，对该卷烟厂生产销售卷烟的行为应当征收消费税（复合计征）。甲烟草批发公司销售给 A 烟草零售商店的行为，由于已经从批发环节向零售环节流转，应征收消费税，复合计征，且不存在已纳消费税税额抵扣问题。

提 示

在批发环节征收的消费税仅限于卷烟。批发卷烟的纳税人之间销售不纳税，只有将卷烟销售给零售商等其他单位和个人时才缴纳消费税。如某烟草批发公司将该批卷烟转售丙烟草批发公司，对该烟草批发公司将卷烟销售给丙烟草批发公司的行为，由于卷烟仍未流转出批发环节，不征收消费税，等丙烟草批发公司向烟草零售商店销售时再征收批发销售环节消费税即可。

三、税目

消费税的征收范围比较狭窄，目前消费税税目包括烟、酒、化妆品等 15 种商品，部分税目还进一步划分了若干子目。

（一）烟

烟即以烟叶为原料加工生产的产品。不论适用何种辅料，均属于本税目的征收范围，具体包括卷烟、雪茄烟和烟丝。

（1）卷烟是指将各种烟叶切成烟丝并按照一定的配方辅之以糖、酒、香料加工而成的产品，包括甲类卷烟和乙类卷烟。

（2）雪茄烟，其征收范围包括各种规格、型号的雪茄烟。

（3）烟丝，其征收范围包括以烟叶为原料加工生产的不经卷制的散装烟。

（二）酒

酒是酒精度在1度以上的各种酒类饮料，包括白酒、黄酒、啤酒、葡萄酒和其他酒。具体征税范围包括：

（1）白酒。

1）粮食白酒是指以高粱、玉米、大米、糯米、大麦、小麦、青稞等各种粮食为原料，经过糖化、发酵后，采用蒸馏法酿制的白酒。

2）薯类白酒是指以白薯（红薯、地瓜）、木薯、马铃薯、芋头、山药等各种干鲜薯类为原料，经过糖化、发酵后，采用蒸馏方法酿制的白酒。用甜菜酿制的白酒，比照薯类白酒征税。

（2）黄酒，是指以大米等谷物为原料，经加温、糖化、发酵、压榨酿制的酒。由于工艺、配料和含糖量的不同，黄酒分为干黄酒、半干黄酒、半甜黄酒、甜黄酒4类。黄酒的征收范围包括各种原料酿制的黄酒和酒度超过12度（含12度）的土甜酒。

（3）啤酒，是指以大麦或其他粮食为原料，加入啤酒花，经糖化、发酵、过滤酿制的含有二氧化碳的酒。

啤酒每吨出厂价（含包装物及包装物押金）在3 000元（含3 000元，不含增值税）以上的是甲类啤酒，每吨出厂价（含包装物及包装物押金）在3 000元以下的是乙类啤酒。

提　示

饮食业、商业、娱乐业举办的啤酒屋（啤酒坊）利用啤酒生产设备生产的啤酒，征收消费税。

（4）其他酒，是指除粮食白酒、薯类白酒、黄酒、啤酒以外，酒度在1度以上的各种酒，包括葡萄酒、其他原料白酒、土甜酒、复制酒、果木酒、汽酒、药酒等。

葡萄酒是以葡萄为原料，经破碎（压榨）、发酵而成的酒精度在1度（含）以上的葡萄酒和成品酒（不含以葡萄味原料的蒸馏酒）。

提　示

调味料酒不征收消费税。

（三）高档化妆品

本税目征收范围包括高档美容、修饰类化妆品、高档护肤类化妆品和成套化妆品。

（四）贵重首饰及珠宝玉石

本税目包括以金、银、白金、宝石、珍珠、钻石、翡翠、珊瑚、玛瑙等高贵稀有物质以及其他金属、人造宝石等制作的各种纯金银首饰及镶嵌首饰和经采掘、打磨、加工的各种珠宝玉石。

对出国人员免税商店销售的金银首饰征收消费税。

（五）鞭炮、焰火

本税目包括各种鞭炮、焰火。

提示 体育上用的发令纸、鞭炮引线，不按本税目征收。

（六）成品油

本税目包括汽油、柴油、石脑油、溶剂油、航空煤油、润滑油、燃料油七个子目。

1. 汽油

汽油是指用原油和其他原料加工生产的辛烷值不小于66的可用作汽油发动机燃料的各种轻质油。

以汽油、汽油组分调和生产的甲醇汽油、乙醇汽油也属于本税目的征收范围。

2. 柴油

柴油是指用原油和其他原料加工生产的倾点或凝点在－50号至30号值的可用作柴油发动机燃料的各种轻质油和以柴油组分为主、经调和精制可以用作柴油发动机的非标油。

以柴油、柴油组分调和生产的生物柴油也属于本税目的征收范围。

3. 石脑油

石脑油又叫化工轻油，是用原油或其他原料加工生产的用于化工原料的轻质油。

石脑油的征收范围包括除汽油、柴油、航空煤油、溶剂油以外的各种轻质油。非标汽油、重整生成油、拔头油、戊烷原料油、轻裂解料（减压柴油VGO和常压柴油AGO）、重裂解料、加氢裂化尾油、芳烃抽余油均属轻质油，属于石脑油征收范围。

4. 溶剂油

溶剂油是用原油或其他原料加工生产的用于涂料和油漆、食用油、印刷油墨、皮革、农药、橡胶、化妆品生产和机械清洗、胶粘行业的轻质油。

橡胶填充油、溶剂油原料，属于溶剂油征收范围。

5. 航空煤油

航空煤油也叫喷气燃料，是用原油或其他原料加工生产的用于喷气发动机和喷气推进系统燃料的各种轻质油。

航空煤油的消费税暂缓征收。

6. 润滑油

润滑油是用原油或其他原料加工生产的用于内燃机、机械加工过程的润滑产品。润滑油分为矿物性润滑油、植物性润滑油、动物性润滑油和化工原料合成润滑油。

润滑油的征收范围包括矿物性润滑油、矿物性润滑油基础油、植物性润滑油、动物性润滑油和化工原料合成润滑油。以植物性、动物性和矿物性基础油（或矿物性润滑油）混合掺配而成的“混合性”润滑油，不论矿物性基础油（或矿物性润滑油）所占比例高低，均属润滑油的征税范围。

7. 燃料油

燃料油也称重油、渣油，是用原油或其他原料加工生产，主要用于电厂发电、锅炉用燃料、加热炉燃料、冶金和其他工业炉燃料。

（七）摩托车

摩托车包括轻便摩托车和摩托车两种，本税目征税范围为和气缸容量在250毫升（含）以上的摩托车。

（八）小汽车

汽车是指由动力驱动，具有4个或4个以上车轮的非轨道承载的车辆。

本税目征收范围包括含驾驶员座位在内最多不超过9个座位（含）的，在设计和技术特性上用于载运乘客和货物的各类乘用车和含驾驶员座位在内的座位数在10至23座（含23座）的在设计和技术特性上用于载运乘客和货物的各类中轻型商用客车。用排气量小于15升（含）的乘用车底盘（车架）改装、改制的车辆属于乘用车征收范围。

用排气量大于1.5升的乘用车底盘（车架）或用中轻型商用客车底盘（车架）改装、改制的车辆属于中轻型商用客车征收范围。

对于购进乘用车或中轻型商用客车整车改装生产的汽车，应按规定征收消费税。含驾驶员人数（额定载客）为区间值的（如8~10人；17~26人）小汽车，按其区间值下限人数确定征收范围。

车身长度大于7米（含），并且座位在10至23座（含）以下的商用客车，不属于中轻型商用客车征税范围，不征收消费税。

电动汽车不属于本税目征收范围，货车或厢式货车改装生产的商务车、卫星通信车等专用汽车不征消费税。沙滩车、雪地车、卡丁车、高尔夫车不属于消费税征收范围，不征收消费税。

（九）高尔夫球及球具

高尔夫球及球具是指从事高尔夫球运动所需的各种专用装备包括高尔夫球、高尔夫球杆及高尔夫球包（袋）等。

高尔夫球是指重量不超过45.93克、直径不超过42.67毫米的高尔夫球运动比赛、练习用球；高尔夫球杆是指被设计用来打高尔夫球的工具，由杆头、杆身和握把三部分组成；高尔夫球包（袋）是指专用于盛装高尔夫球及球杆的包（袋）。

本税目征收范围包括高尔夫球、高尔夫球杆、高尔夫球包（袋）。高尔夫球杆的杆头、杆身和握把属于本税目的征收范围。

（十）高档手表

高档手表是指销售价格（不含增值税）每只在10 000元（含）以上的各类手表。

本税目征收范围包括符合以上标准的各类手表。

（十一）游艇

游艇是指长度大于8米、小于90米，船体由玻璃钢、钢、铝合金、塑料等多种材料制作，可以在水上移动的水上浮载体。按照动力划分，游艇分为无动力艇、帆艇和机动艇。

本税目征收范围包括艇身长度大于8米（含）、小于90米（含），内置发动机，可以在水上移动，一般为私人或团体购置，主要用于水上运动和休闲娱乐等非营利活动的各类机动艇。

（十二）木制一次性筷子

木制一次性筷子，又称卫生筷子，是指以木材为原料经过锯段、浸泡、旋切、刨切、烘干、筛选、打磨、倒角、包装等环节加工而成的各类一次性使用的筷子。本税目征收范围包括各种规格的木制一次性筷子。未经打磨、倒角的木制一次性筷子属于本税目征税范围。

（十三）实木地板

实木地板是指以木材为原料，经锯割、干燥、刨光、截断、开榫、涂漆等工序加工而成的块状或条状的地面装饰材料。实木地板按生产工艺不同，可分为独板（块）实木地板、实木指接地板、实木复合地板三类；按表面处理状态不同，可分为未涂饰地板（白坯板、素板）和漆饰地板两类。

本税目征收范围包括各类规格的实木地板、实木指接地板、实木复合地板及用于装饰墙壁、天棚的侧端面为榫、槽的实木装饰板。未经涂饰的素板属于本税目征税范围。

（十四）电池

电池，是一种将化学能、光能等直接转换为电能的装置，一般由电极、电解质、容器、极端，通常还有隔离层组成的基本功能单元，以及用一个或多个基本功能单元装配成的电池组。范围包括原电池、蓄电池、燃料电池、太阳能电池和其他电池。

对无汞原电池、金属氢化物镍蓄电池（又称“氢镍蓄电池”或“镍氢蓄电池”）、锂原电池、锂离子蓄电池、太阳能电池、燃料电池和全钒液流电池免征消费税。

自2016年1月1日起，对铅蓄电池按4%税率征收消费税。

（十五）涂料

涂料是指涂于物体表面能形成具有保护、装饰或特殊性能的固态涂膜的一类液体或固体材料之总称。

自2015年2月1日起对涂料征收消费税，施工状态下挥发性有机物（Volatile Organic Compounds，VOC）含量低于420克/升（含）的涂料免征消费税。

四、税率

消费税税率采取比例税率和定额税率两种形式，以适应不同应税消费品的实际情况。

消费税根据不同的税目或子目确定相应的税率或单位税额。一般情况下，对一种消费品只选择一种税率形式，但对卷烟和白酒，则采取了比例税率和定额税率复合征收的形式。现行消费税税目税率具体见表3-1所示。

表3-1 消费税税目税率表

税 目	税 率
一、烟	
1. 卷烟	
（1）甲类卷烟（生产环节或进口环节）	56%加0.003元/支
（2）乙类卷烟（生产环节或进口环节）	36%加0.003元/支
（3）批发环节	11%加0.005元/支
2. 雪茄烟	36%
3. 烟丝	30%

（续）

税 目	税 率
二、酒	
1. 白酒	20%加0.5元/500克（或者500毫升）
2. 黄酒	240元/吨
3. 啤酒	
（1）甲类啤酒	250元/吨
（2）乙类啤酒	220元/吨
4. 其他酒	10%
三、高档化妆品	15%
四、贵重首饰及珠宝玉石	
1. 金银首饰、铂金首饰和钻石及钻石饰品	5%
2. 其他贵重首饰和珠宝玉石	10%
五、鞭炮、焰火	15%
六、成品油	
1. 汽油	1.52元/升
2. 柴油	1.20元/升
3. 航空煤油（暂缓征收）	1.20元/升
4. 石脑油	1.52元/升
5. 溶剂油	1.52元/升
6. 润滑油	1.52元/升
7. 燃料油	1.20元/升
七、摩托车	
1. 气缸容量为250毫升的	3%
2. 气缸容量在250毫升以上的	10%
八、小汽车	
1. 乘用车	
（1）气缸容量（排气量，下同）在1.0升（含1.0升）以下的	1%
（2）气缸容量在1.0升以上至1.5升（含1.5升）的	3%
（3）气缸容量在1.5升以上至2.0升（含2.0升）的	5%
（4）气缸容量在2.0升以上至2.5升（含2.5升）的	9%
（5）气缸容量在2.5升以上至3.0升（含3.0升）的	12%
（6）气缸容量在3.0升以上至4.0升（含4.0升）的	25%
（7）气缸容量在4.0升以上的	40%
（8）超豪华小汽车［每辆零售价格130万元（不含增值税）］	10%
2. 中轻型商用客车	5%
九、高尔夫球及球具	10%
十、高档手表	20%
十一、游艇	10%

（续）

税 目	税 率
十二、木制一次性筷子	5%
十三、实木地板	5%
十四、电池	4%
十五、涂料	4%

消费税税额的计算

一、生产销售环节应纳消费税的计算

消费税实行从价定率、从量定额，或者从价定率和从量定额复合计税（以下简称复合计税）的三种方法计算应纳税额。具体计算方法如下：

（一）从价计征

1. 销售额的确定

消费税是价内税，以含消费税的销售额作为计税依据。实行从价定率办法计算的应纳消费税的基本计算公式为

应纳税额 = 应税消费品的销售额 × 比例税率

纳税人对外销售自己生产的应税消费品，应当以其销售额作为计税依据计算纳税。这里的销售额，是指为纳税人销售应税消费品向购买方收取的全部价款和价外费用，不包括应向购买方收取的增值税税款。价外费用，是指价外向购买方收取手续费、补贴、基金、集资费、返还利润、奖励费、违约金、滞纳金、延期付款赔偿金、代收款项、代垫款项、包装费、包装物租金、储备费、优质费、运费以及其他各种性质的价外收费。但下列项目不包括在销售额内：

（1）同时符合以下条件的代垫运输费用：

1）承运部门的运输费用发票开具给购买方的；

2）纳税人将该项发票转交给购买方的。

（2）同时符合以下条件代为收取的政府性基金或者行政事业性收费：

1）由国务院或者财政部批准设立的政府性基金，由国务院或者省级人民政府及其财政、价格主管部门批准设立的行政事业性收费；

2）收取时开具省级以上财政部门印制的财政票据；

3）所收款项全额上缴财政。

同一环节既征收消费税又征收增值税的，消费税与增值税的计税销售额一般情况下是相同的。

2. **含增值税销售额的换算**

应税消费品在缴纳消费税的同时，与一般货物一样，还应缴纳增值税。按照《消费税暂行条例实施细则》的规定，应税消费品的销售额，不包括应向购货方收取的增值税税款。如果纳税人应税消费品的销售额中未扣除增值税税款或者因不得开具增值税专用发票而发生价款和增值税税款合并收取的，在计算消费税时，应将含增值税的销售额换算为不含增值税税款的销售额。其换算公式为

应税消费品的销售额 = 含增值税的销售额 ÷ (1 + 增值税税率或征收率)

【例3-1】 某化妆品厂为增值税一般纳税人。4月20日向某商场销售高档化妆品一批，取得含增值税销售额102.96万元。已知该化妆品适用的增值税税率为17%，消费税税率为15%。计算该厂当月应纳消费税税额。

解 析

根据税法规定，从价计征消费税的销售额中不包括向购货方收取的增值税款。所以，在计算消费税时，应将增值税款从计税依据中扣除。计算过程如下：

①不含增值税销售额 = 102.96 ÷ (1 + 17%) = 88（万元）

②应纳消费税税额 = 88 × 15% = 13.2（万元）

3. **包装物及押金的计税销售额**

(1) 实行从价计征办法征收消费税的应税消费品连同包装物销售的，无论包装物是否单独计价以及在会计上如何核算，均应并入应税消费品的销售额中缴纳消费税。

(2) 如果包装物不作价随同产品销售，而是收取押金，此项押金则不应并入应税消费品的销售额中征税。但对因逾期未收回的包装物不再退还的或者已收取的时间超过12个月的押金，应并入应税消费品的销售额，缴纳消费税。

(3) 对酒类生产企业销售酒类产品而收取的包装物押金，无论押金是否返以及会计上如何核算，均应并入酒类产品销售额，征收消费税。但上述规定不适用于实行从量定额征收消费税的啤酒和黄酒产品。

【例3-2】 某酒厂为一般纳税人，本月向一小规模纳税人销售果酒500公斤，开具普通发票上注明金额93 600元；同时收取单独核算的包装物押金2 000元。果酒的消费税税率为10%。计算此业务应纳消费税税额。

解 析

此业务酒厂应计算的消费税额为

应纳消费税税额 = (93 600 + 2 000) ÷ 1.17 × 10% = 8 170.94（元）

纳税人销售的应税消费品，以人民币以外的货币结算销售额的，其销售额的人民币折算率可以选择销售额发生的当天或者当月1日的人民币汇率中间价。纳税人应在事先确定采取何种折合率，确定后1年内不得变更。

（二）从量计征

实行从量定额计算的应纳消费税的计税依据为销售数量。其基本计算公式为

应纳税额 = 应税消费品的销售数量 × 定额税率

应税消费品销售数量，是指纳税人生产、加工和进口应税消费品的数量。具体规定如下：

（1）销售应税消费品的，为应税消费品的销售数量。

（2）自产自用应税消费品的，为应税消费品的移送使用数量。

（3）委托加工应税消费品的，为纳税人收回的应税消费品数量。

（4）进口应税消费品的，为海关核定的应税消费品进口征税数量。

（三）从价从量复合计征

在现行的消费税征收范围中，只有卷烟和白酒采用复合计税方法计算消费税。其基本计算公式为

应纳税额 = 应税销售额 × 比例税率 + 销售数量 × 定额税率

【例3-3】 某卷烟生产企业为增值税一般纳税人，1月销售乙类卷烟5 000标准条，取得含增值税销售额128 700元。已知乙类卷烟消费税比例税率为36%，定额税率为0.003元/支，每标准条有200支；增值税税率为17%。计算该企业当月应纳消费税税额。

解析

根据税法的规定，卷烟实行从价定率和从量定额复合方法计征消费税。计算过程如下：

（1）不含增值税销售额 = 128 700 ÷（1 + 17%）= 110 000（元）

（2）从价定率应纳税额 = 110 000 × 36% = 39 600（元）

（3）从量定额应纳税额 = 5 000 × 200 × 0.003 = 3 000（元）

（4）应纳消费税税额合计 = 39 600 + 3 000 = 42 600（元）

二、自产自用的应税消费品应纳税额计算

（一）用于连续生产应税消费品

所谓自产自用，就是纳税人生产应税消费品后，不是用于直接对外销售，而是用于自己连续生产应税消费品或用于其他方面。

纳税人自产自用的应税消费品，用于连续生产应税消费品的，不纳税；凡用于其他方面的，于移送使用时，按照纳税人生产的同类消费品的销售价格计算纳税；没有同类消费品销售价格的，按照组成计税价格计算纳税。

用于其他方面的应税消费品，是指纳税人用于生产非应税消费品和在建工程、管理部门、非生产机构、提供劳务以及用于馈赠、赞助、集资、广告、样品、职工福利、奖励等方面的应税消费品，都要视同销售纳税。

同类消费品的销售价格是指纳税人或者代收代缴义务人当月销售的同类消费品的销售价格，如果当月同类消费品各期销售价格高低不同，应按销售数量加权平均计算。但销售的应税消费品有下列情况之一的，不得列入加权平均计算：

（1）销售价格明显偏低又无正当理由的；

（2）无销售价格的。

如果当月无销售或者当月未完结，应按照同类消费品上月或者最近月份的销售价格计算纳税。

消费税组成计税价格的具体计算如下：

1. 实行从价定率办法计征消费税的

其计算公式为

组成计税价格 =（成本 + 利润）+（1 - 比例税率）

应纳税额 = 组成计税价格 × 比例税率

2. 实行复合计税办法计征消费税的

其计算公式为

组成计税价格 =（成本 + 利润 + 自产自用数量 × 定额税率）÷（1 - 比例税率）

应纳税额 = 组成计税价格 × 比例税率 + 自产自用数量 × 定额税率

上述公式中所说的“成本”，是指应税消费品的产品生产成本。

上述公式中所说的“利润”，是指根据应税消费品的全国平均成本利润率计算。

3. 应税消费品全国平均成本利润率

应税消费品全国平均成本利润率见表3-2。

表3-2 全国平均成本利润表（单位:%）

货物名称	利润率	货物名称	利润率
1. 甲类卷烟	10	10. 贵重首饰及珠宝玉石	6
2. 乙类卷烟	5	11. 摩托车	6
3. 雪茄烟	5	12. 高尔夫球及球具	10
4. 烟丝	5	13. 高档手表	20
5. 粮食白酒	10	14. 游艇	10
6. 薯类白酒	5	15. 木制一次性筷子	5
7. 其他酒	5	16. 实木地板	5
8. 化妆品	5	17. 乘用车	8
9. 鞭炮、焰火	5	18. 中轻型商用客车	5

【例3-4】 某白酒厂2016年春节前，将新研制的粮食白酒1吨作为过节福利发放给员工饮用，该粮食白酒无同类产品市场销售价格。已知该批粮食白酒生产成本20 000元，成本利润率为5%，粮食白酒消费税比例税率为20%；定额税率为0.5元/500克。计算该批粮食白酒应纳消费税税额。

解 析

根据税法的规定，纳税人自产自用的应税消费品，用于企业员工福利的，应按照同类消费品的销售价格计算缴纳消费税；没有同类消费品销售价格的，按照组成计税价格计算纳税。计算过程如下：

① 组成计税价格 = [20 000 × (1 + 5%) + (1 × 2 000 × 0.5)] ÷ (1 − 20%)
= (21 000 + 1 000) ÷ (1 − 20%) = 27 500（元）

② 应纳消费税税额 = 27 500 × 20% + 1 × 2 000 × 0.5 = 6 500（元）

（二）用于其他方面

纳税人自产自用的应税消费品用于其他方面的，视同销售，于移送使用时纳税。“用于其他方面”是指纳税人用于生产非应税消费品和在建工程、管理部门、非生产机构，以及用于提供劳务、馈赠、赞助、集资、广告、样品、职工福利、奖励等方面的应税消费品。

（1）有同类消费品的销售价格的，按照纳税人生产的同类消费品的销售价格计算纳税。

（2）没有同类消费品销售价格的，按照组成计税价格计算纳税。

三、委托加工的应税消费品应纳税额计算

委托方提供原料及主要材料，受托方按照委托方的要求，制造货物并收取加工费的业务。根据上述规定，“加工”是指受托加工货物所发生的劳务，即委托方提供原料及主要材料，受托方按照委托方要求制造货物并收取加工费的劳务活动。

（一）计税方法

按照受托方的同类消费品的销售价格计算纳税；没有同类消费品销售价格的，按照组成计税价格计算纳税。

1. 实行从价定率办法计算纳税的组成计税价格计算公式

组成计税价格 = (材料成本 + 加工费) ÷ (1 − 比例税率)

2. 实行复合计税办法计算纳税的组成计税价格计算公式

组成计税价格 = (材料成本 + 加工费 + 委托加工数量 × 定额税率) ÷ (1 − 比例税率)

【例3－5】 某卷烟厂发出烟叶，成本9 000元，委托乙方加工成烟丝。乙方收取加工费5 000元（不含税），消费税税率30%。计算乙方应代收代缴的消费税（乙方无同类货物价格）。

应代收代缴消费税＝(9 000＋5 000)÷(1－30%)×30%＝6 000（元）

（二）委托加工的应税消费品收回后的处理

（1）直接出售，不再征收消费税。

直接出售，是指委托方将收回的应税消费品，以不高于受托方的计税价格出售的，为直接出售，不再缴纳消费税；委托方以高于受托方的计税价格出售的，不属于直接出售，需按照规定申报缴纳消费税，在计税时准予扣除受托方已代收代缴的消费税。

（2）用于连续生产应税消费品，其已纳税款准予从连续生产的应税消费品应纳消费税中抵扣。

当期准予扣除的委托加工应税消费品已纳税款＝期初库存的委托加工应税消费品已纳税款＋当期收回的委托加工应税消费品已纳税款－期末库存的委托加工应税消费品已纳税款

下列连续生产的应税消费品准予从应纳消费税税额中按当期生产领用数量计算扣除委托加工收回的应税消费品已纳消费税税款：

1）以委托加工收回的已税烟丝为原料生产的卷烟；

2）以委托加工收回的已税高档化妆品为原料生产的高档化妆品；

3）以委托加工收回已税珠宝玉石为原料生产的贵重首饰及珠宝玉石；

4）以委托加工收回已税鞭炮、焰火为原料生产的鞭炮、焰火；

5）以委托加工收回已税杆头、杆身和握把为原料生产的高尔夫球杆；

6）以委托加工收回已税木制一次性筷子为原料生产的木制一次性筷子；

7）以委托加工收回已税实木地板为原料生产的实木地板；

8）以委托加工收回已税汽油、柴油、石脑油、燃料油、润滑油连续生产应税成品油；

9）以委托加工收回已税摩托车连续生产应税摩托车（如用外购两轮摩托车改装三轮摩托车）

【例3－6】某卷烟厂委托某烟丝加工厂（一般纳税人）加工一批烟丝，提供的烟叶成本为12万元，加工厂收取加工费2万元，并代收代缴了烟丝的消费税。卷烟厂将烟丝收回后，其中的50%对外直接销售，售价13万元，另外50%用于生产乙类卷烟20箱，售价20万元。计算卷烟厂应纳的消费税税额（以上均为不含税价格）。

解析

计算步骤如下：

(1) 组成计税价格＝(12＋2)/(1－30%)＝20（万元）

受托方代收代缴的消费税＝20×30%＝6（万元）

(2) 根据税法规定，委托方以高于受托方的计税价格出售的，不属于直接出售，需按照规定申报缴纳消费税，在计税时准予扣除受托方已代收代缴的消费税。

该卷烟厂将烟丝收回后，其中的50%对外直接销售，如果售价等于10万元，就不用再缴纳消费税。本题中对外销售价格为13万元，大于10万元，所以要缴纳消费税。

出售烟丝缴纳消费税 = (13 - 10) × 30% = 0.9（万元）

(3) 出售卷烟应纳消费税 = 20 × 36% - 6 × 50% + 20 × 0.015 = 4.5（万元）

四、进口环节应纳消费税计征

(一) 从价计征

组成计税价格 = (关税完税价格 + 关税) ÷ (1 - 消费税比例税率)

应纳税额 = 组成计税价格 × 消费税比例税率

(二) 从量计征

应纳税额 = 应税消费品数量 × 消费税定额税率

(三) 复合计征

组成计税价格 = (关税完税价格 + 关税 + 进口数量 × 消费税定额税率) ÷ (1 - 消费税比例税率)

应纳税额 = 组成计税价格 × 消费税比例税率 + 应税消费品进口数量 × 消费税定额税率

【例3-7】某企业10月从国外进口一批高档化妆品，海关核定的关税完税价格为82 000元（关税税率为40%，消费税税率为15%），已取得海关开具的专用缴款书，计算该企业进口环节应缴纳的消费税税额。

解 析

进口环节消费税计算步骤如下：

组成计税价格 = (82 000 + 82 000 × 40%) ÷ (1 - 15%) = 135 058.82（元）

进口环节应纳消费税 = 135 058.82 × 15% = 20 258.82（元）

【例3-8】甲企业为增值税一般纳税人，主要从事小汽车的制造和销售业务。9月有关业务如下：

(1) 销售1辆定制小汽车取得含增值税价款23.4万元，另收取手续费3.51万元。

(2) 将20辆小汽车对外投资，小汽车生产成本10万元/辆，甲企业同类小汽车不含增值税最高销售价格16万元/辆，平均销售价格15万元/辆，最低销售价格为14万元/辆。

(3) 采取预收款方式销售给4S店一批小汽车，上月5日签订合同，上月10日收到预售款117万元，本月15日发出小汽车，本月20日开具发票。

(4) 生产中轻型商用客车500辆，其中480辆用于销售，不含税售价为30万元/每辆，总销售额为14400万元。10辆用于广告、8辆用于企业管理部门、2辆用于赞助。

已知：小汽车增值税税率为17%，消费税税率为5%。

要求：根据上述资料，计算9月份该企业应纳消费税税额。

解 析

(1) 对每一项经济业务进行分析，确定并计算应纳消费税税额。

1) 甲企业销售定制小汽车应缴纳的消费税。

因为销售小汽车同时收取的手续费应作为“价外收入”，价税分离后计入销售额征收消费税。则

应纳消费税＝(23.4＋3.51)÷(1＋17%)×5%＝1.15（万元）

2) 纳税人用于换取生产资料和消费资料、投资入股和抵偿债务等方面的应税消费品，应当以纳税人同类应税消费品的“最高”销售价格作为计税依据计算消费税，则

应纳消费税＝20×16×5%＝16（万元）

3) 甲企业采用预收款方式销售小汽车，消费税的纳税义务发生时间是为发出应税消费品的当天。因此本月应该缴纳消费税，则

应纳消费税＝117÷(1＋17%)×5%＝5（万元）

4) 销售中轻型商用客车按“小汽车”税目征收消费税。则

销售480辆自产中轻型商用客车应纳消费税＝14400×5%＝720（万元）

5) 纳税人将自产自用的应税消费品用于广告、管理部门、赞助方面，视同销售应税消费品，于移送使用时纳税，则

应纳消费税＝(10＋8＋2)×30×5%＝30（万元）

(2) 计算本期消费税应纳税额：

本期消费税应纳税额＝1.15＋16＋5＋720＋30＝772.15（万元）

五、已纳消费税扣除的计算

(一) 外购已税消费品已纳税款的扣除

对应税消费品计征消费税，由于某些应税消费品是用外购已缴税的应税消费品连续生产出来的，在对这些连续生产出来的应税消费品计算征税时，就会出现重复征税问题；为了平衡税收负担，税法规定用外购已税消费品连续生产应税消费品销售时，按当期生产领用数量计算准予扣除外购的应税消费品已纳的消费税税款，以避免重复征税：

1. **扣税范围**

(1) 外购已税烟丝生产的卷烟；

（2）外购已税高档化妆品生产的高档化妆品；

（3）外购已税珠宝玉石生产的贵重首饰及珠宝玉石；

（4）外购已税鞭炮焰火生产的鞭炮焰火；

（5）外购已税杆头、杆身和握把为原料生产的高尔夫球杆；

（6）外购已税木制一次性筷子为原料生产的木制一次性筷子；

（7）外购已税实木地板为原料生产的实木地板；

（8）外购已税汽油、柴油、石脑油、燃料油、润滑油连续生产应税成品油；

（9）外购已税摩托车连续生产应税摩托车（如用外购两轮摩托车改装三轮摩托车）。

2. 扣税环节

（1）外购已税消费品用于连续生产应税消费品，其已纳税款准予从应税消费品应纳税额中扣除。外购已税消费品的买价是指购货发票上注明的销售额（不包括增值税税款）。

需注意的是，纳税人用外购的已税珠宝玉石生产的改在零售环节征收消费税的金银首饰（镶嵌首饰），在计税时一律不得扣除外购珠宝玉石的已纳税款。

（2）对自已不生产应税消费品，而只是购进后再销售应税消费品的工业企业，其销售的高档化妆品、鞭炮焰火和珠宝玉石，凡不能构成最终消费品直接进入消费品市场，而需进一步生产加工的（如需进一步加工）、包装、贴标、组合的珠宝玉石、高档化妆品、酒、鞭炮焰火等，应当征收消费税，同时允许扣除上述外购应税消费品的已纳税款。

3. 扣税计算

外购已税消费品已纳税款，应按当期生产领用数量扣除其已纳消费税。

当期准予扣除的外购应税消费品已纳税款＝

当期准予扣除的外购应税消费品买价×外购应税消费品适用税率

当期准予扣除的外购应税消费品买价＝期初库存的外购应税消费品买价＋当期购进的应税消费品买价－期末库存的外购应税消费品买价

【例3－9】 某卷烟厂（一般纳税人）月初库存外购烟丝3万元，本月又购入烟丝，取得增值税专用发票上注明价款8万元，烟丝全部用于生产成卷烟对外销售，月末结存烟丝1万元。本月甲类卷烟销售额为35.1万元（含税），数量为10箱。计算该厂本月应纳消费税。（消费税税率：烟丝30%，甲类卷烟56%、150元/箱）。

解 析

根据税法的规定，用外购已税烟丝生产卷烟属于用外购已税消费品连续生产应税消费品，销售时应当按当期生产领用数量计算准予扣除外购的应税消费品已纳的消费税税款。计算过程如下：

（1）准予扣除外购应税消费品已纳消费税＝(3＋8－1)×30%＝3（万元）

（2）当月应纳消费税＝35.1÷1.17×56%＋10×0.015－3＝13.95（万元）

消费税的征收管理

一、纳税义务发生时间

消费税纳税义务的发生时间，以货款结算或行为发生时间分别确定。

（1）纳税人销售的应税消费品，其纳税义务发生的时间为：

1）纳税人采取赊销和分期收款结算方式的，其纳税义务发生的时间为书面合同约定的收款日期的当天，书面合同没有约定的收款日期或者无书面合同的，为发出应税消费品的当天。

2）纳税人采取预收货款结算方式的，其纳税义务的发生时间，为发出应税消费品的当天。

3）纳税人采取托收承付和委托银行收款结算方式销售的应税消费品，其纳税义务的发生时间，为发出应税消费品并办妥托收手续的当天。

4）纳税人采取其他结算方式的，其纳税义务的发生时间，为收讫销售款或者取得索取销售款凭据的当天。

（2）纳税人自产自用的应税消费品，其纳税义务的发生时间，为移送使用的当天。

（3）纳税人委托加工的应税消费品，其纳税义务的发生时间，为纳税人提货的当天。

（4）纳税人进口的应税消费品，其纳税义务的发生时间，为报关进口的当天。

二、纳税地点

（1）纳税人销售的应税消费品以及自产自用的应税消费品，除国家财政、税务主管部门另有规定外，应当向纳税人机构所在地或者居住地的主管税务机关申报纳税。

（2）委托加工的应税消费品，除受托方为个人外，由受托方向机构所在地或者居住地的主管税务机关解缴消费税税款。

（3）进口的应税消费品，由进口人或由其代理人向报关地海关申报纳税。

（4）纳税人到外县（市）销售或委托外县（市）代销自产应税消费品的，于应税消费品销售后，向机构所在地或居住地的主管税务机关申报纳税。

（5）纳税人销售的应税消费品，如因质量问题等原因由购买者退回时，经所在地主管税务机关审核批准后，可退还已征收的消费税税款，但不能自行直接抵减应纳税款。

三、纳税期限

消费税的纳税期限分别为1日、3日、5日、10日、15日、1个月或1个季度。纳税人的具体纳税期限，由主管税务机关根据纳税人应纳税额的大小分别核定；不能按照固定期限纳税，可以按次纳税。

纳税人以1个月或者1个季度为1个纳税期的，自期满之日起15日内申报纳税；以1日、3日、5日、10日、15日为1个纳税期的，自期满之日起5日内预缴税款，于次月1日起15日内申报纳税并结清上月税款。

纳税人进口应税消费品，应当自海关填发税款缴纳凭证的次日起15日内缴纳税款。

四、消费税纳税申报表格式及填写说明

消费税纳税申报表由国家税务总局统一制定，包括烟类应税消费品消费税纳税申报表、酒及酒精消费税纳税申报表、成品油消费税纳税申报表、小汽车消费税纳税申报表、其他应税消费品消费税纳税申报表5种。这里的以酒类应税消费品消费税纳税申报表举例，具体见表3－3。

表3－3 酒类应税消费品消费税纳税申报

税款所属期： 年 月 日至 年 月 日

纳税人名称（公章）： 纳税人识别号：□□□□□□□□□□□□□□□□□□

填表日期： 年 月 日 金额单位：元（列至角分）

项目 应税消费品名称	适用税率		销售数量	销售额	应纳税额
	定额税率	比例税率			
粮食白酒	0.5元/斤	20%			
薯类白酒	0.5元/斤	20%			
啤酒	250元/吨	——			
啤酒	220元/吨	——			
黄酒	240元/吨	——			
其他酒	——	10%			
合计	——	——	——	——	

（续）

<table>
<tr><td rowspan="2">项目
应税
消费品名称</td><td colspan="2">适用税率</td><td rowspan="2">销售数量</td><td rowspan="2">销售额</td><td rowspan="2">应纳税额</td></tr>
<tr><td>定额税率</td><td>比例税率</td></tr>
<tr><td colspan="4">本期准予抵减税额：</td><td colspan="2" rowspan="3">声明
此纳税申报表是根据国家税收法律的规定填报的，我确定它是真实的、可靠的、完整的。

经办人（签章）：
财务负责人（签章）：
联系电话：</td></tr>
<tr><td colspan="4">本期减（免）税额：</td></tr>
<tr><td colspan="4">期初未缴税额：</td></tr>
<tr><td colspan="4">本期缴纳前期应纳税额：</td><td colspan="2" rowspan="4">（如果你已委托代理人申报，请填写）
授权声明
为代理一切税务事宜，现授权＿＿＿＿＿（地址）＿＿＿＿＿为本纳税人的代理申报人，任何与本申报表有关的往来文件，都可寄予此人。
授权人签章：</td></tr>
<tr><td colspan="4">本期预缴税额：</td></tr>
<tr><td colspan="4">本期应补（退）税额：</td></tr>
<tr><td colspan="4">期末未缴税额：</td></tr>
</table>

以下由税务机关填写

受理人（签章）：　　　　受理日期：　年　月　日　　　　受理税务机关（章）：

酒类应税消费品消费税纳税申报表填表说明如下：

（1）本表仅限酒类应税消费品消费税纳税人使用。

（2）本表“税款所属期”是指纳税人申报的消费税应纳税额的所属时间，应填写具体的起止年、月、日。

（3）本表“纳税人识别号”栏，填写纳税人的税务登记证号码。

（4）本表“纳税人名称”栏，填写纳税人单位名称全称。

（5）本表“销售数量”为《中华人民共和国消费税暂行条例》、《中华人民共和国消费税暂行条例实施细则》及其他法规、规章规定的当期应申报缴纳消费税的酒类应税消费品销售（不含出口免税）数量。计量单位：粮食白酒和薯类白酒为斤（如果实际销售商品按照体积标注计量单位，应按500毫升为1斤换算），啤酒、黄酒和其他酒为吨。

（6）本表“销售额”为《中华人民共和国消费税暂行条例》、《中华人民共和国消费税暂行条例实施细则》及其他法规、规章规定的当期应申报缴纳消费税的酒类应税消费品销售（不含出口免税）收入。

（7）根据《中华人民共和国消费税暂行条例》和《财政部 国家税务总局关于调整酒类产品消费税政策的通知》（财税〔2001〕84号）的规定，本表“应纳税额”计算公式如下：

1）粮食白酒、薯类白酒

应纳税额 = 销售数量 × 定额税率 + 销售额 × 比例税率

2）啤酒、黄酒

应纳税额 = 销售数量 × 定额税率

3）其他酒

应纳税额 = 销售额 × 比例税率

（8）本表“本期准予抵减税额”填写按税收法规规定的本期准予抵减的消费税应纳税额。其准予抵减的消费税应纳税额情况，需填报本表附1《本期准予抵减税额计算表》予以反映。

“本期准予抵减税额”栏数值与本表附1《本期准予抵减税额计算表》“本期准予抵减税款合计”栏数值一致。

（9）本表“本期减（免）税额”不含出口退（免）税额。

（10）本表“期初未缴税额”栏，填写本期期初累计应缴未缴的消费税额，多缴为负数。其数值等于上期申报表“期末未缴税额”栏数值。

（11）本表“本期缴纳前期应纳税额”填写本期实际缴纳入库的前期应缴未缴消费税额。

（12）本表“本期预缴税额”填写纳税申报前纳税人已预先缴纳入库的本期消费税额。

（13）本表“本期应补（退）税额”填写纳税人本期应纳税额中应补缴或应退回的数额，计算公式如下，多缴为负数：

本期应补（退）税额 = 应纳税额（合计栏金额）- 本期准予抵减税额 - 本期减（免）税额 - 本期预缴税额

（14）本表“期末未缴税额”填写纳税人本期期末应缴未缴的消费税额，计算公式如下，多缴为负数：

期末未缴税额 = 期初未缴税额 + 本期应补（退）税额 - 本期缴纳前期应纳税额

（15）本表为A4竖式，所有数字小数点后保留两位。一式二份，一份纳税人留存，一份税务机关留存。

职业能力训练

一、单项选择题

1. 下列关于消费税征收范围的表述中，不正确的有（　　）。

   A. 纳税人自产自用的应税消费品，用于连续生产应税消费品的，不缴纳消费税

   B. 纳税人将自产自用的应税消费品用于馈赠、赞助的，缴纳消费税

   C. 委托加工的应税消费品，受托方在交货时已代收代缴消费税，委托方收回后直接销售的，再缴纳一道消费税

   D. 卷烟在生产和批发两个环节均征收消费税

2. 纳税人委托个体经营者加工应税消费品，一律（　　）消费税。

   A. 由受托人代收代缴

   B. 不缴纳

   C. 从受托方收回后在委托方所在地缴纳

   D. 委托方提货时在受托方所在地缴纳

3. 委托加工的从价定率的应税消费品，没有同类消费品销售价格的，按组成计税价格计算纳税，其组成计税价格等于（　　）。

   A.（材料成本 + 加工费）÷（1 + 消费税税率）

B.（材料成本＋加工费）÷（1－消费税税率）

C.（材料成本＋加工费）÷（1＋增值税税率）

D.（材料成本＋加工费）÷（1－增值税税率）

4. 应税金银首饰的消费税的纳税环节在（　　）环节。

A. 生产　　B. 加工　　C. 批发　　D. 零售

5. 下列行为中不需缴纳消费税的是（　　）。

A. 珠宝行销售金银首饰

B. 进口应税化妆品

C. 直接销售委托加工收回后的烟丝

D. 将自产的啤酒作为福利发放给本企业职工

6. 委托加工应税消费品是指（　　）。

A. 受托方先将原材料卖给委托方，然后再接受加工的应税消费品

B. 由受托方提供原材料生产的应税消费品

C. 由受托方以委托方的名义购进原材料生产的应税消费品

D. 由委托方提供原材料，受托方只收取加工费和代垫部分辅助材料加工的应税消费品

7. 某外贸进出口公司当月从日本进口 140 辆小轿车，每辆海关的关税完税价格为 8 万元，已知小轿车关税税率为 110%，消费税税率为 5%。进口这些轿车应缴纳（　　）万元消费税。

A. 61.6　　B. 123.79　　C. 56　　D. 80

8. 按照现行消费税制度规定，企业下列行为中，不征收消费税的是（　　）。

A. 抵偿债务的化妆品

B. 用于本企业职工福利的卷烟

C. 用于广告宣传用的样品白酒

D. 委托加工收回后直接销售的药酒

9. 纳税人自产自用的应税消费品，按照纳税人生产的同类消费品的销售价格计算纳税；没有同类消费品销售价格的，按照组成计税价格计算纳税。实行复合计税办法计算纳税的组成计税价格计算公式为（　　）。

A.（成本＋利润）÷（1＋消费税税率）

B.（成本＋利润）÷（1－消费税税率）

C.（成本＋利润＋自产自用数量×定额税率）÷（1＋消费税税率）

D.（成本＋利润＋自产自用数量×定额税率）÷（1－消费税税率）

10. 消费税纳税人以 1 个月或者 1 个季度为 1 个纳税期的，自期满之日起（　　）日内申报纳税。

A. 5 日　　B. 7 日　　C. 10 日　　D. 15 日

二、多选题

1. 确定消费税的销售额时可以不计入销售额的有（　　）。

A. 向购买方收取的增值税

B. 符合条件的代垫运费

C. 受托加工应税消费品代收代缴消费税

D. 违约金

2. 在委托加工应税消费品的业务中，受托方向委托方收取的加工费是指向委托方收取的全部费用包括（　　）。

A. 代垫辅助材料的实际成本　　B. 手工费

C. 原料成本　　D. 主要材料成本

3. 根据《消费税暂行条例》及若干具体补充规定，下列货物应当缴纳消费税的有（　　）。

A. 酒厂以福利形式发给职工的白酒

B. 汽车制造商赞助汽车拉力赛的越野车

C. 化妆品厂无偿发放一批小包装的试用品

D. 卷烟厂用自己生产的烟丝制造卷烟

4. 下列消费品中属于消费税征税范围的有（　　）。

A. 汽车和农用拖拉机通用的轮胎　　B. 高尔夫球及球具

C. 洗发水　　D. 实木地板

5. 实行从价定率和从量定额复合计税的办法计算应纳税额的应税消费品是（　　）。

A. 白酒　　B. 卷烟　　C. 高档手表　　D. 珠宝玉石

6. 下列连续生产的应税消费品，在计税时准予按当期生产领用数量计算扣除外购的应税消费品已纳的消费税税款的是（　　）。

A. 外购已税烟丝生产的卷烟

B. 外购已税珠宝玉石生产的改在零售环节征收消费税的金银首饰

C. 以外购已税杆头、杆身和握把为原料生产的高尔夫球杆。

D. 外购已税高档化妆品生产的护肤护发品

7. 下列情形需要交纳消费税的是（　　）。

A. 酒厂把自己生产的白酒用于奖励职工

B. 石化工厂把自己生产的柴油用于本厂基建工程的车辆使用

C. 汽车制造厂把自己生产的小汽车提供给上级主管部门使用

D. 化妆品厂把自己生产的高档化妆品赠送或赞助给消费者使用

8. 下列（　　）应税消费品在其最终使用的消费环节（零售）征收消费税。

A. 白酒　　B. 金银首饰

C. 卷烟　　D. 钻石及钻石饰品

9. 下列关于消费税纳税义务发生时间的表述正确的是（　　）。

A. 采取托收承付和委托银行收款方式的，为发出应税消费品并办妥托收手续的当天

B. 纳税人自产自用应税消费品的，为移送使用的当天

C. 纳税人委托加工应税消费品的，为纳税人提货的当天

D. 纳税人进口应税消费品的，为报关进口的当天

10. 实行从量定额办法计算的应纳税额 = 销售数量 × 定额税率，这里的销售数量

是指应税消费品的数量，具体是指（　　）。

A. 销售应税消费品的，为应税消费品的销售数量

B. 自产自用应税消费品的，为应税消费品的移送使用数量

C. 委托加工应税消费品的，为纳税人收回的应税消费品数量

D. 进口应税消费品的，为纳税人报关进口的应税消费品数量

三、判断题

1. 消费税只在应税消费品的生产、委托加工和进口环节缴纳，实行的是价内税。（　　）
2. 将不同税率的应税消费品组成成套消费品销售的，从高适用税率。（　　）
3. 金银首饰在生产环节征收消费税。（　　）
4. 外购已税消费品的买价是指购货发票上注明的含增值税销售额。（　　）
5. 纳税人用外购的已税珠宝玉石生产的改在零售环节征收消费税的金银首饰在计算应交消费税时一律不得扣除外购珠宝玉石的已纳税款。（　　）
6. 企业把自己生产的应税消费品以福利或奖励的形式发给本单位职工，由于不是对外销售，不必计入销售额，因而无须纳税。（　　）
7. 纳税人自产自用的应税消费品，没有同类消费品销售价的，按照组成计税价格计算纳税。实行从价定率征收的，组成计税价格的计算公式是（成本 + 利润)/(1 - 消费税税率)。（　　）
8. 应税消费品连同包装物销售的，无论包装物是否单独计价以及在会计上如何核算，均应并入应税消费品的销售额中缴纳消费税。（　　）
9. 缴纳消费税的纳税人一般要缴纳增值税。（　　）
10. 进口的应税消费品，由进口人或者其代理人向报关地海关申报纳税。（　　）

四、综合题

1. 某卷烟厂3月生产销售10箱某一牌号卷烟，每标准条（200支）的计税销售价格为80元。试计算该卷烟厂3月份实际交纳多少卷烟消费税？（备注：每大箱为50 000支。）
2. 月光珠宝行（增值税一般纳税人），8月将金项链100克作为奖品奖励本店职工，无同类金项链的零售价格，该批金项链的进价为125元/克。金银首饰成本利润率为6%。计算应纳消费税额。
3. 某市区卷烟厂3月份委托某县城烟丝加工厂（一般纳税人）加工一批烟丝，卷烟厂提供的烟叶在委托加工合同上注明成本80 000元。烟丝加工完，卷烟厂提货时，加工厂开具专用发票上注明收取的加工费（含代垫辅料成本）12 000元，增值税720元，并代收代缴了消费税。烟丝的消费税税率为30%，则该烟丝加工厂应代收代缴的消费税是多少元？
4. 某烟草公司生产各种卷烟，9月领用上月外购的烟丝继续加工成卷烟，销售给某外贸企业500箱，开具的增值税专用发票上注明的销售额为500万元；已知上月外购的烟丝不含税价185万元，取得专用发票，本月生产领用外购80%

烟丝。该公司应缴多少消费税？

5. 某烟草公司2月进口甲类卷烟250标准箱，海关核定的每箱卷烟关税完税价格为2.8万元。已知卷烟关税税率为25%，消费税比例税率为56%，定额税额为0.003元/支；每标准箱有250条，每条200支。计算该公司进口卷烟应纳消费税税额（单位：万元，计算结果保留四位小数）。
6. 甲酒厂8月从农业生产者手中收购粮食，共计支付收购价款60 000元。甲酒厂将收购的粮食从收购地直接运往异地的乙酒厂生产加工白酒，白酒加工完毕，企业收回白酒8吨，取得乙酒厂开具防伪税控的增值税专用发票，注明加工费25 000元，代垫辅料价值15 000元，加工的白酒当地无同类产品市场价格。计算乙酒厂应代收代缴的消费税及应纳增值税税额。
7. 烟丝加工厂为增值税一般纳税人，4月份接受某烟厂委托加工烟丝，烟丝加工厂自行提供烟叶的成本为32 000元，代垫辅助材料2 000元，加工费支出50 000元；烟厂自行提供烟叶的成本为32 000元，烟丝厂上月留抵税额为3 400元（烟丝消费税税率为30%，成本利润率为5%），加工费专用发票经过认证，烟丝厂的应纳的增值税和消费税各是多少？
8. 某酒厂（一般纳税人）9月发生下述业务：

（1）将自产的粮食白酒1 000公斤销售给甲，不含税销售额50 000元；销售给乙100公斤，不含税销售额6 000元。共收取包装物押金468元。

（2）用上述粮食白酒200公斤用于换取旧汽车一部自用。

（3）支付生产用自来水水费，专用发票注明的价款50 000元，税额3 000元。

（4）外购包装酒瓶10万个，取得防伪税控增值税专用发票注明税额8 500元，该发票尚未得到认证，货物尚未入库，要求计算该酒厂本月应纳的增值税、消费税税额。

9. 河南某酒业股份公司（增值税一般纳税人）主要生产酱香型白酒，产品有3类：瓶装粮食白酒、散装粮食白酒和甜菜白酒。8月份发生经济业务如下：

（1）销售瓶装粮食白酒1 500箱，含税单价每箱430元，另收取价外费用18 000元；

（2）销售散装粮食白酒13吨，不含税单价每吨6 680元，收取包装物押金15 540元，双方议定13个月后押金退还；

（3）销售自产甜菜散装白酒16吨，含税单价每吨3 340元，货款存入银行；

（4）用自产散装粮食白酒15吨，等价换取酿酒所用原材料（含税价款）136 890元，双方不再支付价款；

（5）用本厂生产的瓶装粮食白酒赠送宾客85箱，奖励给本厂职工25箱；

（6）本月购进原材料（酒精）10万元（不含增值税）。

（上述粮食白酒每箱规格为500毫升×12瓶）

根据以上资料，回答下列问题：

（1）计算该酒业公司上述第1笔业务应纳的消费税税额；

（2）计算该酒业公司上述第 2 笔业务应纳的消费税税额；

（3）计算该酒业公司上述第 3 笔业务应纳的消费税税额；

（4）计算该酒业公司本月份应缴纳的消费税税额合计。

10. 位于某市一化妆品公司为增值税一般纳税人，9 月发生以下各项业务：

（1）用生产成本为 70 000 元的 350 盒 A 系列高档化妆品换取原材料，约定按 A 化妆品当月销售平均不含税价格 250 元/盒进行结算，双方互开专用发票；

（2）将 A 化妆品 6 000 盒与外购的丝绸中国结组成成套化妆品 6 000 套，销售给某商场，每套不含税价 360 元，丝绸中国结的成本为 35 元/只；

（3）从国外进口一批化妆品香粉，关税完税价格为 60 000 元；取得海关进口增值税专用缴款书当月已向税务机关申报抵扣。当月将其中的 80% 用于连续生产化妆品；

（4）本月附带为一个影视制作公司生产上妆油 5 000 盒，并全部销售，不含税售价为 60 元/盒；

（5）本期购进酒精一吨，取得专用发票，注明不含税售价为 70 000 元；

（6）本期自某药材基地购进一批中药材根茎，收购凭证注明价款 150 000 元。

本期取得电费和水费专用发票，注明税额分别为 25 800 元和 19 800 元。本期职工食堂和浴室耗用水、电各自占本期购进比例 15%。

（化妆品的利润率是 5%，关税税率为 6%，本期专用发票均通过认证，A 化妆品当期最高不含税价格 295 元/盒）

根据上述资料计算下列税金：

（1）当期进口化妆品的应缴纳关税；

（2）当期进口化妆品的进口环节应缴纳的增值税；

（3）当期进口化妆品的进口环节应缴纳的消费税；

（4）本期应纳增值税税额；

（5）本期实际应向税务机关缴纳的消费税。

项目四 企业所得税核算

知识目标

※ 掌握企业所得税的基本知识；能判断居民纳税义务人和非居民纳税义务人，适用何种税率以及具体优惠政策的运用；

※ 掌握企业所得税的纳税调整和应税所得额的计算；理解资产的税务处理知识。

技能目标

※ 能够正确进行企业所得税应纳税额的计算；

※ 熟悉企业所得税月（季）度预缴、年度汇算清缴的相关规定；能正确进行企业所得税的纳税申报。

任务一 企业所得税概述

一、企业所得税的概念

企业所得税，是以企业的生产经营所得和其他所得为计税依据而征收的一种税。它是国家参与企业利润分配的重要手段。企业所得税法是为了使中国境内企业和其他取得收入的组织缴纳企业所得税而制定的法律，是用以调整企业所得税征纳关系的法律规范。

法规链接

我国现行企业所得税法是2007年3月16日第十届全国人大第5次会议通过的《中华人民共和国企业所得税法》（以下简称《企业所得税法》），2007年11月28日由国务院通过的《中华人民共和国企业所得税法实施条例》，并于2008年1月1日起实施。随后，国家财政、税务主管部门又制定了一系列部门规章制度和规范性文件，这些法律法规、部门规章以及规范性文件构成了我国现行企业所得税法的法律制度。

二、企业所得税的特点

企业所得税与其他税种相比较，具有以下特点：

（1）以应纳税所得额为计税依据。税源大小受企业经济效益的影响，企业所得税的课税对象是总收入扣除成本费用后的净所得额。净所得额的大小决定着税源的多少，总收入相同的纳税人，所得额不一定相同，缴纳的所得税也不一定相同。

（2）符合税收公平原则。首先，企业所得税对企业，不分所有制、不分地区行业层次，实行统一的比例税率。其次，企业所得税以所得额为课税对象，所得税的负担轻重与纳税人所得的多少有着内在联系，所得多、负担能力大的多征，所得少、负担能力小的少征，无所得、没有负担能力的不征。这些都较好地体现了税收公平的原则。

（3）税法对税基的约束力强。企业所得税的税基是应纳税所得额，即以纳税人每一纳税年度的收入总额减去准予扣除项目金额后的余额。为了保护税基，企业所得税法明确了收入总额、扣除项目金额的确定以及资产的税务处理等内容，如果企业的财务会计处理办法与国家税收法规抵触的，应当按照税法的规定计算纳税。这就使得应税所得额的计算相对独立于企业的会计核算，体现了税法的强制性与统一性。

（4）实行按年计算、分期预缴的征收办法。企业所得税的征收一般是以全年的应纳税所得额为计税依据的，实行按年计算、分月或分季预缴、年终汇算清缴的征收办法。

企业所得税的基本内容

一、纳税义务人

在中华人民共和国境内，企业和其他取得收入的组织（以下统称企业）为企业所得税的纳税人。作为企业所得税的纳税人，应依照《中华人民共和国企业所得税法》缴纳企业所得税。但个人独资企业及合伙企业除外。

企业所得税采用收入来源地管辖权和居民管辖权相结合的双重管辖权，即依据注册地标准和实际管理机构标准，把企业分为居民企业和非居民企业，分别确定不同的纳税义务人。

（一）居民企业

居民企业，是指依法在中国境内成立，或者依照外国（地区）法律成立但实际管理机构在中国境内的企业。实际管理机构是指对企业的生产经营、人员、账务、财产等实施实质性全面管理和控制的机构。

（二）非居民企业

非居民企业，是指依照外国（地区）法律成立且实际管理机构不在中国境内，但在中国境内设立机构、场所的，或者在中国境内未设立机构、场所，但有来源于中国境内所得的企业。

上述所谓机构、场所包括：

（1）管理机构、营业机构、办事机构；

（2）工厂、农场、开采自然资源的场所；

（3）提供劳务的场所；

（4）从事建筑、安装、装配、修理、勘探等工程作业的场所；

（5）其他从事生产经营活动的机构、场所。

非居民企业委托营业代理人在中国境内从事生产经营活动的，包括委托单位或者个人经常代其签订合同，或者储存、交付货物等，该营业代理人视为非居民企业在中国境内设立的机构、场所。

提 示

①注册地标准和实际管理机构所在地标准，符合其中一个标准即属于居民企业；两者都不符合的，属于非居民企业。②非居民企业分两种，即在中国境内设立机构、场所的非居民企业和在中国境内未设立机构、场所的非居民企业。

【例4-1】根据企业所得税法律制度的规定，下列各项中，属于非居民企业的是（ ）。

A. 依照外国法律成立的，实际管理机构在境内的甲公司

B. 依照中国法律成立，在境外设立机构、场所的乙公司

C. 依照外国法律成立且实际管理机构在境外，但在境内设立机构、场所的丙公司

D. 依照中国法律成立，实际管理机构在境内的丁公司

解 析

选项C，既未在中国境内成立，实际管理机构亦未在境内，属于非居民企业。

二、征税对象

企业所得税的征税对象是纳税人取得的生产经营所得、其他所得和清算所得。

所谓生产经营所得，是指企业从事物质生产、商品流通、交通运输、劳务或

服务以及其他营利事业取得的所得。其他所得包括股息、利息、租金、特许权使用费、财产转让所得以及营业外收益等所得。清算所得，是指纳税人按照章程规定解散或破产，以及其他原因宣布终止时，其清算终了后的清算所得。

（1）居民企业的征税对象。居民企业应当就其来源于中国境内、境外的所得缴纳企业所得税。所得包括销售货物所得、提供劳务所得、转让财产所得、股息红利等权益性投资所得、利息所得、租金所得、特许权使用费所得、接受捐赠所得和其他所得。

（2）非居民企业的征税对象。非居民企业在中国境内设立机构、场所的，应当就其所设机构、场所取得的来源于中国境内的所得，以及发生在中国境外但与其所设机构、场所有实际联系的所得，缴纳企业所得税。实际联系，是指非居民企业在中国境内设立机构、场所所拥有的据以取得所得的股权、债权，以及拥有、管理、控制据以取得所得的财产等。

非居民企业在中国境内未设立机构、场所的，或者虽设立机构、场所，但取得的所得与其所设机构、场所没有实际联系的，应当就其来源于中国境内的所得缴纳企业所得税。

（3）所得来源地的确定：

1）销售货物所得，按照交易活动发生地确定。

2）提供劳务所得，按照劳务发生地确定。

3）转让财产所得：①不动产转让所得按照不动产所在地确定。②动产转让所得按照转让动产的企业或者机构、场所所在地确定。③权益性投资资产转让所得按照被投资企业所在地确定。

4）股息、红利等权益性投资所得，按照分配所得的企业所在地确定。

5）利息所得、租金所得、特许权使用费所得，按照负担、支付所得的企业或者机构、场所所在地确定，或者按照负担、支付所得的个人的住所地确定。

6）其他所得，由国务院财政、税务主管部门确定。

三、税率

企业所得税税率是企业应纳所得税额与计税基数之间的数量关系或者比率，也是衡量一个国家企业所得税税负高低的重要指标，是企业所得税法的核心。

（一）基本税率

企业所得税的税率实行比例税率，基本税率为25%。

（二）特殊税率

1. 高新技术企业的优惠税率

现行税法规定，国家需要重点扶持的高新技术企业适用税率为15%。

2. 符合条件的小型微利企业的优惠税率

现行税法规定，小型微利企业减按20%税率征收企业所得税。

3. 预提所得税率

现行税法规定，预提所得税税率为20%，适用于非居民企业，目前在实际征税时，预提所得税率按10%的优惠税率执行。

四、税收优惠

企业所得税的税收优惠，是指国家根据经济和社会发展的需要，在一定的期限内对特定地区、行业和企业的纳税人应缴纳的企业所得税，给予减征或者免征税收负担的一种措施。

概括起来，企业所得税的法定减免税优惠政策主要有以下内容：

（一）免征与减征优惠

企业的下列所得，可以免征、减征企业所得税；企业如果从事国家限制和禁止发展的项目，不得享受企业所得税优惠：

（1）企业从事下列项目的所得，免征企业所得税：

1）蔬菜、谷物、薯类、油料、豆类、棉花、麻类、糖料、水果、坚果的种植；

2）农作物新品种的选育；

3）中药材的种植；

4）林木的培育和种植；

5）牲畜、家禽的饲养；

6）林产品的采集；

7）灌溉、农产品初加工、兽医、农技推广、农机作业和维修等农、林、牧、渔服务业项目；

8）远洋捕捞。

（2）企业从事下列项目的所得，减半征收企业所得税：

1）花卉、茶以及其他饮料作物和香料作物的种植；

2）海水养殖、内陆养殖。

（3）从事国家重点扶持的公共基础设施项目投资经营的所得。自项目取得第一笔生产经营收入所属纳税年度起，三免三减半。“三免三减半”是指符合条件的企业从取得经营收入的第一年至第三年可免交企业所得税，第四年至第六年减半征收。

（4）从事符合条件的环境保护、节能节水项目的所得。自项目取得第一笔生产经营收入所属纳税年度起，三免三减半。

（5）符合条件的技术转让所得。居民企业在一个纳税年度内转让技术所有

权所得不超过500万元的部分，免征企业所得税；超过500万元的部分，减半征收企业所得税。

（二）高新技术企业优惠

国家需要重点扶持的高新技术企业，减按15%的税率征收企业所得税。国家需要重点扶持的高新技术企业，是指拥有核心自主知识产权，并同时符合下列条件的企业：

（1）产品（服务）属于《国家重点支持的高新技术领域》规定的范围；

（2）研究开发费用占销售收入的比例不低于规定比例；

（3）高新技术产品（服务）收入占企业总收入的比例不低于规定比例；

（4）科技人员占企业职工总数的比例不低于规定比例；

（5）高新技术企业认定管理办法规定的其他条件。

（三）非居民企业所得优惠

非居民企业未在中国境内设立机构、场所的，取得来源于中国境内的股息、红利、利息、租金、特许权使用费所得，转让财产所得以及其他所得适用税率为20%，减按10%的税率征收。非居民企业取得下列所得可以免征企业所得税：

（1）外国政府向中国政府提供贷款取得的利息所得。

（2）国际金融组织向中国政府和居民企业提供优惠贷款取得的利息所得。

（3）经国务院批准的其他所得。

（四）小型微利企业所得优惠

目前，小型微利企业所得税优惠政策，包括企业所得税减按20%征收（简称减低税率政策），以及财税〔2015〕34号文件规定的优惠政策（简称减半征税政策）。

（1）小型微利企业减低税率优惠。符合条件的小型微利企业减按20%的税率征收企业所得税。

（2）小型微利企业减半征税优惠。自2017年1月1日至2019年12月31日，对年应纳税所得额在50万元（含）以下的小型微利企业，其企业所得减半计算应纳税所得额，并按20%的税率缴纳企业所得税（相当于减按10%的税率缴纳企业所得税）。

其中，符合条件的小型微利企业，是指从事国家非限制和禁止行业，并符合下列条件的企业：

1）工业企业，年度应纳税所得额不超过30万元，从业人数不超过100人，资产总额不超过3 000万元；

2）其他企业，年度应纳税所得额不超过30万元，从业人数不超过80人，资产总额不超过1 000万元。

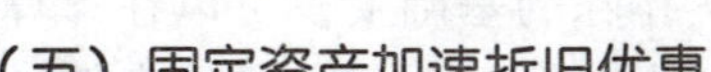

(五) 固定资产加速折旧优惠

1. 可以加速折旧的固定资产

企业拥有并用于生产经营的主要或关键的固定资产，由于以下原因确需加速折旧的，可以缩短折旧年限或者采取加速折旧的方法：

(1) 由于技术进步，产品更新换代较快的固定资产。

(2) 常年处于强震动、高腐蚀状态的固定资产。

2. 固定资产加速折旧的相关规定

(1) 对生物药品制造业，专用设备制造业，铁路、船舶、航空航天和其他运输设备制造业，计算机、通信和其他电子设备制造业，仪器仪表制造业，信息传输、软件和信息技术服务业等6个行业的企业2014年1月1日后新购进的固定资产，可缩短折旧年限或采取加速折旧的方法。

(2) 对所有行业企业2014年1月1日后新购进的专门用于研发的仪器、设备，单位价值不超过100万元的，允许一次性计入当期成本费用在计算应纳税所得额时扣除，不再分年度计算折旧；单位价值超过100万元的，可缩短折旧年限或采取加速折旧的方法。

(3) 对所有行业企业持有的单位价值不超过5 000元的固定资产，允许一次性计入当期成本费用在计算应纳税所得额时扣除，不再分年度计算折旧。

提 示

企业按上述规定缩短折旧年限的，最低折旧年限不得低于企业所得税法规定折旧年限的60%；采取加速折旧方法的，可采取双倍余额递减法或者年数总和法。

(六) 加计扣除优惠

加计扣除优惠，指按照税法规定在实际发生数额的基础上，再加成一定比例，作为计算应纳税所得额时的扣除数额的一种税收优惠措施。企业下列支出，可以在计算应纳税所得时加计扣除：

(1) 研究开发费用。企业所得税法规定，开发新技术、新产品、新工艺发生的研究开发费用，可以在计算应纳税所得额时加计扣除。对于研究开发费用，未形成无形资产计入当期损益的，在按照规定据实扣除的基础上，按照研究开发费用的50%加计扣除；形成无形资产的，按照无形资产成本的150%摊销。也就是说，按照研究费用是否资本化为标准，分两种方式来加计扣除，但其准予税前扣除的总额是一样的，即都是实际发生的研发费用的150%。高新企业都可以享受这项税收优惠政策。

自2017年1月1日到2019年12月31日，将科技型中小企业开发新技术、新产品、新工艺实际发生的研发费用在企业所得税税前加计扣除的比例，由50%提高至75%。

(2) 安置残疾人员及国家鼓励安置的其他就业人员所支付的工资。企业安置残疾人员的，在按照支付给残疾职工工资据实扣除的基础上，可以在计算应纳税所得额时按照支付给残疾职工工资的100%加计扣除。企业安置国家鼓励安置的其他就业人员所支付的工资的加计扣除办法，由国务院另行规定。

（七）创投企业优惠

税法规定，创业投资企业从事国家需要重点扶持和鼓励的创业投资，可以按投资额一定比例抵扣应纳税所得。即，创业投资企业采取股权投资方式投资于未上市的中小高新技术企业2年以上的，可以按照其投资额的70%在股权持有满2年的当年抵扣该创业投资企业的应纳税所得额；当年不足抵扣的，可以在以后纳税年度结转抵扣。

2017年7月1日起，创投企业可享受按投资额70%抵扣应纳税所得额的优惠政策的投资主体由公司制和合伙制创投企业的法人合伙人扩大到个人投资者。

（八）免税收入优惠

免税收入是指属于企业的应税所得，按照税法规定免予征收企业所得税的收入。税法所称的免税收入包括：国债利息收入，符合条件的居民企业之间的股息、红利收入，在中国境内设立机构、场所的非居民企业从居民企业取得与该机构、场所有实际联系的股息、红利收入，符合条件的非营利公益组织的收入等。

（九）应纳税额抵免优惠

企业自2008年1月1日起购置并实际使用列入《环境保护专用设备企业所得税优惠目录》《节能节水专用设备企业所得税优惠目录》《安全生产专用设备企业所得税优惠目录》范围内的环境保护、节能节水和安全生产专用设备，可以按专用设备投资额的10%抵免当年企业所得税应纳税额；企业当年应纳税额不足抵免的，可以向以后年度结转，但结转期不得超过5个纳税年度。

企业购置并实际投入适用、已开始享受税收优惠的专用设备，如从购置之日起5个纳税年度内转让、出租的，应在该专用设备停止使用当月停止享受企业所得税优惠，并补缴已经抵免的企业所得税税款。转让的受让方可以按照该专用设备投资额的10%抵免当年企业所得税应纳税额；当年应纳税额不足抵免的，可以在以后5个纳税年度结转抵免。

购置并实际使用的环境保护、节能节水和安全生产专用设备，包括承租方企业以融资租赁方式租入的并在融资租赁合同中约定租赁期届满时租赁设备所有权转移给承租方企业，且符合规定条件的上述专用设备。凡融资租赁期届满后租赁设备所有权未转移至承租方企业的，承租方企业应停止享受抵免企业所得税优惠，并补缴已经抵免的企业所得税税款。

（十）西部地区的减免税优惠

税法规定，自2011年1月1日至2020年12月31日，对设在西部地区的鼓励类产业企业减按15%的税率征收企业所得税。鼓励类产业企业是指以《西部地区鼓励类产业目录》中规定的产业项目为主营业务，且其主营业务收入占企业收入总额70%以上的企业。

企业同时从事适用不同企业所得税待遇的项目的，其优惠项目应当单独计算所得，并合理分摊企业的期间费用；没有单独计算的，不得享受企业所得税优惠。

企业所得税的确定

一、企业所得税计税依据的确定

企业所得税的计税依据是应纳税所得额，即指企业每一纳税年度的收入总额，减除不征税收入、免税收入、各项扣除以及允许弥补的以前年度亏损后的余额。其基本公式为

应纳税所得额 = 收入总额 - 不征税收入 - 免税收入 - 各项扣除 - 弥补以前年度亏损

应纳税所得额的计算以权责发生制为原则，凡是属于本期的收入和费用，不论其款项是否收付，都作为本期的收入和费用处理；反之，凡不属于本期的收入和费用，即使款项已经在本期收付，均不作为本期的收入和费用处理。在计算应纳税所得额时，企业财务、会计处理办法与税收法律法规的规定不一致的，应当依照税收法律法规的规定计算。

（一）收入总额

1. 一般收入的确认

企业收入总额是指企业在生产经营活动以及其他行为中取得的各项收入的总和，包括销售货物收入、提供劳务收入、转让财产收入、利息收入、租金收入、特许权使用费收入、股息、红利等权益性投资收益、接受捐赠收入以及其他收入。

企业取得收入的形式包括货币形式和非货币形式，包括不征税收入和免税收入。其中，货币形式包括现金、银行存款、应收账款、应收票据、准备持有至到期的债券以及债务的豁免等；非货币形式，包括固定资产、生物资产、无形资产、股权投资、存货、不准备持有至到期的债券投资、劳务以及有关权益等。非货币形式收入应当按照公允价值确定收入额。

（1）销售货物收入，是指企业销售商品、产品、原材料、包装物、低值易耗品以及其他存货取得的收入。

企业销售货物收入的确认，必须遵循权责发生制原则和实质重于形式原则。符合收入确认条件，采取下列商品销售方式的，应按以下规定确认收入实现时间：

① 销售商品采用托收承付方式的，在办妥托收手续时确认收入；

② 销售商品采用预收款方式的，在发出商品时确认收入；

③ 销售商品需要安装和检验的，在购买方接受商品以及安装和检验完毕时确认收入。如果安装程序比较简单，可在发出商品时确认收入；

④ 销售商品采用支付手续费方式委托代销的，在收到代销清单时确认收入；

⑤ 销售商品采用分期收款方式的，按照合同约定的收款日期确认收入的实现。

（2）提供劳务收入，是指企业从事建筑安装、修理修配、交通运输、仓储租赁、金融保险、邮电通信、咨询经纪、文化体育、科学研究、技术服务、教育培训、餐饮住宿、中介代理、卫生保健、社区服务、旅游、娱乐、加工以及其他劳务服务活动取得的收入。

企业提供劳务收入的确定，按以下规定确认收入实现时间：

企业在各个纳税期末，提供劳务交易的结果能够可靠估计的，应采用完工进度（百分比）法确认提供劳务收入。

企业应按照从接受劳务方已收或应收的合同或协议价款确定劳务收入总额，根据纳税期末提供劳务收入总额乘以完工进度扣除以前纳税年度累计已确认提供劳务收入后的金额，确认为当期劳务收入，同时，按照提供劳务估计总成本乘以完工进度扣除以前纳税期间累计已确认劳务成本后的金额，结转为当期劳务成本。

提 示

企业受托加工制造大型机械设备、船舶、飞机，以及从事建筑、安装、装配工程业务或者提供其他劳务等，持续时间超过12个月的，应当按照纳税年度内完工进度或者完成的工作量确认收入的实现。

（3）转让财产收入，指纳税人有偿转让各类财产取得的收入，包括转让固定资产、有价证券、股权以及其他财产而取得的收入。

转让财产收入应当按照从财产受让方已收或应收的合同或协议价款确认收入。

（4）利息收入，指纳税人购买各种债券等有价证券的利息、外单位欠款付给的利息，以及其他利息收入。但纳税人购买国债的利息收入，免征所得税。

利息收入，按照合同约定的债务人应付利息的日期确认收入的实现。

（5）租金收入，指纳税人出租固定资产、包装物以及其他财产而取得的租金收入。租赁企业主营租赁业务取得的收入应当在生产、经营收入中反映。

租金收入，按照合同约定的承租人应付租金的日期确认收入的实现。

提 示

如果租金提前一次性支付，而合同或协议中规定的租赁期是跨年度的，那么，在租赁期内，分期均匀计入相关年度租赁收入。

(6) 特许权使用费收入，指纳税人提供或者转让专利权、非专利技术、商标权、著作权以及其他特许权的使用权而取得的收入。

特许权使用费收入，按照合同约定的特许权使用人应付特许权使用费的日期确认收入的实现。

提 示

①转让专利权权属取得的收入，属于企业所得税转让财产收入；②提供专利权使用权取得的收入，属于特许权使用费用收入；③提供机器设备使用权取得的收入，属于租金收入。

(7) 股息、红利等权益性投资收益，指纳税人对外投资入股分得的股利、红利收入。

股息、红利等权益性投资收益，除国务院财政、税务主管部门另有规定外，按照被投资方做出利润分配决定的日期确认收入的实现。

(8) 接受捐赠收入，指企业接受的来自其他企业、组织或者个人无偿给予的货币性资产、非货币性资产。接受捐赠收入，按照实际收到捐赠资产的日期确认收入的实现。

(9) 其他收入，指除上述各项收入外的一切收入，包括固定资产盘盈收入，罚款收入，因债权人缘故确实无法支付的应付款项，物资及现金的溢余收入，教育费附加返还款，包装物押金收入、债务重组收入、补贴收入、汇兑收益、非货币性资产交换实现的收入、视同销售收入以及其他收入。

(10) 视同销售货物、转让财产或提供劳务的收入。

企业发生非货币性资产交换，以及将货物、财产、劳务用于捐赠、偿债、赞助、集资、广告样品、职工福利或者利润分配等用途的，应当视同销售货物、转让财产或者提供劳务，但国务院财政、税务主管部门另有规定的除外。

提 示

将自产货物用于企业内部的职工集体福利的在建工程，增值税视同销售货物处理；企业所得税不视同销售货物。

2. **不征税收入**

不征税收入，是指从性质和根源上不属于企业营利性活动带来的经济利益、不作为应纳税所得额组成部分的收入，不应列为征收范围的收入，包括财政拨款、行政事业性收费、政府性基金和其他。

(1) 财政拨款，是指各级人民政府对纳入预算管理的事业单位、社会团体等组织拨付的财政资金，但国务院和国务院财政、税务主管部门另有规定的除外。

(2) 行政事业性收费，是指依照法律法规等有关规定，按照国务院规定程序批准，在实施社会公共管理，以及在向公民、法人或者其他组织提供特定公共服务过程中，向特定对象收取并纳入财政管理的费用。

(3) 政府性基金，是指企业依照法律、行政法规等有关规定，代政府收取的具有专项用途的财政资金。

(4) 国务院规定的其他不征税收入，是指企业取得的，由国务院财政、税务主管部门规定专项用途并经国务院批准的财政性资金。财政性资金，是指企业取得的来源于政府及其有关部门的财政补助、补贴、贷款贴息，以及其他各类财政专项资金，包括直接减免的增值税和即征即退、先征后退、先征后返的各种税收，但不包括企业按规定取得的出口退税款。

3. 免税收入

免税收入，是指属于企业的应税所得，但是按照《企业所得税法》的规定免予征收企业所得税的收入。企业所得税免税收入包括：

(1) 国债利息收入。

国债利息收入，是指企业持有国务院财政部门发行的国债取得的利息收入。

(2) 符合条件的居民企业之间的股息、红利等权益性投资收益。

居民企业之间的股息、红利等权益性投资收益，是指居民企业直接投资于其他居民企业取得的投资收益。

(3) 在中国境内设立机构、场所的非居民企业从居民企业取得与该机构、场所有实际联系的股息、红利等权益性投资收益。

股息、红利等权益性投资收益，不包括连续持有居民企业公开发行并上市流通的股票不足12个月取得的投资收益。

(4) 符合条件的非营利组织的收入。

符合条件的非营利组织的企业所得税免税收入，具体包括以下收入：

①接受其他单位或者个人捐赠的收入；

②除《企业所得税法》第七条规定的财政拨款以外的其他政府补助收入，但不包括因政府购买服务取得的收入；

③按照省级以上民政、财政部门规定收取的会费；

④不征税收入和免税收入孳生的银行存款利息收入；

⑤财政部、国家税务总局规定的其他收入。

(二) 各项扣除

1. 准予税前扣除项目的原则

在计算应税所得额时准予从收入额中扣除的项目，是指纳税人每一纳税年度发生的与取得应纳税收入有关的所有必要和正常的支出，税前扣除的项目和金额要真实、合法，一般应遵循以下原则：

（1）权责发生制原则，是指企业的费用应在发生的当期扣除，而不是在实际支付时确认扣除。

（2）配比原则，是指企业发生的费用应当与收入配比扣除。除特殊规定外，企业发生的费用不得提前或滞后申报扣除。

（3）相关性原则，是指企业发生的费用从性质和根源上必须与应税收入直接相关。

（4）合理性原则，是指符合生产经营活动常规，应当计入当期损益或有关资产成本的必要和正常的支出。

2. 准予税前扣除项目的范围

准予扣除的项目包括成本、费用、税金、损失和其他支出。

（1）成本，是指纳税人销售商品（产品、材料、下脚料、废料、废旧物资等）、提供劳务、转让固定资产、无形资产等经营活动中发生的直接成本和间接成本。

（2）费用，是指纳税人每一纳税年度生产、经营商品和提供劳务等所发生的，可扣除的销售（经营）费用、管理费用和财务费用。

（3）税金，是指纳税人按规定缴纳的消费税、资源税、出口关税、城市维护建设税、教育费附加等销售税金及附加（所得税和允许抵扣的增值税除外）。

（4）损失，是指纳税人生产、经营过程中的各项营业外支出、已发生的经营亏损、投资损失及其他损失。

企业发生的财产损失，减除责任人赔偿和保险赔款后的余额，依照国务院财政、税务主管部门的规定扣除。企业已经作为损失处理的资产，在以后纳税年度又全部收回或者部分收回时，应当计入当期收入。

（5）其他支出，是指除成本、费用、税金、损失外，企业在生产经营活动中发生的与生产经营活动有关的合理的支出。

提　示

①企业发生的支出应当区分收益性支出和资本性支出。收益性支出在发生当期直接扣除；资本性支出应当分期扣除或者计入有关资产成本，不得在发生当期直接扣除。②企业的不征税收入用于支出所形成的费用或者财产，不得扣除或者计算对应的折旧、摊销扣除。

3. 准予扣除项目及其标准

（1）工资、薪金支出

企业发生的合理的工资薪金支出，准予扣除，即必须是实际发生的工资薪金支出；工资薪金的发放对象是在本企业任职或者受雇的员工；工资薪金的标准应该限于合理的范围和幅度；工资薪金的表现形式包括所有现金和非现金形式；工资薪金的种类包括基本工资、奖金、津贴、补贴、年终加薪、加班工资，以及与任职或受雇有关的其他支出。

税务机关在对工资、薪金进行合理性确认时，可按以下原则掌握：

1）企业制定了较为规范的员工工资、薪金制度；

2）企业所制定的工资、薪金制度符合行业及地区水平；

3）企业在一定时期所发放的工资、薪金是相对固定的，工资、薪金的调整是有序进行的；

4）企业对实际发放的工资、薪金，已依法履行了代扣代缴个人所得税义务；

5）有关工资、薪金的安排，不以减少或逃避税款为目的。

提 示

属于国有性质的企业，其工资薪金，不得超过政府有关部门给予的限定数额。超过部分，不得计入工资薪酬总额，也不得在计算应纳税所得额时扣除。

（2）职工福利费、工会经费、职工教育经费

1）企业发生的职工福利费支出，不超过工资薪金总额14%的部分，准予扣除。

2）企业拨缴的工会经费支出，不超过工资薪金总额2%的部分，准予扣除。

3）企业发生的职工教育经费支出，不超过工资薪金总额的2.5%的部分，准予扣除；超过部分，准予在以后纳税年度结转扣除。

【例4－2】某企业全年计入成本、费用中的实发工资总额2 800万元，并按规定的比例计算提取了2%的职工工会经费（实际拨缴45万元）、2.5%的职工教育经费（实际发生额48万元），职工福利费没有计提，按实际发生额350万元计入了成本费用。则：

工会经费扣除限额：2 800×2%＝56（万元），实际拨缴了45万元，而计提了56万元，所以调增应纳税所得额11万元；

职工教育经费扣除限额：2 800×2.5%＝70（万元），实际发生额为48万元，而计提了70万元，所以调增应纳税所得额22万元；

职工福利费扣除限额：2 800×14%＝392（万元），实际发生额为350万元，小于扣除限额，所以不用调整。

三项经费共调增应纳税所得额为：11＋22＝33（万元）。

（3）社会保险费

企业依照国务院有关主管部门或者省级人民政府规定的范围和标准为职工缴纳的基本养老保险费、基本医疗保险费、失业保险费、工伤保险费、生育保险费等基本社会保险费和住房公积金，即“五险一金”，准予据实扣除。

企业根据国家有关政策规定，为在本企业任职或者受雇的全体员工支付的补充养老保险费和补充医疗保险费，分别在不超过职工工资总额5%标准内的部分，在计算应纳税所得额时准予扣除；超过的部分，不予扣除。

除企业依照国家有关规定为特殊工种职工支付的人身安全保险费和国务院财政、税务主管部门规定可以扣除的其他商业保险费外，企业为投资者或职工支付的商业保险费，不得扣除。

（4）借款利息费用支出

纳税人在生产经营期间，向金融机构借款的利息支出，按照实际发生数扣除；向非金融机构借款的利息支出，不高于按照金融机构同类、同期贷款利率计算的数额部分，准予扣除。

【例4-3】海峰有限公司201×年向非金融机构借款30万元，实际发生利息支出1.8万元，同期银行贷款利率5%。则

该公司向非金融机构借款的利息支出扣除标准=30×5%=1.5（万元）

而实际支出1.8万元，高过扣除标准，故允许税前扣除额为1.5万元，超标部分0.3万元不得在税前扣除。

（5）业务招待费

业务招待费，是指纳税人为生产经营业务的合理需要而发生的交际应酬费用。纳税人发生的与其生产、经营业务直接相关的业务招待费，按照发生额的60%扣除，但最高不得超过当年销售（营业）收入的5‰。

【例4-4】海峰有限公司201×年销售额为250万元，实际发生业务招待费5万元。业务招待费的扣除金额计算如下：

①按照实际发生额5×60%=3（万元）扣除，但最高不得超过250×5‰=1.25（万元）。

两者进行比较，取低者。因此，其扣除标准应为1.25万元。

②若实际发生业务招待费为1万元，其扣除标准：

按照实际发生额1×60%=0.6（万元），但最高不得超过250×5‰=1.25（万元）。

两者进行比较，取低者。因此，其扣除标准应为0.6万元。

（6）广告费与业务宣传费支出

企业发生的符合条件的广告费和业务宣传费支出，除国务院财政、税务主管部门另有规定外，不超过当年销售（营业）收入15%的部分，准予扣除；超过部分，准予在以后纳税年度结转扣除。企业在筹建期间，发生的广告费和业务宣传费，可按实际发生额计入企业筹办费，并按有关规定在税前扣除。

【例4-5】201×年某企业取得销售收入5 000万元，广告费支出600万元；

上一年度结转广告费100万元。已知，该企业发生广告费可以按照当年销售收入的15%在企业所得税前扣除，超过部分准予以后纳税年度结转扣除。该企业201×年准予扣除的广告费计算如下：

①税前扣除限额=5 000×15%=750（万元）

②当年实际发生额+上年结转额=600+100=700（万元）

③该企业201×年准予扣除的广告费为700万元。

(7) 公益、救济性的捐赠

纳税人用于公益、救济性的捐赠，在年度利润总额12%以内的部分，准予在计算应纳税所得额时扣除。

年度利润总额，是指企业依照国家统一会计制度的规定计算的年度会计利润。

公益性捐赠，是指企业通过公益性社会团体或者县级以上人民政府及其部门，用于《中华人民共和国公益事业捐赠法》规定的公益事业的捐赠。具体范围如下：

1）救助灾害、救济贫困、扶助残疾人等困难的社会群体和个人的活动；

2）教育、科学、文化、卫生和体育事业；

3）环境保护、社会公共设施建设；

4）促进社会发展和进步的其他社会公共和福利事业。

提　示　纳税人未通过规定机构、直接向受赠人的捐赠不允许扣除。

【例4-6】海峰有限公司，201×年度实现收入总额1 000万元，各项成本费用合计700万元，另外，准予扣除的销售税金100万元，营业外支出共计20万元。该企业准予扣除的公益救济性捐赠的限额计算如下：

年度会计利润=1 000-700-100-20=180（万元）

捐赠扣除限额=180×12%=21.6（万元）

(8) 手续费及佣金支出

企业发生与生产经营有关的手续费及佣金支出，不超过以下规定计算限额以内的部分，准予扣除；超过部分，不得扣除。

1）保险企业：财产保险企业按照全部保费收入扣除退保金等后余额的15%计算限额；人身保险企业按当年全部保费收入扣除退保金等后余额的10%计算限额。

2）其他企业：按与具有合法经营资格中介服务机构或个人（不含交易双方及其雇员、代理人和代表人等）所签订服务协议或合同确认的收入金额的5%计算限额。

3）从事代理服务、主营业务收入为手续费、佣金的企业（如证券、期货、保险代理等企业），其为取得该类收入而实际发生的营业成本（包括手续费及佣金支出），准予在企业所得税前据实扣除。

提 示

企业应与具有合法经营资格的中介服务企业或个人签订代办协议或合同，并按规定支付手续费及佣金。除委托个人代理外，企业以现金等非转账方式支付的手续费及佣金不得在税前扣除。企业为发行权益性证券支付给有关证券承销机构的手续费及佣金不得在税前扣除。企业不得将手续费及佣金支出计入回扣、业务提成、返利、进场费等费用。

（9）总机构分摊的费用

非居民企业在中国境内设立的机构、场所，就其中国境外总机构发生的与该机构、场所生产经营有关的费用，能够提供总机构出具的费用汇集范围、定额、分配依据和方法等证明文件，并合理分摊的，准予扣除。

（10）其他费用

其他费用，符合规定的，可以据实扣除，包括：劳动保护费、各类保险基金和统筹基金、财产保险和运输保险费用、固定资产租赁费、固定资产转让费用、资产盘亏、毁损净损失、汇兑损失、会员费、残疾人就业保障基金、差旅费、会议费、董事会费等。

企业按规定计算的固定资产折旧费、无形资产和递延资产的摊销费，准予扣除。

（三）不得扣除的项目

在计算应纳税所得额时，下列支出不得扣除：

（1）向投资者支付的股息、红利等权益性投资收益款项。

（2）企业所得税税款。

（3）税收滞纳金。具体是指纳税人违反税收法规，被税务机关处以的滞纳金。

（4）纳税人因违反国家法律、法规和规章，被有关部门处以的滞纳金、罚金，以及各项罚款和被没收财物的损失。

提 示

上述第（3）、（4）项是纳税人承担行政责任或刑事责任的支出，在企业所得税税前不得扣除；如果是合同违约金、银行罚息、法院判决由企业承担的诉讼费等民事性质的款项，可以据实在企业所得税税前扣除。

（5）超过规定标准的捐赠支出。

（6）赞助支出，这里是指企业发生的与生产经营活动无关的各种非广告性质支出。

(7) 企业未经核定的各项资产减值准备金支出。这是指不符合国务院财政、税务主管部门规定的各项资产减值准备、风险准备等准备金支出。

(8) 企业之间支付的管理费、企业内营业机构之间支付的租金和特许权使用费，以及非银行企业内营业机构之间支付的利息，不得扣除。

(9) 与取得收入无关的其他支出。

(四) 亏损弥补

亏损，是指企业将每一纳税年度的收入总额减除不征税收入、免税收入和各项扣除后小于零的数额。税法规定，企业某一纳税年度发生的亏损可以用下一年度的所得弥补，下一年度的所得不足以弥补的，可以逐年延续弥补，但最长不得超过5年。5年内不论是赢利或亏损，都作为实际弥补年限计算。在计算亏损的弥补时应注意：

(1) 这里所说的亏损，不是企业财务报表中反映的亏损额，而是企业财务报表中的亏损额经主管税务机关按税法规定核实调整后的金额；

(2) 自亏损年度的下1个年度起连续5年不间断地计算；

(3) 连续发生年度亏损，也必须从第一个亏损年度算起，先亏先补，按顺序连续计算亏损弥补期；

(4) 纳税人可以按弥补亏损后的应纳税所得额来确定适用税率。

提示 企业筹办期间不计算亏损年度，企业自开始生产经营的年度，为开始计算企业损益的年度。

【**例4-7**】表4-1为经税务机关审定的A企业7年应纳税额情况，假设A企业一直执行5年亏损弥补规定，则该企业7年间应缴纳所得税税额是多少？(A企业所得税税率为25%)。

表4-1 企业近7年应纳税所得额明细表

(单位：万元)

年 度	2010	2011	2012	2013	2014	2015	2016
应纳税所得额情况	-100	-10	30	40	10	-15	30

分析计算如下:

(1) 2010年亏损100万元，可用2011~2014年的利润弥补。

(2) 2011年亏损10万元，可用2012~2016年的利润弥补。

(3) 2012盈利30万元，用于弥补2010年亏损，因此不需缴纳所得税，企业尚有2010年发生的70万元亏损和2011年发生的10万元亏损未能弥补。

(4) 2013年盈利40万元，用于弥补2010年亏损，因此也不需缴纳所得税，此时，企业尚有2010年发生的30万元亏损和2011年发生的10万元亏损未能弥补。

（5）2014 年盈利 10 万元，用于弥补 2010 年亏损，因此也不需缴纳所得税，此时，企业尚有 2010 年发生的 20 万元亏损和 2011 年发生的 10 万元亏损未能弥补。

（6）2015 年亏损 15 万元，不能用于补亏，其亏损可用 2016～2020 年的利润弥补。

（7）2016 年盈利 30 万元，用于弥补 2011 年亏损 10 万元，弥补完后尚有利润 20 万元，再用于弥补 2015 年发生的 15 万元亏损，弥补完后尚有利润 5 万元，这 5 万元应缴纳企业所得税。对于 2010 年尚未弥补的 20 万元亏损，由于其延续弥补 5 年的期限已到，所以不能再用以后年度的税前利润弥补该年度亏损。

A 企业 2016 年度应纳企业所得税 $=5\times25\%=1.25$（万元）

任务四　资产的税务处理

企业资产，是指企业拥有或者控制的、用于经营管理活动且与取得应税收入有关的资产。企业的各项资产，包括固定资产、生产性生物资产、无形资产、长期待摊费用、投资资产、存货等，以历史成本为计税基础。历史成本，是指企业取得该项资产时实际发生的支出。企业持有各项资产期间资产增值或者减值，除国务院财政、税务主管部门规定可以确认损益外，不得调整该资产的计税基础。

一、固定资产的税务处理

固定资产，是指企业为生产产品、提供劳务、出租或者经营管理而持有的、使用时间超过 12 个月的非货币性资产，包括房屋、建筑物、机器、机械、运输工具以及其他与生产经营活动有关的设备、器具、工具等。在计算应纳税所得额时，企业按照规定计算的固定资产折旧，准予扣除。

1. 固定资产折旧的范围

在计算应纳税所得额时，企业按照规定计算的固定资产折旧，准予扣除；但下列固定资产不得计算折旧扣除：

（1）房屋、建筑物以外未投入使用的固定资产；

（2）以经营租赁方式租入的固定资产；

（3）以融资租赁方式租出的固定资产；

（4）已足额提取折旧仍继续使用的固定资产；

提　示

已经足额提取折旧仍继续使用的固定资产，不得计算折旧费用在税前扣除；但如果发生了改建支出的，可以作为长期待摊费用，按照固定资产预计尚可使用年限分期摊销。

(5) 与经营活动无关的固定资产；

(6) 单独估价作为固定资产入账的土地；

(7) 其他不得计提折旧扣除的固定资产。

提 示

①房屋、建筑物，不论是否投入使用，均可按税法规定计算折旧费用在税前扣除；②未投入使用的机器设备，不得计算折旧费用在税前扣除；已经投入使用的机器设备，可以按照税法规定计算折旧费用扣除。

2. 固定资产的计税基础

税法规定，固定资产按照以下方法确定计税基础：

(1) 外购的固定资产，以购买价款和支付的相关税费以及直接归属于使该资产达到预定用途发生的其他支出为计税基础；

(2) 自行建造的固定资产，以竣工结算前发生的支出为计税基础；

(3) 融资租入固定资产，以租赁合同约定的付款总额和承租人在签订租赁合同过程中发生的相关费用为计税基础，租赁合同未约定付款总额的，以该资产的公允价值和承租人在签订租赁合同过程中发生的相关费用为计税基础；

(4) 盘盈的固定资产，以同类固定资产的重置完全价值为计税基础；

(5) 通过捐赠、投资、非货币性资产交换、债务重组等方式取得的固定资产，以该资产的公允价值和支付的相关税费为计税基础；

(6) 改建的固定资产，以改建过程中发生的改建支出增加计税基础。

3. 固定资产折旧的计提方法

固定资产按照直线法计算的折旧，准予扣除。企业应当自固定资产投入使用月份的次月起计算折旧；停止使用的固定资产，应当自停止使用月份的次月起停止计算折旧。企业应当根据固定资产的性质和使用情况，合理确定固定资产的预计净残值。固定资产的预计净残值一经确定，不得变更。

固定资产计提折旧的计提方法

除国务院财政、税务主管部门另有规定外，固定资产计算折旧的最低年限如下：

(1) 房屋、建筑物，为20年；

(2) 飞机、火车、轮船、机器、机械和其他生产设备，为10年；

(3) 与生产经营活动有关的器具、工具、家具等，为5年；

(4) 飞机、火车、轮船以外的运输工具，为4年；

(5) 电子设备，为3年。

二、生产性生物资产的税务处理

生产性生物资产，是指企业为生产农产品、提供劳务或者出租等而持有的生物资产，包括经济林、薪炭林、产畜和役畜等。

1. 生产性生物资产的计税基础

（1）外购的生产性生物资产，以购买价款和支付的相关税费为计税基础；

（2）通过捐赠、投资、非货币性资产交换、债务重组等方式取得的生产性生物资产，以该资产的公允价值和支付的相关税费为计税基础。

2. 生产性生物资产的折旧方法和折旧年限

生产性生物资产按照直线法计算的折旧，准予扣除。企业应当自生产性生物资产投入使用月份的次月起计算折旧；停止使用的生产性生物资产，应当自停止使用月份的次月起停止计算折旧。企业应当根据生产性生物资产的性质和使用情况，合理确定生产性生物资产的预计净残值。生产性生物资产的、预计净残值一经确定，不得随意变更。

生产性生物资产计算折旧的最低年限如下：

（1）林木类生产性生物资产，为10年；

（2）畜类生产性生物资产，为3年。

三、无形资产的税务处理

无形资产，是指企业为生产产品、提供劳务、出租或者经营管理而持有的、没有实物形态的非货币性长期资产，包括专利权、商标权、著作权、土地使用权、非专利技术、商誉等。在计算应纳税所得额时，企业按照规定计算的无形资产摊销费用，准予扣除。

1. 无形资产的计税基础

（1）外购的无形资产，以购买价款和支付的相关税费以及直接归属于使该资产达到预定用途发生的其他支出为计税基础；

（2）自行开发的无形资产，以开发过程中该资产符合资本化条件后至达到预定用途前发生的支出为计税基础；

（3）通过捐赠、投资、非货币性资产交换、债务重组等方式取得的无形资产，以该资产的公允价值和支付的相关税费为计税基础。

2. 无形资产摊销

无形资产按照直线法计算的摊销费用，准予扣除。无形资产的摊销年限不得低于10年。

作为投资或者受让的无形资产，有关法律规定或者合同约定了使用年限的，可以按照规定或者约定的使用年限分期摊销。外购商誉的支出，在企业整体转让或者清算时，准予扣除。

四、长期待摊费用的税务处理

长期待摊费用，是指企业发生的应在一个年度以上或几个年度进行摊销的费用。在计算应纳税所得额时，企业发生的下列支出作为长期待摊费用，按照规定摊销的，准予扣除：

（1）已足额提取折旧的固定资产的改建支出，按照固定资产预计尚可使用年限分期摊销。固定资产的改建支出，是指改变房屋或者建筑物结构、延长使用年限等发生的支出。改建的固定资产延长使用年限的，除前述规定外，应当适当延长折旧年限。

（2）租入固定资产的改建支出，按照合同约定的剩余租赁期限分期摊销。

（3）固定资产的大修理支出，按照固定资产尚可使用年限分期摊销。固定资产的大修理支出是指同时符合下列条件的支出：

1）修理支出达到取得固定资产时的计税基础50%以上；

2）修理后固定资产的使用年限延长2年以上。

（4）其他应当作为长期待摊费用的支出，自支出发生月份的次月起，分期摊销，摊销年限不得低于3年。

五、投资资产的税务处理

投资资产，是指企业对外进行权益性投资和债权性投资形成的资产。企业对外投资期间，投资资产的成本在计算应纳税所得额时不得扣除。企业在转让或者处置投资资产时，投资资产的成本，准予扣除。投资资产按照以下方式确定成本：

（1）通过支付现金方式取得的投资资产，以购买价款为成本；

（2）通过支付现金以外的方式取得的投资资产，以该资产的公允价值和支付的相关税费为成本。

六、存货的税务处理

存货，是指企业持有以备出售的产品或者商品、处在生产过程中的在产品或者提供劳务过程中耗用的材料和物料等。存货按照以下方法确定成本：

（1）通过支付现金方式取得的存货，以购买价款和支付的相关税费为成本；

（2）通过支付现金以外的方式取得的存货，以该存货的公允价值和支付的相关税费为成本；

（3）生产性生物资产收获的农产品，以产出或者采收过程中发生的材料费、人工费和分摊的间接费用等必要支出为成本。

企业使用或者销售存货的成本计算方法，可以在先进先出法、加权平均法、个别计价法中选用一种，计价方法一经选用，不得随意变更。

任务五 企业应纳所得税额的计算

一、居民企业应纳所得税额的计算

（一）每月（季）预缴企业所得税额的计算

1. 实际预缴数

本月（季）应纳企业所得税额＝

利润总额×适用税率－减免所得税额－已累计预缴的所得税额

利润总额为纳税人按会计制度核算的反映在利润表上的本年累计利润总额数。平时预缴时，先按会计利润计算，暂不做纳税调整，待会计年度终了再做纳税调整。

2. 按上一年度应纳所得额的平均额预缴

本月（季）应纳企业所得税额＝上一年度应纳税所得额/12（或4）×适用税率

除以上两种方法外，还可以用经当地税务机关认可的其他方法分期预缴所得税。

（二）年终汇算企业所得税额的计算

企业所得税的征收实行在分月（或分季）预缴的基础上，年终汇算清缴、多退少补的征纳方法。年终汇算企业所得税额的计算，具体为在会计利润总额的基础上，根据现行所得税法的要求，进行调整后，依下列公式进行计算：

应纳税所得额＝会计利润总额±税收调整项目金额

应纳所得税额＝应纳税所得额×适用税率

提 示

应纳税所得额与会计利润总额是两个不同的概念，两者既有联系，又有区别。应纳税所得额是一个税收概念，是根据企业所得税法按照一定的标准确定的，纳税人在一定时期内的计税所得。而会计利润总额则是一个会计核算概念，反映的是企业一定时期内生产经营的财务成果。会计利润总额是确定应纳税所得额的基础，但是不能等同于应纳税所得额。会计利润总额只有根据税法规定作相应的调整后，才能作为企业的应纳税所得额。

【例4－8】海峰股份有限公司201×年度会计利润总额380万元。全年计入成本、费用中的实发工资总额400万元，并按实发工资规定的比例计算提取了2%的职工工会经费（实际拨缴7万元）、2.5%的职工教育经费（实际发生额6万元），职工福利费没有计提，按实际发生额50万元计入了成本费用。计入管理费用的业务招待费20万元，本年营业收入净额1 100万元，国债利息收入15.02万元。1~11月份已累计预缴所得税66万元。根据以上资料计算该公司本年度实际应纳及12月应补缴的企业所得税税额。

解 析

(1) 允许扣除的职工工会经费限额=400×2%=8（万元），实际拨缴了7万元，而计提了8万元，所以应该纳税调增1万元。

允许扣除的职工教育经费限额=400×2.5%=10（万元），实际发生6万元，而计提了10万元，所以多计提的4万元应该纳税调增。

允许扣除的职工福利费限额=400×14%=56（万元），而实际发生额为50万元，没有超额列支，可以据实扣除，不需要进行纳税调整。

所以，三项经费总的应调增应纳税所得额=1+4=5（万元）。

(2) 允许列支的业务招待费标准=20×60%=12（万元），但不得超过1 100×5‰=5.5（万元）。

超标准列支=20-5.5=14.5（万元），应该调增应纳税所得额14.5万元。

(3) 国债利息收入不计入应纳税所得额，应调减15.02万元。

(4) 本年度应纳税所得额=380+5+14.5-15.02=384.48（万元）。

(5) 本年度应纳所得税=384.48×25%=96.12（万元）。

(6) 12月应补缴企业所得税=96.12-66=30.12（万元）。

二、非居民企业的应纳所得税额的计算

1. 非居民企业的应纳税所得额

在中国境内未设立机构、场所的，或者虽设立机构、场所但取得的所得与其所设机构、场所没有实际联系的非居民企业，其取得的来源于中国境内的所得，按照下列方法计算其应纳税所得额：

(1) 股息、红利等权益性投资收益和利息、租金、特许权使用费所得，以收入全额为应纳税所得额；

(2) 转让财产所得，以收入全额减除财产净值后的余额为应纳税所得额；财产净值，是指有关资产、财产的计税基础减除已经按照规定扣除的折旧、折耗、摊销、准备金等后的余额。

(3) 其他所得，参照前两项规定的方法计算应纳税所得额。

非居民企业在中国境内设立的机构、场所，就其中国境外总机构发生的与该机构、场所生产经营有关的费用，能够提供总机构出具的费用汇集范围、定额、分配依据和方法等证明文件并合理分摊的，准予扣除。

2. 源泉扣缴

在中国境内未设立机构、场所的，或者虽设立机构、场所但取得的所得与其

所设机构、场所没有实际联系的非居民企业，就其取得的来源于中国境内的所得应缴纳的所得税，实行源泉扣缴，以支付人为扣缴义务人。税款由扣缴义务人在每次支付或者到期应支付时，从支付或者到期应支付的款项中扣缴。

扣缴企业所得税应纳税额的计算公式为

扣缴企业所得税应纳税额 = 应纳税所得额 × 实际征收率

实际征收率，是指《企业所得税法》及其《实施条例》等相关法律、法规规定的税率，或者税收协定规定的税率。

提　示

扣缴义务人，由县级以上税务机关指定，并同时告知扣缴义务人所扣税款的计算依据、计算方法、扣缴期限和扣缴方式。

三、核定征收企业所得税的计算

（一）核定征收的范围

纳税人具有下列情形之一的，应采取核定征收方式征收企业所得税：

（1）依照法律、行政法规的规定可以不设账簿的。

（2）依照法律、行政法规的规定应设置但未设置账簿的。

（3）擅自销毁账簿或者拒不提供纳税资料的。

（4）虽设置账簿，但账目混乱或成本资料、收入凭证、费用凭证残缺不全，难以查账的。

（5）发生纳税义务，未按照规定的期限办理纳税申报，经税务机关责令限期申报，逾期仍不申报的。

（6）申报的计税依据明显偏低，又无正当理由的。

（二）核定征收的方式

核定征收方式主要包括定额征收和核定应税所得率两种办法：

（1）定额征收是指税务机关按照一定的标准、程序和方法，直接核定纳税人年度应纳企业所得税税额，由纳税人按规定进行纳税申报的办法。

（2）核定应税所得率征收，是指税务机关按照一定的标准、程序和方法，预先核定纳税人的应税所得率，由纳税人根据纳税年度内的收入总额或成本费用等项目的实际发生额，按预先核定的应税所得率计算缴纳企业所得税的办法。实行核定应税所得率征收办法的，应纳所得税税额的计算公式如下：

应纳税所得额 = 收入总额 × 应税所得率

或 = 成本费用支出额 ÷（1 − 应税所得率）× 应税所得率

应纳所得税额 = 应纳税所得额 × 适用税率

表 4-2 应税所得率幅度标准

行 业	应税所得率（%）
农、林、牧、渔业	3~10
制造业	5~15
批发和零售贸易业	4~15
交通运输业	7~15
建筑业	8~20
饮食业	8~25
娱乐业	15~30
其他行业	10~30

【例 4-9】某交通运输有限公司 201×年度收入总额为 100 万元，当地税务机关核定其应税所得率为 8%，累计已预缴所得税 1.5 万元。请计算该公司本年度应缴所得税税额及应补（退）的所得税税额。

全年应纳税所得额 =100×8% =8（万元）

全年应纳所得税额 =8×25% =2（万元）

应补（退）的所得税税额 =2-1.5=0.5（万元）

综合案例 ——企业所得税应纳税额的计算

海峰有限责任公司（以下简称海峰公司）为居民企业，适用的所得税税率为 25%。201×年关收支情况如下：

（1）取得产品销售收入 5 000 万元。

（2）转让机器设备收入 40 万元。

（3）国债利息收入 20 万元。

（4）销售成本 3 500 万元。

（5）销售税金 290 万元（含增值税 230 万元）

（6）发生管理费用 560 万元，其中包括业务招待费 30 万元、无形资产研发费用 40 万元；销售费用 260 万元，其中包括广告费 210 万元；财务费用 18 万元。

（7）发生营业外支出 80 万元，其中包括企业通过公益性社会团体向贫困地区的捐款 50 万元、直接向灾区某小学捐赠 20 万元、支付给客户的违约金 5 万元和支付税收滞纳金 2 万元。

（8）全年计入成本、费用中的实发工资总额 450 万元，并按实发工资规定的比例计算提取了 2% 的职工工会经费（实际拨缴 8 万元）、2.5% 的职工教育经费（实际发生额 18 万元），职工福利费没有计提，按实际发生额 60 万元计入了成本费用。

已知海峰公司 201×年累计预缴所得税 66 万元。

要求：根据以上资料计算该公司本年度实际应纳所得税及201×应补缴的企业所得税税额。

案例分析

第一步：计算会计利润总额。

会计利润总额＝5 000＋40＋20－3500－（290－230）－560－260－18－80＝582（万元）

第二步：计算纳税调整增加额。

（1）允许列支的业务招待费标准＝30×60%＝18（万元），但不得超过5 000×5‰＝25（万元）。

两者进行比较，取低者，超标准列支＝30－18＝12（万元），应该调增应纳税所得额12万元。

（2）广告费的扣除限额＝5 000×15%＝750（万元），企业实际发生广告费210万元，小于扣除限额，实际发生的广告费可以全部在税前扣除，不需要纳税调整。

（3）公益性捐赠的税前扣除限额＝582×12%＝69.84（万元），实际捐赠支出中通过公益性社会团体向贫困地区的捐款50万元没有超过扣除限额，准予据实扣除。直接向灾区某小学捐赠20万元不能税前扣除。因此，应该调增应纳税所得额20万元。

（4）支付给客户的违约金5万元，准予在税前扣除。支付税收滞纳金2万元，不能税前扣除。因此，应该调增应纳税所得额2万元。

（5）三项费用扣除限额：

①职工福利费扣除限额＝450×14%＝63（万元），实际支出额为60万元，未超过扣除限额，不需要纳税调整。

②工会经费扣除限额＝450×2%＝9（万元），实际上缴工会经费8万元，可以全部扣除，计提数是9万元，需要进行纳税调增＝9－8＝1（万元）。

③职工教育经费扣除限额：450×2.5%＝11.25（万元），实际支出额为18万元，超过扣除限额，纳税调增额＝18－11.25＝6.75（万元）。

三项经费纳税调增额为1＋6.75＝7.75（万元）。

第三步：计算纳税调整减少额。

（1）国债利息收入20万元已计入应纳税所得额，应调减20（万元）。

（2）准予扣除的研究开发费用＝40×150%＝60（万元），纳税调减额＝40×50%＝20（万元）。

第四步：计算应税所得额。

海峰公司201×年度应纳税所得额＝582＋12＋20＋2＋7.75－20－20＝583.75（万元）

第五步：计算应纳所得税税额。

海峰公司201×年度应纳企业所得税额＝583.75×25%＝145.94（万元）

海峰公司201×年度应补交企业所得税额＝145.94－66＝79.94（万元）

企业所得税的征收管理

一、纳税地点

（1）除税收法律、行政法规另有规定外，居民企业以企业登记注册地确定纳税地点，但登记注册地在境外的，以实际管理机构所在地为纳税地点。企业注册登记地是指企业依照国家有关规定登记注册的所在地。

（2）居民企业在中国境内设立不具有法人资格的营业机构的，应当汇总计算并缴纳企业所得税。企业汇总计算并缴纳企业所得税时，应当统一核算应纳税所得额，具体办法由国务院财政、税务主管部门另行制定。

（3）非居民企业在中国境内设立机构、场所的，应当就其所设机构、场所取得的来源于中国境内的所得，以及发生在中国境外但与其所设机构、场所有实际联系的所得，以机构、场所所在地为纳税地点。非居民企业在中国境内设立两个或者两个以上机构、场所的，经税务机关审核批准，可以选择由其主要机构、场所汇总缴纳企业所得税。非居民企业经批准汇总缴纳企业所得税后，需要增设、合并、迁移、关闭机构、场所或者停止机构、场所业务的，应当事先由负责汇总申报缴纳企业所得税的主要机构、场所向其所在地税务机关报告；需要变更汇总缴纳企业所得税的主要机构、场所的，依照前款规定办理。

（4）对非居民企业在中国境内未设立机构、场所的，或者虽设立机构、场所但取得的所得与其所设机构、场所没有实际联系的，以扣缴义务人所在地为纳税地点。

（5）除国务院另有规定外，企业之间不得合并缴纳企业所得税。

二、纳税期限

企业所得税实行按年计算、分月或分季预缴、年度汇算清缴、多退少补的征纳方法。纳税人预缴所得税时，应当按纳税期限的实际数预缴。按实际数额预缴有困难的，可以按上一年度应纳税所得额的1/12或1/4，或者经当地税务机关认可的其他方法分期预缴所得税。具体纳税期限由主管税务机关根据纳税人应纳税额的大小，予以核定。

企业所得税的纳税年度，自公历1月1日起到12月31日止。纳税人在一个年度中间开业，或者由于合并、关闭等原因，使该纳税年度的实际经营期不足12个月的，应当以其实际经营期为一个纳税年度。纳税人清算时，应当以清算期间作为一个纳税年度，并在进行工商注销登记之前，向当地主管税务机关进行所得税申报。

纳税人应在年度终了后5个月内汇算清缴，多退少补：纳税人在纳税年度内预缴的税款少于全年应纳税额的，应在汇算清缴期限内结清应补缴的税款，预缴的税款超过全年应纳税额的，主管税务机关应及时办理退税或者抵缴其下一年度应缴纳的所得税。

纳税人在年度中间终止经营活动的，应当自实际经营终止之日起60日内，向税务机关办理当期所得税汇算清缴。

纳税人应当在月份或者季度终了后15日内预缴所得税。预缴方法一经确定，不得随意变更。

三、纳税申报

（一）申报方式

为了方便纳税人办理企业所得税月度（季度）纳税申报和年度汇算清缴，提高纳税申报工作效率，企业所得税纳税申报采取网上申报方式（免费）。企业所得税网上申报操作系统介绍及操作说明可登录各市国家税务局网站查询或到办税服务厅索取。

（二）纳税申报的规定

企业所得税按月或按季预缴的，应当自月份或者季度终了之日起15日内，向税务机关报送预缴企业所得税纳税申报表，预缴税款。

企业在报送企业所得税纳税申报表时，应当按照规定附送财务会计报告和其他有关资料。

企业应当在办理注销登记前，就其清算所得向税务机关申报并依法缴纳企业所得税。

企业分月或者分季预缴企业所得税时，应当按照月度或者季度的实际利润额预缴；按照月度或者季度的实际利润额预缴有困难的，可以按照上一纳税年度应纳税所得额的月度或者季度平均额预缴，或者按照经税务机关认可的其他方法预缴。预缴方法一经确定，该纳税年度内不得随意变更。

企业在纳税年度内无论盈利或者亏损，都应当依照规定期限，向税务机关报送预缴企业所得税纳税申报表、年度企业所得税纳税申报表、财务会计报告和税务机关规定应当报送的其他有关资料。

（三）汇算清缴程序及要求

纳税人应在规定的汇算清缴时限内，通过互联网向主管税务机关报送企业所得税年度纳税申报表（整套），实行核定应税所得率征收方式的纳税人填写企业所得税纳税申报表（适用于核定征收企业），并结清税款。

纳税人未按规定期限办理纳税申报和报送纳税资料、未按规定期限进行汇算清缴以及偷税的，税务机关将依照《中华人民共和国税收征收管理法》予以处罚。

四、企业所得税申报表及填表说明

中华人民共和国企业所得税月（季）度预缴纳税申报表（A类）适用于实行查账征收企业所得税的居民企业预缴月份、季度税款时填报，年度汇算清缴时填报中华人民共和国企业所得税年度纳税申报表（A类）。中华人民共和国企业所得税月（季）度和年度纳税申报表（B类）适用于实行核定征收企业所得税的居民企业预缴月份、季度税款和年度汇算清缴时填报。

中华人民共和国企业所得税月（季）度预缴纳税申报表（A类）的格式与内容见表4－3，中华人民共和国企业所得税年度纳税申报表（A类）主表的格式与内容见表4－4。

表4－3　中华人民共和国企业所得税月（季）度预缴纳税申报表（A类，2015年版）

税款所属期间：　　年　月　日至　　年　月　日

纳税人识别号：□□□□□□□□□□□□□□□□□□□□

纳税人名称：　　　　　　　　　　　　金额单位：人民币元（列至角分）

行次	项　目	本期金额	累计金额
1	一、按照实际利润额预缴		
2	营业收入		
3	营业成本		
4	利润总额		
5	加：特定业务计算的应纳税所得额		
6	减：不征税收入和税基减免应纳税所得额（请填附表1）		
7	固定资产加速折旧（扣除）调减额（请填附表2）		
8	弥补以前年度亏损		
9	实际利润额（4行+5行－6行－7行－8行）		
10	税率（25%）		
11	应纳所得税额（9行×10行）		
12	减：减免所得税额（请填附表3）		
13	实际已预缴所得税额	—	
14	特定业务预缴（征）所得税额		
15	应补（退）所得税额（11行－12行－13行－14行）	—	
16	减：以前年度多缴在本期抵缴所得税额		
17	本月（季）实际应补（退）所得税额	—	
18	二、按照上一纳税年度应纳税所得额平均额预缴		

（续）

行次	项 目		本期金额	累计金额
19	上一纳税年度应纳税所得额		——	
20	本月（季）应纳税所得额（19行×1/4或1/12）			
21	税率（25%）			
22	本月（季）应纳所得税额（20行×21行）			
23	减：减免所得税额（请填附表3）			
24	本月（季）实际应纳所得税额（22行-23行）			
25	三、按照税务机关确定的其他方法预缴			
26	本月（季）税务机关确定的预缴所得税额			
27	总分机构纳税人			
28	总机构	总机构分摊所得税额（15行或24行或26行×总机构分摊预缴比例）		
29		财政集中分配所得税额		
30		分支机构分摊所得税额（15行或24行或26行×分支机构分摊比例）		
31		其中：总机构独立生产经营部门应分摊所得税额		
32	分支机构	分配比例		
33		分配所得税额		

是否属于小型微利企业： 是□ 否□

谨声明：此纳税申报表是根据《中华人民共和国企业所得税法》、《中华人民共和国企业所得税法实施条例》和国家有关税收规定填报的，是真实的、可靠的、完整的。

法定代表人（签字）：年 月 日

纳税人公章： 会计主管： 填表日期：年 月 日	代理申报中介机构公章： 经办人： 经办人执业证件号码： 代理申报日期：年 月 日	主管税务机关受理专用章： 受理人： 受理日期：年 月 日

中华人民共和国企业所得税月（季）度预缴纳税申报表
（A类，2015年版）填报说明

（一）适用范围

本表适用于实行查账征收企业所得税的居民纳税人在月（季）度预缴企业所得税时使用。跨地区经营汇总纳税企业的分支机构年度汇算清缴申报适用本表。

（二）表头项目

1．“税款所属期间”：为税款所属期月（季）度第一日至所属期月（季）度最后一日。年度中间开业的纳税人，“税款所属期间”为当月（季）开始经营之日至所属月（季）度的最后一日。次月（季）度起按正常情况填报。

2．“纳税人识别号”：填报税务机关核发的税务登记证号码（15位）。

3.“纳税人名称”：填报税务机关核发的税务登记证记载的纳税人全称。

（三）各列次的填报

1. 第一部分，按照实际利润额预缴税款的纳税人，填报第2行至第19行。其中：第2行至第19行的“本期金额”列，填报所属月（季）度第一日至最后一日的数据；第2行至第19行的“累计金额”列，填报所属年度1月1日至所属月（季）度最后一日的累计数额。

2. 第二部分，按照上一纳税年度应纳税所得额平均额预缴税款的纳税人，填报第21行至第26行。其中：第21行至第26行的“本期金额”列，填报所属月（季）度第一日至最后一日的数据；第21行至第26行的“累计金额”列，填报所属年度1月1日至所属月（季）度最后一日的累计数额。

3. 第三部分，按照税务机关确定的其他方法预缴的纳税人，填报第28行。

其中：“本期金额”列，填报所属月（季）度第一日至最后一日的数额；“累计金额”列，填报所属年度1月1日至所属月（季）度最后一日的累计数额。

（四）各行次的填报

1. 第1行至第28行，纳税人根据其预缴申报方式分别填报。

实行“按照实际利润额预缴”的纳税人填报第2行至第19行。实行“按照上一纳税年度应纳税所得额平均额预缴”的纳税人填报第21行至第26行。实行“按照税务机关确定的其他方法预缴”的纳税人填报第28行。

2. 第29行至第35行，由跨地区经营汇总纳税企业（以下简称汇总纳税企业）填报。其中：汇总纳税企业的总机构在填报第1行至第28行基础上，填报第30行至第33行。汇总纳税企业的二级分支机构只填报本表第32行、第34行、第35行。

（五）具体项目填报说明

按实际利润额预缴

1. 第2行“营业收入”：填报按照企业会计制度、企业会计准则等国家会计规定核算的营业收入。本行主要列示纳税人营业收入数额，不参与计算。

2. 第3行“营业成本”：填报按照企业会计制度、企业会计准则等国家会计规定核算的营业成本。本行主要列示纳税人营业成本数额，不参与计算。

3. 第4行“利润总额”：填报按照企业会计制度、企业会计准则等国家会计规定核算的利润总额。本行数据与利润表列示的利润总额一致。

4. 第5行“特定业务计算的应纳税所得额”：从事房地产开发等特定业务的纳税人，填报按照税收规定计算的特定业务的应纳税所得额。房地产开发企业销售未完工开发产品取得的预售收入，按照税收规定的预计计税毛利率计算的预计毛利额填入此行。

5. 第6行“不征税收入”：填报计入利润总额但属于税收规定不征税的财政拨款、依法收取并纳入财政管理的行政事业性收费以及政府性基金和国务院规定的其他不征税收入。

6. 第7行“免税收入”：填报计入利润总额但属于税收规定免税的收入或收益。如符合条件的居民企业之间的股息收入、国库券利息收入等。

7. 第8行“减征、免征应纳税所得额”：填报按照税收规定，允许在月（季）度预缴税款时享受优惠政策的减征、免征、减计收入、加计扣除的应纳税所得额。

8. 第9行“弥补以前年度亏损”：填报按照税收规定可在企业所得税前弥补的以前年度尚未弥补的亏损额。

9. 第10行“实际利润额”：根据本表相关行次计算结果填报。第10行＝第4＋5－6－7－8－9行。

10. 第11行“税率（25%）”：填报企业所得税法规定税率25%。

11. 第12行“应纳所得税额”：根据相关行次计算结果填报。第12行＝第10行×11行，且第12行≥0。跨地区经营汇总纳税企业总机构和分支机构适用不同税率时，第12行≠第10

行×11行。

12. 第13行“减免所得税额”：填报按照税收规定，当期实际享受的减免所得税额。

13. 第14行“其中：符合条件的小型微利企业减免所得税额”：填报按照税收规定符合条件的小型微利企业可享受的减免税：

(1) 上一纳税年度应纳税所得额低于10万元（含10万元）的小型微利企业，预缴时累计实际利润额不超过10万元的，填报本表第10行“实际利润额”与15%的乘积。13行≤第12行。

(2) 上一纳税年度应纳税所得额低于10万元（含10万元）的小型微利企业，预缴时累计实际利润额超过10万元但不超过30万元的，以及上一纳税年度应纳税所得额超过10万元但不超过30万元的小型微利企业，填报本表第10行“实际利润额”与5%的乘积。第13行≤第12行。

14. 第15行“实际已预缴所得税额”：填报纳税人本年度累计已预缴的企业所得税额，“本期金额”列不填写。

15. 第16行“特定业务预缴（征）所得税额”：填报按照税收规定的特定业务已预缴（征）的所得税额，建筑企业总机构直接管理的跨地区设立的项目部，按规定向项目所在地主管税务机关预缴的企业所得税填入此行。

16. 第17行“应补（退）所得税额”：根据本表相关行次计算填报。第17行“累计金额”列=第12行-13行-15行-16行，且第17行≤0时，填0；“本期金额”列不填。

17. 第18行“以前年度多缴在本期抵缴所得税额”：填报以前年度多缴的企业所得税税款未办理退税，在本纳税年度抵缴的所得税额。

18. 第19行“本月（季）实际应补（退）所得税额”：根据相关行次计算填报。第19行“累计金额”列=第17行-18行，且第19行≤0时，填0，“本期金额”列不填。

按照上一年度应纳税所得额平均额预缴

1. 第21行“上一纳税年度应纳税所得额”：填报上一纳税年度申报的应纳税所得额。“本期金额”列不填。

2. 第22行“本月（季）应纳税所得额”：根据相关行次计算填报。

(1) 按月度预缴的纳税人：第22行=第21行×1/12。

(2) 按季度预缴的纳税人：第22行=第21行×1/4。

3. 第23行“税率（25%）”：填报企业所得税法规定的25%税率。

4. 第24行“本月（季）应纳所得税额”：根据本表相关行次计算填报。第24行=第22行×23行。

5. 第25行“减：符合条件的小型微利企业减免所得税额”：填报按照税收规定符合条件的小型微利企业可享受的减免税，上一纳税年度应纳税所得额低于10万元（含10万元）的小型微利企业，填报本表第22行“本月（季）应纳税所得额”与15%的乘积；上一纳税年度应纳税所得额超过10万元但不超过30万元的小型微利企业，填报本表第22行“本月（季）应纳税所得额”与5%的乘积。

6. 第26行“本月（季）应纳所得税额”：根据相关行次计算填报。第25行=第24行-25行。

按照税务机关确定的其他方法预缴

第28行“本月（季）确定预缴所得税额”：填报税务机关认可的其他方法确定的本月（季）度应缴纳所得税额。

（六）总分机构纳税人有关项目的填报

1. 第30行“总机构应分摊所得税额”：汇总纳税企业的总机构，以本表（第1行至第28行）本月（季）度预缴所得税额为基数，按总机构应当分摊的预缴比例计算出的本期预缴所

得税额填报，并按预缴方式不同分别计算：

(1)“按实际利润额预缴”的汇总纳税企业的总机构：第19行×总机构应分摊预缴比例。

(2)“按照上一纳税年度应纳税所得额的平均额预缴”的汇总纳税企业的总机构：第26行×总机构应分摊预缴比例。

(3)“按照税务机关确定的其他方法预缴”的汇总纳税企业的总机构：第28行×总机构应分摊预缴比例。

上述计算公式中的“总机构分摊预缴比例”：跨地区经营汇总纳税企业，总机构分摊的预缴比例填报25%；省内经营的汇总纳税企业，总机构应分摊的预缴比例按各省级税务机关规定填报。

2. 第31行“财政集中分配所得税额”：汇总纳税企业的总机构，以本表（第1行至第28行）本月（季）度预缴所得税额为基数，按财政集中分配的预缴比例计算出的本期预缴所得税额填报，并按预缴方式不同分别计算：

(1)“按实际利润额预缴”的汇总纳税企业的总机构：第19行×财政集中分配预缴比例。

(2)“按照上一纳税年度应纳税所得额的平均额预缴”的汇总纳税企业的总机构：第26行×财政集中分配预缴比例。

(3)“按照税务机关确定的其他方法预缴”的汇总纳税企业的总机构：第28行×财政集中分配预缴比例。

跨地区经营的汇总纳税企业，中央财政集中分配的预缴比例填报25%；省内经营的汇总纳税企业，财政集中分配的预缴比例按各省级税务机关规定填报。

3. 第32行“分支机构应分摊所得税额”：汇总纳税企业的总机构，以本表（第1行至第28行）本月（季）度预缴所得税额为基数，按分支机构应分摊的预缴比例计算出的本期预缴所得税额填报，并按不同预缴方式分别计算：

(1)“按实际利润额预缴”的汇总纳税企业的总机构：第19行×分支机构应分摊预缴比例。

(2)“按照上一纳税年度应纳税所得额平均额预缴”的汇总纳税企业的总机构：第26行×分支机构应分摊预缴比例。

(3)“按照税务机关确定的其他方法预缴”的汇总纳税企业的总机构：第28行×分支机构应分摊预缴比例。

上述计算公式中“分支机构应分摊预缴比例”：跨地区经营汇总纳税企业，分支机构应分摊的预缴比例填报50%；省内经营的汇总纳税企业，分支机构应分摊的预缴比例按各省级税务机关规定执行填报。

分支机构根据“中华人民共和国企业所得税汇总纳税分支机构所得税分配表”中的“分支机构分摊所得税额”填写本行。

4. 第33行“其中：总机构独立生产经营部门应分摊所得税额”：填报汇总纳税企业的总机构，设立的具有主体生产经营职能且按规定视同二级分支机构的部门，所应分摊的本期预缴所得税额。

5. 第34行“分配比例”：填报汇总纳税企业的分支机构依据“中华人民共和国企业所得税汇总纳税分支机构所得税分配表”中确定的分配比例。

6. 第35行“分配所得税额”：填报汇总纳税企业的分支机构按分配比例计算应预缴或汇算清缴的所得税额。第35行=第32行×34行。

（七）表内表间关系

1. 表内关系

(1) 第10行=第4行+5行-6行-7行-8行-9行。

(2) 第12行=第10行×11行。当汇总纳税企业的总机构和分支机构适用不同税率时，第

12 行≠第 10 行×11 行。

（3）第 17 行=第 12 行-13 行-15 行-16 行，且第 17 行≤0 时，填 0。

（4）第 24 行=第 22 行×23 行。

（5）第 26 行=第 24 行-25 行。

（6）第 30 行=第 17 行或 26 行或 28 行×规定比例。

（7）第 31 行=第 17 行或 26 行或 28 行×规定比例。

（8）第 32 行=第 17 行或 26 行或 28 行×规定比例。

2. 表间关系

（1）第 32 行="中华人民共和国企业所得税汇总纳税分支机构所得税分配表"中的"分支机构分摊所得税额"。

（2）第 34、35 行="中华人民共和国企业所得税汇总纳税分支机构所得税分配表"中所对应行次中的"分配比例""分配所得税额"列。

表 4-4 中华人民共和国企业所得税年度纳税申报表（A 类）

行次	类别	项目	金额
1	利润总额计算	一、营业收入（填写 A101010\101020\103000）	
2		减：营业成本（填写 A102010\102020\103000）	
3		营业税金及附加	
4		销售费用（填写 A104000）	
5		管理费用（填写 A104000）	
6		财务费用（填写 A104000）	
7		资产减值损失	
8		加：公允价值变动收益	
9		投资收益	
10		二、营业利润（1-2-3-4-5-6-7+8+9）	
11		加：营业外收入（填写 A101010\101020\103000）	
12		减：营业外支出（填写 A102010\102020\103000）	
13		三、利润总额（10+11-12）	
14	应纳税所得额计算	减：境外所得（填写 A108000、A108010）	
15		加：纳税调整增加额（填写 A105000）	
16		减：纳税调整减少额（填写 A105000）	
17		减：免税、减计收入及加计扣除（填写 A107010）	
18		加：境外应税所得抵减境内亏损（填写 A108000）	
19		四、纳税调整后所得（13-14+15-16-17+18）	
20		减：所得减免（填写 A107020）	
21		减：抵扣应纳税所得额（填写 A107030）	
22		减：弥补以前年度亏损（填写 A106000）	
23		五、应纳税所得额（19-20-21-22）	

（续）

行次	类别	项目	金额
24	应纳税额计算	税率（25%）	
25		六、应纳所得税额（23×24）	
26		减：减免所得税额（填写 A107040）	
27		减：抵免所得税额（填写 A107050）	
28		七、应纳税额（25－26－27）	
29		加：境外所得应纳所得税额（填写 A108000）	
30		减：境外所得抵免所得税额（填写 A108000）	
31		八、实际应纳所得税额（28＋29－30）	
32		减：本年累计实际已预缴的所得税额	
33		九、本年应补（退）所得税额（31－32）	
34		其中：总机构分摊本年应补（退）所得税额（填写 A109000）	
35		财政集中分配本年应补（退）所得税额（填写 A109000）	
36		总机构主体生产经营部门分摊本年应补（退）所得税额（填写 A109000）	
37	附列资料	以前年度多缴的所得税额在本年抵减额	
38		以前年度应缴未缴在本年入库所得税额	

中华人民共和国企业所得税年度纳税申报表（A类）填报说明

本表为年度纳税申报表主表，企业应该根据《中华人民共和国企业所得税法》及其实施条例（以下简称税法）、相关税收政策，以及国家统一会计制度（企业会计准则、小企业会计准则、企业会计制度、事业单位会计准则和民间非营利组织会计制度等）的规定，计算填报纳税人利润总额、应纳税所得额、应纳税额和附列资料等有关项目。

企业在计算应纳税所得额及应纳所得税时，企业财务、会计处理办法与税法规定不一致的，应当按照税法规定计算。税法规定不明确的，在没有明确规定之前，暂按企业财务、会计规定计算。

一、有关项目填报说明

（一）表体项目

本表是在纳税人会计利润总额的基础上，加减纳税调整等金额后计算出“纳税调整后所得”（应纳税所得额）。会计与税法的差异（包括收入类、扣除类、资产类等差异）通过“纳税调整项目明细表”（A105000）集中填报。

本表包括利润总额计算、应纳税所得额计算、应纳税额计算、附列资料四个部分。

1.“利润总额计算”中的项目，按照国家统一会计制度口径计算填报。实行企业会计准则、小企业会计准则、企业会计制度、分行业会计制度纳税人其数据直接取自利润表；实行事业单位会计准则的纳税人其数据取自收入支出表；实行民间非营利组织会计制度纳税人其数据取自业务活动表；实行其他国家统一会计制度的纳税人，根据本表项目进行分析填报。

2.“应纳税所得额计算”和“应纳税额计算”中的项目，除根据主表逻辑关系计算的外，通过附表相应栏次填报。

（二）行次说明

第1－13行参照企业会计准则利润表的说明编写。

1. 第1行“营业收入”：填报纳税人主要经营业务和其他经营业务取得的收入总额。本行根据“主营业务收入”和“其他业务收入”的数额填报。一般企业纳税人通过“一般企业收入明细表”（A101010）填报；金融企业纳税人通过“金融企业收入明细表”（A101020）填报；事业单位、社会团体、民办非企业单位、非营利组织等纳税人通过“事业单位、民间非营利组织收入、支出明细表”（A103000）填报。

2. 第2行“营业成本”项目：填报纳税人主要经营业务和其他经营业务发生的成本总额。本行根据“主营业务成本”和“其他业务成本”的数额填报。一般企业纳税人通过“一般企业成本支出明细表”（A102010）填报；金融企业纳税人通过“金融企业支出明细表”（A102020）填报；事业单位、社会团体、民办非企业单位、非营利组织等纳税人，通过“事业单位、民间非营利组织收入、支出明细表”（A103000）填报。

3. 第3行“营业税金及附加”：填报纳税人经营活动发生的营业税、消费税、城市维护建设税、资源税、土地增值税和教育费附加等相关税费。本行根据纳税人相关会计科目填报。纳税人在其他会计科目核算的本行不得重复填报。

4. 第4行“销售费用”：填报纳税人在销售商品和材料、提供劳务的过程中发生的各种费用。本行通过“期间费用明细表”（A104000）中对应的“销售费用”填报。

5. 第5行“管理费用”：填报纳税人为组织和管理企业生产经营发生的管理费用。本行通过“期间费用明细表”（A104000）中对应的“管理费用”填报。

6. 第6行“财务费用”：填报纳税人为筹集生产经营所需资金等发生的筹资费用。本行通过“期间费用明细表”（A104000）中对应的“财务费用”填报。

7. 第7行“资产减值损失”：填报纳税人计提各项资产准备发生的减值损失。本行根据企业“资产减值损失”科目上的数额填报。实行其他会计准则等的比照填报。

8. 第8行“公允价值变动收益”：填报纳税人在初始确认时划分为以公允价值计量且其变动计入当期损益的金融资产或金融负债（包括交易性金融资产或负债，直接指定为以公允价值计量且其变动计入当期损益的金融资产或金融负债），以及采用公允价值模式计量的投资性房地产、衍生工具和套期业务中公允价值变动形成的应计入当期损益的利得或损失。本行根据企业“公允价值变动损益”科目的数额填报。（损失以“－”号填列）

9. 第9行“投资收益”：填报纳税人以各种方式对外投资确认所取得的收益或发生的损失。根据企业“投资收益”科目的数额计算填报；实行事业单位会计准则的纳税人根据“其他收入”科目中的投资收益金额分析填报（损失以“－”号填列）。实行其他会计准则等的比照填报。

10. 第10行“营业利润”：填报纳税人当期的营业利润。根据上述项目计算填列。

11. 第11行“营业外收入”：填报纳税人取得的与其经营活动无直接关系的各项收入的金额。一般企业纳税人通过“一般企业收入明细表”（A101010）填报；金融企业纳税人通过“金融企业收入明细表”（A101020）填报；实行事业单位会计准则或民间非营利组织会计制度的纳税人通过《事业单位、民间非营利组织收入、支出明细表》（A103000）填报。

12. 第12行“营业外支出”：填报纳税人发生的与其经营活动无直接关系的各项支出的金额。一般企业纳税人通过“一般企业成本支出明细表”（A102010）填报；金融企业纳税人通过《金融企业支出明细表》（A102020）填报；实行事业单位会计准则或民间非营利组织会计制度的纳税人通过“事业单位、民间非营利组织收入、支出明细表”（A103000）填报。

13. 第13行“利润总额”：填报纳税人当期的利润总额。根据上述项目计算填列。

14. 第14行“境外所得”：填报纳税人发生的分国（地区）别取得的境外税后所得计入利润总额的金额。填报“境外所得纳税调整后所得明细表”（A108010）第14列减去第11列的差额。

15. 第15行“纳税调整增加额”：填报纳税人会计处理与税收规定不一致，进行纳税调整增加的金额。本行通过“纳税调整项目明细表”（A105000）“调增金额”列填报。

16. 第16行“纳税调整减少额”：填报纳税人会计处理与税收规定不一致，进行纳税调整减少的金额。本行通过“纳税调整项目明细表”（A105000）“调减金额”列填报。

17. 第17行“免税、减计收入及加计扣除”：填报属于税法规定免税收入、减计收入、加计扣除金额。本行通过“免税、减计收入及加计扣除优惠明细表”（A107010）填报。

18. 第18行“境外应税所得抵减境内亏损”：填报纳税人根据税法规定，选择用境外所得抵减境内亏损的数额。本行通过“境外所得税收抵免明细表”（A108000）填报。

19. 第19行“纳税调整后所得”：填报纳税人经过纳税调整、税收优惠、境外所得计算后的所得额。

20. 第20行“所得减免”：填报属于税法规定所得减免金额。本行通过“所得减免优惠明细表”（A107020）填报，本行<0时，填写负数。

21. 第21行“抵扣应纳税所得额”：填报根据税法规定应抵扣的应纳税所得额。本行通过“抵扣应纳税所得额明细表”（A107030）填报。

22. 第22行“弥补以前年度亏损”：填报纳税人按照税法规定可在税前弥补的以前年度亏损的数额，本行根据“企业所得税弥补亏损明细表”（A106000）填报。

23. 第23行“应纳税所得额”：金额等于本表第19－20－21－22行计算结果。本行不得为负数。本表第19行或者按照上述行次顺序计算结果本行为负数，本行金额填零。

24. 第24行“税率”：填报税法规定的税率25%。

25. 第25行“应纳所得税额”：金额等于本表第23×24行。

26. 第26行“减免所得税额”：填报纳税人按税法规定实际减免的企业所得税额。本行通过“减免所得税优惠明细表”（A107040）填报。

27. 第27行“抵免所得税额”：填报企业当年的应纳所得税额中抵免的金额。本行通过“税额抵免优惠明细表”（A107050）填报。

28. 第28行“应纳税额”：金额等于本表第25－26－27行。

29. 第29行“境外所得应纳所得税额”：填报纳税人来源于中国境外的所得，按照我国税法规定计算的应纳所得税额。本行通过“境外所得税收抵免明细表”（A108000）填报。

30. 第30行“境外所得抵免所得税额”：填报纳税人来源于中国境外所得依照中国境外税收法律以及相关规定应缴纳并实际缴纳（包括视同已实际缴纳）的企业所得税性质的税款（准予抵免税款）。本行通过“境外所得税收抵免明细表”（A108000）填报。

31. 第31行“实际应纳所得税额”：填报纳税人当期的实际应纳所得税额。金额等于本表第28＋29－30行。

32. 第32行“本年累计实际已预缴的所得税额”：填报纳税人按照税法规定本纳税年度已在月（季）度累计预缴的所得税额，包括按照税法规定的特定业务已预缴（征）的所得税额，建筑企业总机构直接管理的跨地区设立的项目部按规定向项目所在地主管税务机关预缴的所得税额。

33. 第33行“本年应补（退）的所得税额”：填报纳税人当期应补（退）的所得税额。金额等于本表第31－32行。

34. 第34行“总机构分摊本年应补（退）所得税额”：填报汇总纳税的总机构按照税收规定在总机构所在地分摊本年应补（退）所得税款。本行根据“跨地区经营汇总纳税企业年度分摊企业所得税明细表”（A109000）填报。

35. 第35行“财政集中分配本年应补（退）所得税额”：填报汇总纳税的总机构按照税收规定财政集中分配本年应补（退）所得税款。本行根据“跨地区经营汇总纳税企业年度分摊企业所得税明细表”（A109000）填报。

36. 第 36 行“总机构主体生产经营部门分摊本年应补（退）所得税额”：填报汇总纳税的总机构所属的具有主体生产经营职能的部门按照税收规定应分摊的本年应补（退）所得税额。本行根据“跨地区经营汇总纳税企业年度分摊企业所得税明细表”（A109000）填报。

37. 第 37 行“以前年度多缴的所得税额在本年抵减额”：填报纳税人以前纳税年度汇算清缴多缴的税款尚未办理退税、并在本纳税年度抵缴的所得税额。

38. 第 38 行“以前年度应缴未缴在本年入库所得额”：填报纳税人以前纳税年度应缴未缴在本纳税年度入库所得税额。

二、表内、表间关系

（一）表内关系

1. 第 10 行 = 第 1 -2 -3 -4 -5 -6 -7 +8 +9 行。

2. 第 13 行 = 第 10 +11 -12 行。

3. 第 19 行 = 第 13 -14 +15 -16 -17 +18 行。

4. 第 23 行 = 第 19 -20 -21 -22 行。

5. 第 25 行 = 第 23 ×24 行。

6. 第 28 行 = 第 25 -26 -27 行。

7. 第 31 行 = 第 28 +29 -30 行。

8. 第 33 行 = 第 31 -32 行。

（二）表间关系

1. 第 1 行 = 表 A101010 第 1 行或表 A101020 第 1 行或表 A103000 第 2 +3 +4 +5 +6 行或表 A103000 第 11 +12 +13 +14 +15 行。

2. 第 2 行 = 表 A102010 第 1 行或表 A102020 第 1 行或表 A103000 第 19 +20 +21 +22 行或表 A103000 第 25 +26 +27 行。

3. 第 4 行 = 表 A104000 第 25 行第 1 列。

4. 第 5 行 = 表 A104000 第 25 行第 3 列。

5. 第 6 行 = 表 A104000 第 25 行第 5 列。

6. 第 11 行 = 表 A101010 第 16 行或表 A101020 第 35 行或表 A103000 第 9 行或第 17 行。

7. 第 12 行 = 表 A102010 第 16 行或表 A102020 第 33 行或表 A103000 第 23 行或第 28 行。

8. 第 14 行 = 表 A108010 第 10 行第 14 列 - 第 11 列。

9. 第 15 行 = 表 A105000 第 43 行第 3 列。

10. 第 16 行 = 表 A105000 第 43 行第 4 列。

11. 第 17 行 = 表 A107010 第 27 行。

12. 第 18 行 = 表 A108000 第 10 行第 6 列。（当本表第 13 -14 +15 -16 -17 行 ≥0 时，本行 =0）。

13. 第 20 行 = 表 A107020 第 40 行第 7 列。

14. 第 21 行 = 表 A107030 第 7 行。

15. 第 22 行 = 表 A106000 第 6 行第 10 列。

16. 第 26 行 = 表 A107040 第 29 行。

17. 第 27 行 = 表 A107050 第 7 行第 11 列。

18. 第 29 行 = 表 A108000 第 10 行第 9 列。

19. 第 30 行 = 表 A108000 第 10 行第 19 列。

20. 第 34 行 = 表 A109000 第 12 +16 行。

21. 第 35 行 = 表 A109000 第 13 行。

22. 第 36 行 = 表 A109000 第 15 行。

职业能力训练

一、单项选择题

1. 根据企业所得税法律制度的规定，在计算企业应纳税所得额时，除国务院财政、税务主管部门另有规定外，有关费用支出不超过规定比例的准予扣除，超过部分，准予在以后纳税年度结转扣除。下列各项中，属于该有关费用的是（　　）。

   A. 工会会费　B. 社会保险费　C. 职工福利费　D. 职工教育经费

2. 下列企业或单位中，不属于企业所得税纳税人的是（　　）。

   A. 个人独资企业　B. 联营企业　C. 集体企业　D. 股份制企业

3. 根据企业所得税法律制度的规定，关于确定来源于中国境内、境外所得的下列表述中，不正确的是（　　）。

   A. 提供劳务所得，按照劳务发生地确定

   B. 销售货物所得，按照交易活动发生地确定

   C. 股息、红利等权益性投资所得，按照分配所得的企业所在地确定

   D. 转让不动产所得，按照转让不动产的企业或者机构、场所所在地确定

4. 在计算应纳税所得额时，不允许作为税金项目从收入总额中扣除的流转税或费用是（　　）。

   A. 增值税　B. 消费税　C. 土地增值税　D. 教育费附加

5. 下列借款利息支出中允许从所得税前扣除的是（　　）。

   A. 建造固定资产竣工决算投产后发生的各项贷款利息支出

   B. 购进固定资产尚未竣工决算投产前的利息支出

   C. 房地产开发企业为开发房地产而借入资金所发生的借款费用，在房地产完工之前发生的利息支出

   D. 纳税人从关联方取得的借款金额超过其注册资本50%的，超过部分的利息支出

6. 某企业全年营业收入6 000万元，按规定可在税前费用中列支的业务招待费应为（　　）。

   A. 30万元　B. 23万元　C. 36万元　D. 25万元

7. 企业所得税的纳税人发生年度亏损的，可用以后年度所得逐年延续弥补，但延续弥补期最长不得超过（　　）。

   A. 1年　B. 3年　C. 5年　D. 10年

8. 下列收入项目中不需征收企业所得税的是（　　）。

   A. 财政拨款收入　B. 特许权使用费收入

   C. 财产租赁收入　D. 股息收入

9. 某企业201×年度实现利润总额40万元，在营业外支出账户列支了通过公益性社会团体向贫困地区的捐款10万元。根据企业所得税法律制度的规定，在

计算该企业 201 × 年度应纳税所得额时，允许扣除的捐款数额为（　　）万元。

A. 4　　B. 10　　C. 2.5　　D. 4.8

10. 某有限公司 2015 年销售收入 2 000 万元，广告费支出 330 万元，2016 年销售收入 2 500 万元，广告费支出 150 万元，则 2016 年准予税前扣除的广告费为（　　）。

A. 150 万元　　B. 180 万元　　C. 200 万元　　D. 260 万元

二、多项选择题

1. 以下适用我国现行《企业所得税法》的企业有（　　）。

A. 合伙企业　　B. 个人独资企业

C. 中外合资企业　　D. 内资企业

2. 以下属于非居民企业的有（　　）。

A. 依中国法律在中国境内成立的企业

B. 依照外国（地区）法律成立但实际管理机构在中国境内的企业

C. 依照外国（地区）法律成立且实际管理机构不在中国境内，但在中国境内设立机构、场所的企业

D. 在中国境内未设立机构、场所，但有来源于中国境内所得的企业

3. 企业的下列收入中免征企业所得税的有（　　）。

A. 国债利息收入

B. 依法收取并纳入财政管理的行政事业性收费、政府性基金

C. 接受捐赠收入

D. 销售货物收入

4. 在计算应纳税所得额时，下列支出不得扣除（　　）。

A. 向投资者支付的股息、红利等权益性投资收益款项

B. 未经核定的准备金支出

C. 税收滞纳金

D. 罚金、罚款和被没收财物的损失

5. 下列收入中，应计入企业所得税应纳税所得额的是（　　）。

A. 国债利息收入　　B. 客户合同违约金收入

C. 产品销售收入　　D. 转让机器设备收入

6. 甲企业为居民纳税人，201 × 年度销售税金共计 1 037 万元，包括缴纳增值税 900 万元、营业税 20 万元、城市维护建设税和教育费附加 92 万元、房产税 25 万元。甲企业缴纳的下列税费中，在计算 201 × 年度企业所得税应纳税所得额时，准予扣除的是（　　）。

A. 增值税 900 万元

B. 房产税 25 万元

C. 营业税 20 万元

D. 城市维护建设税和教育费附加 92 万元

7. 根据企业所得税法律制度的规定，下列各项关于收入确认的表述中，正确的有（　　）。

A. 企业以非货币形式取得的收入，应当按照公允价值确定收入额

B. 以分期收款方式销售货物的，按照收到货款或索取货款凭证的日期确认收入的实现

C. 采取产品分成方式取得收入的，按照企业分得产品的日期确认收入的实现，其收入额按照产品公允价值确定

D. 接受捐赠收入，按照实际收到捐赠资产的日期确定收入

8. 根据企业所得税法律制度的规定，下列收入中，不属于企业所得税免税收入的有（　　）。

A. 财政拨款

B. 国债利息

C. 物资及现金溢余

D. 依法收取并纳入财政管理的政府性基金

9. 根据企业所得税法律制度的规定，下列关于不同方式下销售商品收入金额确定的表述中，不正确的是（　　）。

A. 采用商业折扣方式销售商品的，按照商业折扣前的金额确定销售商品收入金额

B. 采用现金折扣方式销售商品的，按照现金折扣前的金额确定销售商品收入金额

C. 采用售后回购方式销售商品的，按照扣除回购商品公允价值后的余额确定销售商品收入金额

D. 采用以旧换新方式销售商品的，按照扣除回收商品公允价值后的余额确定销售商品收入金额

10. 根据企业所得税法律制度的规定，下列各项中，不属于特许权使用费收入的是（　　）。

A. 提供生产设备使用权取得的收入

B. 提供运输工具使用权取得的收入

C. 提供房屋使用权取得的收入

D. 提供商标权的使用权取得的收入

三、判断题

1. 只有依照中国法律在中国境内成立的企业才是居民企业。（　　）

2. 企业所得税的计税依据是企业的会计利润。（　　）

3. 非居民企业未在中国境内设立机构的，仅就来源于中国境内的所得缴纳企业所得税。（　　）

4. 企业在生产、经营期间的借款利息支出，可按照实际发生数从收入总额中扣

除。 ( )

5. 纳税人的各种属行政性的罚款，不得扣除，所以企业支付的银行罚息不得扣除。 ( )
6. 企业在年度中间终止经营活动的，应当自实际经营终止之日起60日内，向税务机关办理当期企业所得税汇算清缴。 ( )
7. 居民企业在中国境内设立不具有法人资格的营业机构的，应当汇总计算并缴纳企业所得税。 ( )
8. 根据企业所得税法律制度的规定，违反合同的违约金，在计算企业所得税应纳税所得额时不准予扣除。 ( )
9. 根据企业所得税法律制度的规定，转让企业债券取得的收入，属于免税收入。 ( )
10. 企业为促进商品销售，给予购买方的现金折扣，应按扣除现金折扣后的金额确定销售收入计算企业所得税应纳税所得额。 ( )

四、实务题

1. 甲有限责任公司（以下简称甲公司）适用的所得税税率为25%。201×年度实现利润总额为2 000万元，当年会计与税收之间的差异包括以下事项：

（1）取得一项无形资产，成本为200万元，由于使用寿命无法合理估计，会计上未摊销其成本，税法规定应按不短于10年的期限摊销。

（2）国债利息收入20万元。

（3）持有一项交易性金融资产，取得成本为150万元。会计期末公允价值为140万元。

（4）公司持有的一批存货，成本为1 000万元，期末清查该存货估计可变现净值为800万元，当期计提存货跌价准备200万元。

要求：计算甲公司201×年度的应交所得税。

2. 甲公司为居民企业，适用的所得税税率为25%。201×年有关收支情况如下：

（1）取得产品销售收入5 000万元，转让机器设备收入40万元，国债利息收入20万元，客户合同违约金2万元。

（2）支付税收滞纳金3万元，银行利息10万元，向投资者支付股息30万元。

（3）发生业务招待费50万元，其他可在企业所得税前扣除的成本、费用、税金合计2 600万元。

要求：根据上述资料，计算甲公司当年企业所得税应纳税所得额。

3. 甲公司为居民企业，适用的所得税税率为25%。201×年有关收支情况如下：

（1）取得销售货物收入4 300万元、理财产品收益30万元、从事直接投资的未上市居民 企业分回股息收益270万元、出售闲置厂房收入400万元。

（2）按规定提取的折旧费用180万元，其中机器设备折旧费50万元、运输设备折旧费40万元、厂房折旧费80万元、未投入使用的机械设备折旧费10万元。

（3）发生业务招待费30万元，公益性捐赠支出50万元，全年实现会计利润600万元。

要求：根据上述资料，计算甲公司当年企业所得税应纳税所得额。

4. 海峰有限公司201×年取得产品销售收入3 800万元，出租房屋取得租金收入150万元，取得公司债券利息收入66万元，营业外收入35万元，产品销售成本3 200万元，销售税金及附加为15万元，管理费用88万元、财务费用62万元、销售费用55万元，营业外支出15万元，各项成本支出均符合税法的有关扣除规定。海峰有限公司适用的所得税税率为25%。

要求：计算海峰有限公司当年应纳税企业所得税额。

5. 税务人员于2017年对某企业2016年的企业所得税纳税情况进行检查。检查中发现：①企业为职工支付的商业保险费36 000元，记入了管理费用；②“营业外支出”中有一笔为20 000元，系因经营中有违法行为而遭到的工商部门的罚款；③该企业按账面利润总额3 000 000元申报了企业所得税。

要求：计算该企业应缴纳多少企业所得税?

6. 甲公司为居民企业，主要从事货物生产和销售，201×年取得销售货物收入4 300万元、理财产品收益30万元、出售闲置厂房收入400万元、发生业务招待费30万元。

要求：计算甲公司当年的业务招待费准予扣除的数额。

7. 甲创业投资企业，201×年从其直接投资的企业分回股息收益1 300万元，转让股权取得收入3 000万元，转让土地使用权取得收入2 600万元。发生业务招待费30万元。

要求：计算该企业201×年业务招待费税法扣除限额。

8. 甲企业201×年合理工资薪金支出200万元，发生职工福利费35万元，职工教育经费2.5万元；已知，在计算企业所得税应纳税所得额时，职工福利费支出、职工教育经费支出的扣除比例分别为不超过14%和2.5%。

要求：计算该企业当年企业所得税应纳税所得额时，准予扣除的职工福利费和职工教育经费。

9. 甲企业201×年度境内应纳税所得额为100万元，适用25%的企业所得税税率。甲企业分别在A国和B国设有分支机构（我国与A、B两国已缔结避免双重征税协定），在A国分支机构的应纳税所得额为50万元，A国的企业所得税税率为20%；在B国分支机构的应纳税所得额为30万元，B国的企业所得税税率为30%。

要求：计算甲企业当年在我国境内应纳企业所得税税额。

10. 甲企业为增值税一般纳税人，201×年度取得销售收入9 500万元，销售成本为5 500万元，会计利润为845万元，当年，甲企业其他相关财务资料如下：

（1）在管理费用中，发生业务招待费130万元，新产品的研究开发费用290万元（未形成无形资产计入当期损益）。

（2）在销售费用中，发生广告费820万元，业务宣传费130万元。

（3）发生财务费用900万元，其中支付给与其有业务往来的客户全年借款利息650万元，年利率为7%，金融机构同期同类贷款年利率为6%。

（4）营业外支出中，包括通过减灾委员会向遭受自然灾害的地区的捐款50万元、支付给客户的违约金14万元。

（5）已在成本费用中列支实发工资总额550万元，并实际列支职工福利费135万元，上缴工会经费9万元并取得工会经费专用拨缴款收据，职工教育经费支出30万元。已知：甲企业适用的企业所得税税率为25%。

要求：计算甲企业当年纳税调整额和应纳所得税税额。

个人所得税核算

知识目标

※ 掌握个人所得税的基本法律知识；能判断居民纳税义务人和非居民纳税义务人，能划分应税所得项目及适用税率。

※ 掌握个人所得税各应税项目所得额的确定，能根据具体项目分别计算应纳个人所得税税额。

技能目标

※ 熟悉自行申报和源泉扣缴两种个人所得税的申报方式。

※ 会进行个人所得税的纳税申报，能正确办理个人所得税代扣代缴业务。

个人所得税概述

一、个人所得税的概念

个人所得税是以自然人取得的各类应税所得为征税对象征收的一种所得税。它是政府利用税收对个人收入进行调节的一种手段。

法规链接

我国现行的个人所得税法是2011年6月30日十一届全国人大常委会第二十一次会议表决通过修订的《中华人民共和国个人所得税法》（以下简称《个人所得税法》），从2011年9月1日开始实施。随后国家财政、税务主管部门又制定了一系列部门规章制度和规范性文件。这些法律法规、部门规章以及规范性文件构成了我国的个人所得税法律制度。

二、个人所得税的特点

1. 实行分类征收

世界各国的个人所得税制有分类所得税制、综合所得税制和分类综合所得税制三种类型。受我国目前纳税人的纳税意识和税收征管能力所限，我国目前实行的是分类所得税制，即把个人应税所得划分成11类，分别扣除不同的费用和适用不同的税率。这样做，一方面可以通过广泛地采用源泉扣缴的方法，加强税收征管，简化纳税手续，方便征纳双方；另一方面又可以对不同的个人所得按不同征收方法计征，有利于体现国家的政策。

2. 累进税率与比例税率并用

实行分类课征制，一方面有利于源泉扣缴方法的运用，另一方面又有利于体现不同的税收政策，采用不同的税率计征。同时，在分类课征条件下，由于个人税收负担不能直接依据某项所得水平的高低来确定，因此，我国个人所得税存在比例税率、累进税率等多种税率形式，还有加成征收，形成了集多种税率形式和多种税率水平于一体的税率结构。

3. 实行不同的费用扣除方式

个人所得的确定与企业所得确定一样，都需要从取得的收入中扣除相应的成本费用。然而，由于个人取得收入过程中发生的费用包括生计费用、赡养费用、经营费用等多个方面，同时，个人在确定结余所得时又不可能像企业一样进行规范的收入和成本费用核算，因此，个人所得税在征收时按分类所得税制的要求，针对不同所得类型需要确定不同的费用扣除方式。目前，我国个人所得税的费用扣除方式有定额扣除、定率扣除、限额据实扣除和据实扣除，以及对某些所得不扣除费用等多种形式。

4. 运用源泉课征和申报课征两种征税方法

尽管分类课征制有利于广泛推行源泉课征制度，但是在同类所得被不同源泉课征者扣缴时，就会产生多重费用扣除和降低税率征收，造成税负不公平问题，而且在不存在源泉扣缴或源泉不扣缴的情况下，同样也会造成税负不公问题。因此，按分类课征制要求，对符合源泉课征要求的所得项目必须由源泉扣缴者代扣代缴税款，对不能使用源泉扣缴方法、扣缴税款不彻底、年所得达到规定金额的和未扣缴税款的所得项目，就必须要求纳税人自行申报纳税。这既是税收征管的要求，也是不断提高纳税人纳税意识的要求。

三、个人所得税的作用

1. 筹集财政资金

与其他税种一样，个人所得税也具有为国家财政筹集资金的作用。虽然我国目前个人所得税收入占财政收入的比重还比较低，远远达不到发达国家的水平，但随着经济的不断发展及个人所得税制的不断完善，个人所得税收入将会逐步增长，其聚财功能也日益重要。

2. **调节收入差距**

目前，我国个人之间收入差距正在不断拉大，城乡之间、地区之间、行业之间及社会不同群体、不同职业构成之间的收入分配差距越来越悬殊。征收个人所得税，本着公平税负的原则，能够把高收入者的一部分收入转化为国家所有，这在客观上有利于缓和社会分配不公的矛盾。同时，个人所得税通过费用扣除额及税率方面的不同规定，对低收入者可以保证维持其基本的生活需要，而对高收入者也不至于因纳税而损害其生产经营和工作的积极性。

个人所得税的基本内容

一、纳税人

个人所得税的纳税义务人是在中国境内居住有所得的人，以及不在中国境内居住而从中国境内取得所得的个人，包括中国公民、个体工商户、个人独资企业、合伙企业投资者、在华取得所得的外籍人员和港、澳、台同胞。

个人独资企业和合伙企业投资者不缴企业所得税，只对投资者个人或自然人合伙人取得的生产经营所得征收个人所得税。

个人所得税的纳税人依据住所和居住时间两个标准，区分为居民纳税人和非居民纳税人，分别承担不同的纳税义务。

（一）居民纳税义务人

居民纳税义务人是指在中国境内有住所，或者无住所而在境内居住满 1 年的个人。居民纳税义务人负有无限纳税义务，其取得的应纳税所得，无论是来源于中国境内还是中国境外的任何地方，都要在中国缴纳个人所得税。

我国现行个人所得税法规定的住所标准和居住时间标准是判定居民身份的两个要件，只要具备一个就成为居民纳税人：

1. **住所标准**

我国个人所得税法律制度采用习惯性住所的标准。所谓习惯性住所，是指因户籍、家庭、经济利益关系而在中国境内习惯性居住地，它是判定纳税义务人是居民或非居民的一个法律意义上的标准，不是指实际居住或在某一个特定时期内的居住地。如因学习、工作、探亲、旅游等而在中国境外居住的，在其原因消除之后，必须回到中国境内居住的个人，则中国即为该纳税人习惯性居住地。因此，个人所得税中“在中国境内有住所”是指“习惯性住所”。

2. **居住时间标准**

我国《个人所得税法》规定，在一个纳税年度内在中国境内居住满1年为居住时间标准。“在中国境内居住满1年”是指在一个纳税年度（即公历1月1日起至12月31日止）内，在中国境内居住满365日。在计算居住天数时，临时离境应视同在华居住，其临时离境的天数不得从其在华居住天数中扣减。

临时离境：是指一个纳税年度中一次离境不超过30日或多次累计离境不超过90日。

【例5-1】 某外籍人士2015年5月10日入境，2016年5月15日回国探亲10天后返回中国，2016年11月5日再次回国探亲15天后返回中国。要求判断该外籍人士是否属于居民纳税人。

解 析

（1）2015年度，该人士明显未在中国境内居住满365日，不属于居民纳税人；

（2）2016年度，该人士多次离境，但累计离境天数为10+15=25（天），未超过90日，依然满足在一个纳税年度内在中国境内居住满365日的要求，属于居民纳税人。

（二）非居民纳税义务人

在中国境内无住所又不居住或者无住所而在境内居住不满一年的个人，是非居民纳税义务人，承担有限纳税义务，仅就其从中国境内取得的所得，依法缴纳个人所得税。

（三）扣缴义务人

我国实行个人所得税代扣代缴和个人申报纳税相结合的征收管理制度。个人所得税以支付应纳税所得的单位或者个人为扣缴义务人。扣缴义务人在向纳税人支付各项应纳税所得（个体工商户的生产、经营所得，以及对企业、事业单位的承包经营、承租经营所得除外）时，必须履行代扣代缴税款的义务。

（四）所得来源的确定

判断所得来源地，是确定该项所得是否应该征收个人所得税的重要依据。因为居民纳税义务人对于取得来源于中国境内、境外任何地方的所得，都要在中国缴纳个人所得税，其承担的是无限纳税义务，因此，有关判断其所得来源地的问题，相对来说不那么重要。但是，对于非居民纳税义务人，由于只就其来源于中国境内的所得征税，因此判断其所得来源地就显得十分重要。中国的个人所得税，依据所得来源地的判断应反映经济活动的实质，要遵循方便税务机关实行有效征管的原则，下列所得，不论支付地点是否在中国境内，均为来源于中国境内的所得：

（1）因任职、受雇、履约等而在中国境内提供劳务取得的所得；

（2）将财产出租给承租人在中国境内使用而取得的所得；

（3）转让中国境内的建筑物、土地使用权等财产或者在中国境内转让其他财产取得的所得；

（4）许可各种特许权在中国境内使用而取得的所得；

（5）从中国境内的公司、企业以及其他经济组织或者个人取得的利息、股息、红利所得。

二、个人所得税的征税范围

个人所得税的征税范围是纳税人取得的各项应税所得。按应纳税所得的来源划分，现行个人所得税共分为11个应税项目，其具体内容如下：

（一）工资、薪金所得

工资、薪金所得，是指个人因任职或者受雇而取得的工资、薪金、奖金、年终加薪、劳动分红、津贴、补贴，以及与任职或者受雇有关的其他所得。工资薪金所得属于非独立个人劳动所得。按照税法规定，年终加薪、劳动分红不分种类和取得情况，一律按工资、薪金所得课税。但对津贴、补贴中的下列项目不予征收个人所得税。这些项目包括：

（1）独生子女补贴。

（2）执行公务员工资制度未纳入基本工资总额的补贴、津贴差额和家属成员的副食补贴。

（3）托儿补助费。

（4）差旅费津贴、误餐补助。误餐补助是指按照财政部规定，个人因公在城区、郊区工作，不能在工作单位或返回就餐的，根据实际误餐顿数，按规定的标准领取的误餐费。单位以误餐补助名义发给职工的补助、津贴不包括在内。

【例5-2】 根据个人所得税法律制度的规定，下列各项中，属于工资、薪金所得项目的是（　　）。

A. 劳动分红　　B. 托儿补助费

C. 独生子女补贴　　D. 误餐补助

解析

答案为A。工资、薪金所得是指个人因任职或者受雇而取得的工资、薪金、奖金、年终加薪、劳动分红、津贴、补贴以及其与任职或者受雇有关的其他所得。托儿补助费、独生子女补贴、误餐补助不征收个人所得税。

（二）个体工商户的生产、经营所得

个体工商户的生产、经营所得包括：

（1）个体工商户从事工业、手工业、建筑业、交通运输业、商业、饮食业、服务业、修理业以及其他行业取得的所得。

（2）个人经政府有关部门批准，取得执照，从事办学、医疗、咨询以及其他有偿服务活动取得的所得。

（3）其他个人从事个体工商业生产、经营取得的所得。

（4）个体工商户和个人取得的与生产、经营有关的各项应税所得。

（5）实行查账征税办法的个人独资企业和合伙企业的个人投资者的生产经营所得，依照“个体工商户的生产、经营所得”执行。

提 示

（1）个人因从事彩票代销业务而取得所得，应按照“个体工商户的生产、经营所得”项目计征个人所得税。

（2）个体工商户对外投资取得的股息所得，应按“利息、股息、红利所得”税目纳税。

（三）对企事业单位的承包经营、承租经营所得

对企业、事业单位的承包经营、承租经营所得，是指个人承包经营或承租经营以及转包、转租取得的所得。承包项目可分为多种，如生产经营、采购、销售、建筑安装等各种承包。转包包括全部转包与部分转包。

（四）劳务报酬所得

劳务报酬所得，是指个人独立从事非雇佣的各种劳务所取得的所得。内容包括：设计、装潢、安装、制图、化验、测试、医疗、法律、会计、咨询、讲学、新闻、广播、翻译、审稿、书画、雕刻、影视、录音、录像、演出、表演、广告、展览、技术服务、介绍服务、经纪服务、代办服务等项目。

“劳务报酬所得”和“工资、薪金所得”的区别，主要看是否存在雇佣与被雇佣的关系。“工资、薪金所得”是属于非独立个人劳务活动，从所在单位（雇主）领取的报酬，存在雇佣与被雇佣的关系，即在机关、团体、学校、部队、企事业单位及其他组织中任职、受雇而得到的报酬。而“劳务报酬所得”则是指个人独立从事某种技艺、独立提供某种劳务而取得的报酬，一般不存在雇佣关系。

【例5-3】 下列各项中，属于个人所得税劳务报酬所得的有（ ）。

A. 雕刻收入　　B. 审稿收入

C. 现场书画收入　　D. 广告收入

解析

答案为ABCD。上述项目都属于独立从事某种技艺取得的收入。注：审稿和现场书画收入不属于稿酬所得。

提示

1. 在校学生因参与勤工俭学活动而取得的所得，应作为“劳务报酬所得”，依法缴纳个人所得税。目前对学生勤工俭学提供劳务取得的收入，免征增值税。

2. 个人兼职取得的收入，按照“劳务报酬所得”税目缴纳个人所得税。

3. 律师以个人名义再聘请其他人员为其工作而支付的报酬，应由该律师按“劳务报酬所得”应税项目负责代扣代缴个人所得税。

（五）稿酬所得

稿酬所得，是指个人因其作品以图书、报刊形式出版、发表而取得的所得。

这里所说的“作品”，是指包括文字、图片、乐谱等能以图书、报刊方式出版、发表的作品；作者去世后，财产继承人取得的遗作稿酬，也应征收个人所得税。

提示

1. 不以图书、报刊形式出版、发表的翻译、审稿和现场书画收入归为劳务报酬所得，不作为稿酬所得征税。

2. 作者去世后，对取得其遗作稿酬的个人，按稿酬所得征收个人所得税。

3. 电影文学剧本以图书、报刊形式出版、发表而取得的所得，按稿酬所得计征个人所得税。

【例5－4】 某画家将其书画作品交由某出版社出版。从出版社取得8万元报酬。该笔报酬在缴纳个人所得税时适用的税目是（　　）。

A. 工资薪金所得　　B. 劳务报酬所得

C. 稿酬所得　　D. 特许权使用费所得

解析

答案为C。稿酬所得是指个人因其作品以图书、报刊形式出版、发表而取得的所得。作品包括文学作品、书画作品、摄影作品以及其他作品。本题中画家将其书画作品通过出版社出版取得的报酬，应属于“稿酬所得”。

（六）特许权使用费所得

特许权使用费所得，是指个人提供专利权、著作权、商标权、非专利技术以及其他特许权的使用权取得的所得。提供著作权的使用权取得的所得，不包括稿酬所得。

作者将自己文字作品手稿原件或复印件公开拍卖（竞价）取得的所得，应按特许权使用费所得项目计税。

提 示

个人取得特许权的经济赔偿收入，应按“特许权使用费所得”项目缴纳个人所得税，税款由支付赔偿的单位或个人代扣代缴。

【例5-5】 下列各项中，应按特许权使用费所得征收个人所得税的是（ ）。

A. 商标权 B. 著作权 C. 稿酬 D. 非专利技术

解 析

答案为ABD。稿酬不应按特许权使用费所得征收个人所得税。

（七）利息、股息、红利所得

利息、股息、红利所得，是指个人拥有债权、股权而取得的利息、股息、红利所得。

利息，是指个人的存款利息、贷款利息和购买各种债券的利息。

股息，也称股利，是指股票持有人根据股份制公司章程规定，凭股票定期从股份公司取得的投资盈利。

红利，也称公司（企业）分红，是指股份公司或企业根据应分配的利润按股份分配超过股息部分的利润。

股份制企业以股票形式向股东个人支付的股息、红利即派发红股，应以派发红股的股票面额为收入额计税。

（八）财产租赁所得

财产租赁所得，是指个人出租建筑物、土地使用权、机器设备、车船以及其他财产取得的所得。

财产包括动产和不动产。

个人取得的房屋转租收入属于“财产租赁所得”的征收范围。取得转租收入的个人向房屋出租方支付的租金，凭房屋租赁合同和合法支付凭据，允许在计算个人所得税时从该项转租收入中扣除。

（九）财产转让所得

财产转让所得是指个人转让有价证券、股权、建筑物、土地使用权、机器设备、车船以及其他财产取得的所得。

（1）个人将投资于在中国境内成立的企业或组织（不包括个人独资企业和合伙企业）的股权或股份，转让给其他个人或法人的行为，按照财产转让所得项目计算缴纳个人所得税。

（2）个人因各种原因终止投资、联营、经营合作等行为，从被投资企业或

合作项目、被投资企业的其他投资者以及合作项目的经营合作人处取得股权转让收入、违约金、补偿金、赔偿金及以其他名目收回的款项等，均属于个人所得税应税收入，应按照“财产转让所得”项目适用的规定计算缴纳个人所得税。

提 示

(1) 我国为鼓励股票市场的发展，规定对个人股票买卖取得的所得暂不征收个人所得税。

(2) 个人通过网络收购玩家的虚拟货币，加价后向他人出售取得的收入，属于个人所得税应税所得，应按照“财产转让所得”项目计算缴纳个人所得税。

（十）偶然所得

偶然所得，是指个人得奖、中奖、中彩以及其他偶然性质的所得。取得的所得是非经常性的，属于各种机遇性所得。

得奖是指参加各种有奖竞赛活动，取得名次得到的奖金；中奖、中彩是指参加各种有奖活动，如有奖储蓄或者购买彩票，经过规定程序，抽中、摇中号码而取得的奖金。

提 示

企业对累计消费达到一定额度的顾客，给予额外抽奖机会，个人的获奖所得，按照“偶然所得”项目，全额适用20%的税率缴纳个人所得税。

（十一）经国务院财政部门确定征税的其他所得

其他所得是指除上述列举的各项个人应税所得外，其他确有必要征税的以及难以界定应税项目的个人所得。例如个人为单位或他人提供担保获得报酬；房屋产权所有人将房屋产权无偿赠予他人的，受赠人因无偿受赠房屋取得的受赠所得；企业在业务宣传、广告等活动中，随机向本单位以外的个人赠送礼品，对个人取得的礼品所得；企业在年会、座谈会、庆典以及其他活动中向本单位以外的个人赠送礼品，对个人取得的礼品所得等按照“其他所得”项目，全额适用20%的税率缴纳个人所得税。

个人取得的所得，难以界定应纳税所得项目的，由主管税务机关确定。

三、税率

我国现行个人所得税采用分类所得税制，税率的设计有超额累进税率和比例税率两种形式。具体适用税率如下：

（一）工资、薪金所得适用税率

工资、薪金所得适用3% ~45%的七级超额累进税率（见表5-1）。

表5－1　工资、薪金所得个人所得税税率表

级　数	全月含税应纳税所得额	全月不含税应纳税所得额	税率（%）	速算扣除数/元
1	不超过1 500元的	不超过1 455元的	3	0
2	超过1 500～4 500元的部分	超过1 455～4 155元的部分	10	105
3	超过4 500～9 000元的部分	超过4 155～7 755元的部分	20	555
4	超过9 000～35 000元的部分	超过7 755～27 255元的部分	25	1 005
5	超过35 000～55 000元的部分	超过27 255～41 255元的部分	30	2 755
6	超过55 000～80 000元的部分	超过41 255～57 505元的部分	35	5 505
7	超过80 000元的部分	超过57 505元的部分	45	13 505

注：1. 本表所称全月含税应纳税所得额和全月不含税应纳税所得额，是指依照税法的规定，以每月收入额减除费用3 500元后的余额或者再减除附加费用后的余额。

2. 含税级距适用于由纳税人负担税款的工资、薪金所得；不含税级距适用于由他人（单位）代付税款的工资、薪金所得。

（二）个体工商户的生产经营所得和对企事业单位承包、承租经营所得适用税率

个体工商户的生产经营所得和对企事业单位承包、承租经营所得适用5%～35%的五级超额累进税率（见表5－2）。

表5－2　个体工商户的生产经营所得和对企事业单位承包、承租经营所得个人所得税税率表

级　数	全年含税应纳税所得额	全年不含税应纳税所得额	税率（%）	速算扣除数/元
1	不超过15 000元的	不超过14 250元的	5	0
2	超过15 000～30 000元的部分	超过14 250～27 750元的部分	10	750
3	超过30 000～60 000元的部分	超过27 750～51 750元的部分	20	3 750
4	超过60 000～100 000元的部分	超过51 750～79 750元的部分	30	9 750
5	超过100 000元的部分	超过79 750元的部分	35	14 750

注：1. 本表所列含税级距与不含税级距，均为按照税法规定以每一纳税年度的收入总额减除成本、费用以及损失后的所得额。

2. 含税级距适用于个体工商户的生产、经营所得和由纳税人负担税款的对企事业单位的承包经营、承租经营所得；不含税级距适用于由他人（单位）代付税款的对企事业单位的承包经营、承租经营所得。

个人独资企业和合伙企业的生产经营所得，也适用5%～35%的五级超额累进税率。具体为：实行查账征税办法的个人独资企业和合伙企业，其税率比照“个体工商户的生产、经营所得”应税项目，适用5%～35%的五级超额累进税率计算征收个人所得税；实行核定应税所得率征收方式的，先按照应税所得率计算其应纳税所得额，再按其应纳税所得额的大小，适用5%～35%的五级超额累进税率计算征收个人所得税。

（三）劳务报酬所得适用税率

劳务报酬所得，适用20%的比例税率，对劳务报酬一次收入畸高的，实行加成征收。劳务报酬一次收入畸高是指个人一次取得劳务报酬，其应纳税所得额超过20 000元。对应纳税所得额超过20 000元至50 000元的部分，应纳税额加征五成；超过50 000元的部分，应纳税额加征十成。因此，劳务报酬实际适用20%、30%、40%三级超额累进税率（见表5－3）。

表5－3 劳务报酬所得税率

级 距	每次劳务报酬应纳税所得	税 率	速算扣除/元
1	不超过20 000元的部分	20%	0
2	超过20 000元到50 000元的部分	30%	2 000
3	超过50 000元的部分	40%	7 000

注：本表所称“每次应纳税所得额”，是指每次收入额减除费用800元（每次收入不超过4 000元时）或者减除20%的费用（每次收入额超过4 000元时）后的余额。

（四）稿酬所得适用税率

稿酬所得适用20%的比例税率，并按应纳税额减征30%，即只征收70%的税额，实际为14%的比例税率。

（五）特许权使用费所得，利息、股息、红利所得，财产租赁所得，财产转让所得，偶然所得和其他所得适用税率

特许权使用费所得，利息、股息、红利所得，财产租赁所得，财产转让所得，偶然所得和其他所得，适用20%的比例税率。

【例5－6】 根据个人所得税法律制度的规定，下列各项在计算应纳税所得额时，按照定额与比例相结合的方法扣除费用的有（ ）。

A. 劳务报酬所得

B. 特许权使用费所得

C. 对企事业单位的承包经营、承租经营所得

D. 财产转让所得

解 析

答案为AB。根据规定，劳务报酬所得、稿酬所得、特许权使用费所得和财产租赁所得按照定额与比例相结合的方法扣除费用。

四、优惠政策

（一）免税项目

（1）省级人民政府、国务院部委和中国人民解放军军以上单位，以及外国

组织、国际组织颁发的科学、教育、技术、文化、卫生、体育、环境保护等方面的奖金。

（2）国债和国家发行的金融债券利息。其中，国债利息，是指个人持有中华人民共和国财政部发行的债券而取得的利息；国家发行的金融债券利息是指个人持有经国务院批准发行的金融债券而取得的利息所得。

（3）按照国家统一规定发给的补贴、津贴。是指按照国务院规定发给的政府特殊津贴、院士津贴、资深院士津贴，以及国务院规定免纳个人所得税的其他补贴、津贴。

（4）福利费、抚恤金、救济金。其中，福利费是指根据国家有关规定事业单位、国家机关、社会团体提留的福利费或者从工会经费中支付给个人的生活补助费；救济金是指国家民政部门支付给个人的生活困难补助费。

（5）保险赔款。

（6）军人的转业费、复员费。

（7）按照国家统一规定发给干部、职工的安家费、退职费、退休工资、离休工资、离休生活补助费。其中，退职费是指符合《国务院关于工人退休、退职的暂行办法》规定的退职条件，并按该办法规定的退职费标准所领取的退职费。

（8）依照我国有关法律规定应予免税的各国驻华使馆、领事馆的外交代表、领事官员和其他人员的所得。

（9）中国政府参加的国际公约、签订的协议中规定免税的所得。

（10）在中国境内无住所，但是在一个纳税年度中在中国境内连续或者累计居住不超过 90 日的个人，其来源于中国境内的所得，由境外雇主支付并且不由该雇主在中国境内的机构、场所负担的部分，免予缴纳个人所得税。

（11）对外籍个人取得的探亲费免征个人所得税。可以享受免征个人所得税优惠待遇的探亲费，仅限于外籍个人在我国的受雇地与其家庭所在地（包括配偶或父母居住地）之间搭乘交通工具且每年不超过 2 次的费用。

（12）按照国家规定，单位为个人缴付和个人缴付的住房公积金、基本医疗保险费、基本养老保险费、失业保险费，从纳税义务人的应纳税所得额中扣除。

（13）个人取得的拆迁补偿款按有关规定免征个人所得税。

（14）经国务院财政部门批准免税的其他所得。

（二）减税项目

（1）残疾、孤老人员和烈属的所得。

（2）因严重自然灾害造成重大损失的。

（3）其他经国务院财政部门批准减免的。

上述减税项目的减征幅度和期限，由省、自治区、直辖市人民政府规定。

（三）暂免征税项目

（1）外籍个人以非现金形式或实报实销形式取得的住房补贴、伙食补贴、搬迁费、洗衣费。

(2) 外籍个人按合理标准取得的境内、境外出差补贴。

(3) 外籍个人取得的语言训练费、子女教育费等，经当地税务机关审核批准为合理的部分。

(4) 外籍个人从外商投资企业取得的股息、红利所得。

(5) 凡符合下列条件之一的外籍专家取得的工资、薪金所得，可免征个人所得税：

1) 根据世界银行专项借款协议，由世界银行直接派往我国工作的外国专家；

2) 联合国组织直接派往我国工作的专家；

3) 为联合国援助项目来华工作的专家；

4) 援助国派往我国专为该国援助项目工作的专家；

5) 根据两国政府签订的文化交流项目来华工作两年以内的文教专家，其工资、薪金所得由该国负担的；

6) 根据我国大专院校国际交流项目来华工作两年以内的文教专家，其工资、薪金所得由该国负担的；

7) 通过民间科研协定来华工作的专家，其工资、薪金所得由该国政府机构负担的。

(6) 对股票转让所得暂不征收个人所得税。

(7) 个人举报、协查各种违法、犯罪行为而获得的奖金。

(8) 个人办理代扣代缴手续，按规定取得的扣缴手续费。

(9) 个人转让自用达5年以上，并且是唯一的家庭生活用房取得的所得，暂免征收个人所得。

(10) 对个人购买福利彩票、赈灾彩票、体育彩票，一次中奖收入在1万元以下的（含1万元），暂免征收个人所得税，超过1万元的，全额征收个人所得税。

(11) 个人取得单张有奖发票奖金所得不超过800元（含800元）的，暂免征收个人所得税。

(12) 达到离休、退休年龄，但确因工作需要，适当延长离休、退休年龄的高级专家（指享受国家发放的政府特殊津贴的专家、学者），其在延长离休、退休期间的工资、薪金所得，视同离休、退休工资免征个人所得税。

(13) 对国有企业职工，因企业依照《中华人民共和国企业破产法（试行）》宣告破产，从破产企业取得的一次性安置费收入，免予征收个人所得税。

(14) 职工与用人单位解除劳动关系取得的一次性补偿收入（包括用人单位发放的经济补偿金、生活补助费和其他补助费用），在当地上年职工年平均工资3倍数额内的部分，可免征个人所得税。

(15) 个人领取原提存的住房公积金、基本医疗保险金、基本养老保险金，以及失业保险金，免予征收个人所得税。

(16) 对工伤职工及其近亲属按照《工伤保险条例》规定取得的工伤保险待

遇，免征个人所得税。

（17）企业和事业单位根据国家有关政策规定的办法和标准，为在本单位任职或者受雇的全体职工缴付的企业年金或职业年金单位缴费部分，在计入个人账户时，个人暂不缴纳个人所得税。

（18）自2008年10月9日（含）起，对储蓄存款利息所得暂免征收个人所得税。

（19）自2015年9月8日起，个人从公开发行和转让市场取得的上市公司股票，持股期限超过1年的，股息红利所得暂免征收个人所得税。

（20）自2009年5月25日（含）起，以下情形的房屋产权无偿赠予的，对当事双方不征收个人所得税：

1）房屋产权所有人将房屋产权无偿赠予配偶、父母、子女、祖父母、外祖父母、孙子女、外孙子女、兄弟姐妹；

2）房屋产权所有人将房屋产权无偿赠予对其承担直接抚养或者赡养义务的抚养人或者赡养人；

3）房屋产权所有人死亡，依法取得房屋产权的法定继承人、遗嘱继承人或者受遗赠人。

（21）个体工商户、个人独资企业和合伙企业或个人从事种植业、养殖业、饲养业、捕捞业取得的所得，暂不征收个人所得税；

（22）企业在销售商品（产品）和提供服务过程中向个人赠送礼品，属于下列情形之一的，不征收个人所得税：

1）企业通过价格折扣、折让方式向个人销售商品（产品）和提供服务；

2）企业在向个人销售商品（产品）和提供服务的同时给予赠品，如通信企业对个人购买手机赠话费、入网费，或者购话费赠手机等；

3）企业对累积消费达到一定额度的个人按消费积分反馈礼品。

税收法律、行政法规、部门规章和规范性文件中明确规定纳税人享受减免税必须经税务机关审批的，或者纳税人无法准确判断其取得的所得是否应享受个人所得税减免的，必须经主管税务机关按照有关规定审核或批准后，方可减免个人所得税。

【例5-7】　下列各项中，免征或暂免征收个人所得税的有（　　）。

A. 国家金融债券利息收入

B. 个人举报、协查各种违法、犯罪行为而获得的奖金

C. 个人取得的保险赔款

D. 外籍个人以现金形式取得的住房补贴和伙食补贴

解　析

答案为ABC。外籍个人以非现金形式或者实报实销形式取得的住房补贴、伙食补贴、搬迁费、洗衣费暂免征收个人所得税。

任务三 个人所得税税款的计算

一、计税依据

个人所得税的计税依据是纳税人取得的应纳税所得额。应纳税所得额为个人取得的各项收入减去税法规定的费用扣除金额和减免税收入后的余额。由于个人所得税的应税项目不同，扣除费用标准也各不相同，需要按不同应税项目分项计算。

（一）收入的形式

个人取得的应纳税所得形式，包括现金、实物、有价证券和其他形式的经济利益。纳税人所得为实物的，应按照取得的凭证上的价格计算应纳税所得额；无凭证的实物或者凭证上所注明的价格明显偏低的，由主管税务机关参照当地的市场价格核定应纳税所得额；纳税人所得为有价证券的，根据票面价格和市场价格核定应纳税所得额；纳税人所得为其他形式经济利益的，参照市场价格核定应纳税所得额。

（二）费用扣除的方法

在计算应纳税所得额时，一般允许从个人的应税收入中减去税法规定的费用扣除金额，仅就扣除费用后的余额征税。我国现行的个人所得税采取分项确定、分类扣除，根据其所得的不同情况分别实行定额、定率和限额内据实扣除三种扣除办法。

（1）对工资、薪金所得涉及的个人生计费用，采取定额扣除的办法；

（2）对个体工商户的生产、经营所得和对企事业单位的承包经营、承租经营所得及财产转让所得，涉及生产、经营有关成本或费用的支出，采取限额内据实扣除有关成本、费用或规定的必要费用；

（3）对劳务报酬所得、稿酬所得、特许权使用费所得、财产租赁所得，采取定额和定率两种扣除办法；

（4）利息、股息、红利所得和偶然所得，不得扣除任何费用。

二、应纳税额的计算

（一）工资、薪金所得应纳税额的计算

1. 应纳税所得额的确定

工资、薪金所得，以每月收入额减除费用 3 500 元后的余额，为应纳税所得

额。在中国境内的外商投资企业和外国企业中工作取得工资、薪金所得的外籍人员，应聘在中国境内的企业、事业单位、社会团体、国家机关中工作取得工资、薪金所得的外籍专家，在中国境内有住所而在中国境外任职或者受雇取得工资、薪金所得的个人，每月在减除 3 500 元费用的基础上，再减除 1 300 元的附加减除费用，费用扣除总额为 4 800 元。

2. 一般工资、薪金所得应纳税额的计算

一般工资、薪金所得应纳税额的计算公式如下：

应纳税额 = 应纳税所得额 × 适用税率 − 速算扣除数

或　应纳税额 = ∑（各级距应纳税所得额 × 该级距适用税率）

应纳税所得额 = 每月收入额 − 减除费用标准（3 500 元或 4 800 元）

公式中的速算扣除数具体如表 5−1 所示。

【例 5−8】 某公司的职员张某，3 月取得工资、薪金收入 6 500 元。张某当月应缴纳的个人所得税税额计算如下：

解 析

减除费用标准为 3 500 元/月，适用 3% ~45% 的超额累进税率。

全月应纳税所得额 = 6 500 − 3 500 = 3 000（元）

全月应纳税额 = 3 000 × 10% − 105 = 195（元）

3. 纳税人取得含税全年一次性奖金应纳税额的计算

全年一次性奖金，是指行政机关、企事业单位等扣缴义务人根据其全年经济效益和对雇员全年工作业绩的综合考核情况，向雇员发放的一次性奖金。一次性奖金也包括年终加薪、实行年薪制和绩效工资办法的单位根据考核情况兑现的年薪和绩效工资。其具体规定如下：

纳税义务人取得全年一次性奖金，单独作为 1 个月工资、薪金所得计算纳税，由扣缴义务人发放时代扣代缴。具体计税办法如下：

将雇员当月内取得的全年一次性奖金，除以 12 个月，按其商数确定适用税率和速算扣除数。

（1）如果在发放年终一次性奖金的当月，雇员当月工资薪金所得高于（或等于）税法规定的费用扣除数（3 500 元），计算公式为：

应纳税额 = 雇员当月取得全年一次性奖金 × 适用税率 − 速算扣除数

（2）如果在发放年终一次性奖金的当月，雇员当月工资薪金所得低于税法规定的费用扣除数（3 500 元），应将全年一次性奖金减除“雇员当月工资薪金所得与费用扣除额的差额”后的余额，按上述办法确定全年一次性奖金的适用税率和速算扣除数，计算公式为：

应纳税额 =（雇员当月取得全年一次性奖金 − 雇员当月工资薪金所得与费用扣除额的差额）× 适用税率 − 速算扣除数

【例5-9】 中国公民李某2017年1月取得2016年全年一次性奖金48 000元，李某当月的工资13 200元，缴纳社会统筹的五险一金2 500元，单位代缴水电费200元。李某一月份应缴纳的个人所得税税额计算如下：

解 析

1）李某当月的工资（13 200－2 500）=10 700（元）＞3500（元）

当月工资收入应纳个人所得税额=（13 200－2 500－3 500）×20%－555=885（元）

① 年终奖金应纳税额=48 000÷12=4 000（元）。

查找税率表，适用10%的税率，速算扣除数为105。

应纳税额=48 000×10%－105=4 695（元）

② 李某1月份应纳个人所得税额=885+4 695=5 580（元）

2）如果李某当月的工资是4 500元，因（4 500－2 500）=2 000（元）＜3 500元，所以当月工资不交个人所得税。

① 年终奖金应纳税额计算如下：

[48 000－(3 500－2 000)]÷12=3 875（元），查找税率表，适用税率10%，速算扣除数为105；

② 应纳税额=[48 000－(3 500－2 000)]×10%－105=4 545（元）。

4. **纳税人取得不含税全年一次性奖金计算征收个人所得税的方法**

按照不含税的全年一次性奖金收入除以12的商数，查找相应适用税率A和速算扣除数A。

含税的全年一次性奖金收入=（不含税的全年一次性奖金收入－速算扣除数A）÷（1－适用税率A）

按含税的全年一次性奖金收入除以12的商数，重新查找适用税率B和速算扣除数B。

应纳税额=含税的全年一次性奖金收入×适用税率B－速算扣除数B

如果纳税人取得不含税全年一次性奖金收入的当月工资薪金所得，低于税法规定的费用扣除额，应先将不含税全年一次性奖金减去当月工资薪金所得低于税法规定费用扣除额的差额部分后，再按上述规定处理。

提 示

在一个纳税年度，对每一个纳税人，以上第3种或第4种计税方法只允许采用一次。

5. **雇主为雇员负担个人所得税的税额计算**

（1）雇主为其雇员全额负担税款的处理

对于雇主为其雇员全额负担税款的，应将雇员取得的不含税收入换算成应纳税所得额后，计算企业代为缴纳的个人所得税税款。其计算公式为

应纳税所得额=（不含税收入额－费用扣除标准－速算扣除数）/（1－适用税率）

应纳税额=应纳税所得额×适用税率－速算扣除数

【例5-10】　中国公民王某每月取得的不含税工资收入9 000元，由企业代付个人所得税税款。其每月应纳的个人所得税税款计算如下：

解　析

应纳税所得额=(9 000-3 500-555)÷(1-20%)=6 181.25（元）

应纳税额=6 181.25×20%-555=681.25（元）

(2) 雇主为其雇员定额负担税款的处理

雇主为其雇员定额负担税款的，应将雇员取得的工资、薪金所得换算成应纳税所得额后，计征个人所得税。其计算公式如下：

应纳税所得额=雇员实际取得的工资+雇主代雇员负担的税款-费用扣除标准

应纳税额=应纳税所得额×适用税率-速算扣除数

6. 不满一个月的工资、薪金所得税额计算

在中国境内无住所的个人，凡在中国境内居住不满一个月并仅就不满一个月期间的工资、薪金所得申报纳税的，应按其全月工资、薪金所得计算当月应纳税额，再按实际工作日数换算计税。计算公式为

应纳税额=(当月工资、薪金应纳税所得额×适用税率-速算扣除数)×当月实际在华天数/当月天数

【例5-11】　美国某公司派其雇员约翰（美国公民）于2016年7月份来华境内某合资企业履职，其工资由美方企业支付，每月40 000元。来华工作时间为4个月，但其中8月份在华工作15天。则汤姆8月份应纳个人所得税额计算如下：

解　析

8月份全月应纳税所得额=40 000-4 800=35 200（元）

8月份全月应纳税额=35 200×30%-2 755=7 805（元）

8月份实际应纳税额=7 805×15÷31=3 776.61（元）

7. 从年薪制企业取得的工资、薪金的税额计算

年薪制指企业经营者平时按规定领取基本工资，年度结束后，根据其经营业绩的考核结果，再确定其效益收入。对试行年薪制的企业经营者取得的工资、薪金所得应纳的税款，可以实行按年计算、分月预缴的方式计征，即企业经营者按月领取的基本收入，在扣除3 500元的费用后，按适用税率计算税款并预缴，年度终了领取效益收入后，合计全年基本收入和效益收入，再按12个月平均计算实际应纳的税款。其计算公式为

全年实际应纳税额=[(全年基本收入和效益收入/12-3 500)×适用税率-速算扣除数]×12

【例5-12】　中国公民刘某在境内某实行年薪制企业受雇，每月基本收入

6 500元，2016年年末，经考核取得效益收入83 000元。刘某每月应预缴的个人所得税及全年应缴纳的个人所得税计算如下：

解 析

（1）每月预缴个人所得税＝(6 500－3 500)×10%－105＝195（元）

（2）全年应纳税额＝｛［(6 500×12＋83 000)÷12－3 500］×25%－1 005｝×12＝17 690（元）

（3）2016年底，应补缴税额＝17 690－195×12＝15 350（元）

提 示

（1）个人担任公司董事、监事，且不在公司任职、受雇的，其担任董事职务所取得的董事费收入，属于劳务报酬性质，按“劳务报酬所得”项目征税。

（2）个人在公司（包括关联公司）任职、受雇，同时兼任董事、监事的；应将董事费、监事费与个人工资收入合并，统一按“工资、薪金所得”项目缴纳个人所得税。

（3）纳税人取得除全年一次性奖金以外的其他各种名目奖金，如半年奖、季度奖、加班奖、先进奖、考勤奖等，一般应将全部奖金与当月工资、薪金收入合并，按税法规定缴纳个人所得税。

8. 两个以上的纳税人共同取得同一项所得应纳税额的计算

两个或两个以上的纳税人共同取得同一项所得的，可以对每一个人分得的收入分别减除费用，并计算各自的应纳税款。

【例5－13】 甲、乙两人合著一本书，共取得稿费收入10 000元，其中：甲分得8 000元，乙分得2 000元。甲、乙应缴纳个人所得税税额计算如下：

解 析

甲应纳个人所得税额＝8 000×(1－20%)×20%×(1－30%)＝896（元）

乙应纳个人所得税额＝(2 000－800)×20%×(1－30%)＝168（元）

（二）个体工商户的生产、经营所得应纳税额的计算

1. 应纳税所得额的确定

对于按规定建账建制，能准确提供有关纳税资料的个体工商户，实行查账征收，其生产、经营所得，以每一纳税年度的收入总额，减除成本、费用、税金、损失、其他支出以及允许弥补的以前年度亏损后的余额，为应纳税所得额。

收入总额是指个体工商户从事生产、经营以及与生产经营有关的活动所取得各种形式的收入，包括会计核算中的主营业务收入、其他业务收入和营业外收入。

成本、费用、税金、损失、其他支出是指个体工商户从事生产、经营活动所产生的各项直接费用、间接费用、期间费用和营业外支出。

在计算费用扣除标准时，应注意以下规定：

（1）个体工商户下列支出不得扣除：

① 个人所得税税款；

② 税收滞纳金；

③ 罚金、罚款和被没收财物的损失；

④ 不符合扣除规定的捐赠支出；

⑤ 赞助支出；

⑥ 用于个人和家庭的支出；

⑦ 与取得生产经营收入无关的其他支出。

（2）工资薪金扣除标准：

1）个体工商户业主的工资薪金支出不得税前扣除：个体工商户业主的费用扣除标准统一确定为42 000元/年（3 500元/月）：投资者兴办两个或两个以上企业的，其投资者个人费用扣除标准由投资者选择在其中一个企业的生产经营所得中扣除。

2）从业人员的工资薪金：个体工商户实际支付给从业人员的、合理的工资薪金支出，准予扣除。

（3）社会保险扣除标准：

1）基本社会保险：个体工商户按照国务院有关主管部门或者省级人民政府规定的范围和标准为其业主和从业人员缴纳的基本养老保险费、基本医疗保险费、失业保险费、生育保险费、工伤保险费和住房公积金，准予扣除。

2）补充社会保险：

个体工商户为从业人员缴纳的补充养老保险费、补充医疗保险费，分别在不超过从业人员工资总额5%标准内的部分据实扣除；超过部分，不得扣除。

个体工商户业主本人缴纳的补充养老保险费、补充医疗保险费，以当地（地级市）上年度社会平均工资的3倍为计算基数，分别在不超过该计算基数5%标准内的部分据实扣除；超过部分，不得扣除。

3）商业保险：除个体工商户依照国家有关规定为特殊工种从业人员支付的人身安全保险费和财政部、国家税务总局规定可以扣除的其他商业保险费外，个体工商户业主本人或者为从业人员支付的商业保险费，不得扣除。

（4）三项经费扣除标准：

1）个体工商户向当地工会组织拨缴的工会经费、实际发生的职工福利费支出、职工教育经费支出分别在工资薪金总额的2%、14%、2.5%的标准内据实扣除；职工教育经费的实际发生数额超出规定比例当期不能扣除的数额，准予在以后纳税年度结转扣除。

工资薪金总额是指允许在当期税前扣除的工资薪金支出数额。

2）个体工商户业主本人向当地工会组织缴纳的工会经费、实际发生的职工福利费支出、职工教育经费支出，以当地上年度社会平均工资的3倍为计算基数，在规定比例内据实扣除。

(5) 与生产、经营直接相关的成本、费用项目扣除标准：

1) 生产经营费用。

个体工商户生产经营活动中，应当分别核算生产经营费用和个人、家庭费用；对于生产经营与个人、家庭生活混用难以分清的费用，其40%视为与生产经营有关费用，准予扣除；个体工商户按照规定缴纳的摊位费、行政性收费、协会会费等，按实际发生数额扣除；个体工商户参加财产保险，按照规定缴纳的保险费，准予扣除；个体工商户发生的合理的劳动保护支出，准予扣除。

2) 借款费用。

个体工商户在生产经营活动中发生的合理的不需要资本化的借款费用，准予扣除。

个体工商户在生产经营活动中发生的下列利息支出，准予扣除：

① 向金融企业借款的利息支出；

② 向非金融企业和个人借款的利息支出，不超过按照金融企业同期同类贷款利率计算的数额的部分。

3) 业务招待费。

个体工商户发生的与生产经营活动有关的业务招待费，按照实际发生额的60%扣除，但最高不得超过当年销售（营业）收入的5‰。

业主自申请营业执照之日起至开始生产经营之日止所发生的业务招待费，按照实际发生额的60%计入个体工商户的开办费。

4) 广告费和业务宣传费。

个体工商户每一纳税年度发生的与其生产经营活动直接相关的广告费和业务宣传费不超过当年销售（营业）收入15%的部分，可以据实扣除；超过部分，准予在以后纳税年度结转扣除。

5) 公益性捐赠。

个体工商户通过公益性社会团体或者县级以上人民政府及其部门，用于规定的公益事业的捐赠，捐赠额不超过其应纳税所得额30%的部分可以据实扣除。

提 示 个体工商户直接对受益人的捐赠不得扣除。

6) 研究开发费用。

个体工商户研究开发新产品、新技术、新工艺所发生的开发费用准予在当期直接扣除。

个体工商户研究开发新产品、新技术而购置单台价值在10万元以下的测试仪器和试验性装置的购置费准予直接扣除；单台价值在10万元以上（含10万元）的测试仪器和试验性装置，按固定资产管理，不得在当期直接扣除。

7) 开办费。

个体工商户自申请营业执照之日起至开始生产经营之日（个体工商户取得第一笔销售（营业）收入）止所发生符合规定的费用，除为取得固定资产、无形资产的支出，以及应计入资产价值的汇兑损益、利息支出外，作为开办费，个体工商户可以选择在开始生产经营的当年一次性扣除，也可自生产经营月份起在不短于3年期限内摊销扣除，但一经选定，不得改变。

8）损失。

个体工商户发生的损失，减除责任人赔偿和保险赔款后的余额，参照财政部、国家税务总局有关企业资产损失税前扣除的规定扣除。

个体工商户已经作为损失处理的资产，在以后纳税年度又全部收回或者部分收回时，应当计入收回当期的收入。

提　示

计提的各种准备金不得扣除。

（6）亏损弥补的相关规定。

个体工商户纳税年度发生的亏损，准予向以后年度结转，用以后年度的生产经营所得弥补，但结转年限最长不得超过5年。

提　示

个体工商户代其从业人员或者他人负担的税款，不得税前扣除。

2. 在查账征收方式下应纳税额的计算

个体工商户的生产、经营所得应纳税额的计算公式为

应纳税额＝应纳税所得额×适用税率－速算扣除数

＝（全年收入总额－成本、费用及损失）×适用税率－速算扣除数

注意： 投资者本人的费用扣除标准，应按照其实际经营月份数，以每月3 500元的减除标准确定。计算公式如下：

应纳税所得额＝该年度收入总额－成本、费用及损失－当年投资者本人的费用扣除额

当年投资者本人的费用扣除额＝月减除费用（3 500元/月）×当年实际经营月份数

应纳税额＝应纳税所得额×税率－速算扣除数

【例5－14】 某个体工商户，账证健全，2016纳税年度的生产经营情况如下：本年实现产品销售收入430 000元，准许扣除的当年成本、费用及相关税金共计218 000元，每月已按月预缴个人所得税1 000元。该个体工商2016年度应缴纳的个人所得税税额，以及年终应补缴的税款计算如下：

解　析

全年应纳税所得额＝430 000－218 000－3 500×12＝170 000（元）

全年应纳个人所得税＝170 000×35%－14 750＝44 750（元）

年终应补缴的个人所得税＝44 750－1 000×12＝32 750（元）

3. **在核定征收方式下个人所得税额的计算**

税法规定，对下列情形的个人独资企业和合伙企业实行核定征收个人所得税，具体包括：依照国家有关规定应当设置但未设置账簿的；虽设置账簿，但账目混乱或者，成本资料、收入凭证、费用凭证残缺不全，难以查账的；纳税人发生纳税义务，未按照规定的期限办理纳税申报，经税务机关责令限期申报，逾期仍不申报的。

核定征收方式包括定额征收、核定应税所得率征收以及其他合理的征收方式。

实行核定应税所得率征收方式的，应税所得税额的计算公式为

应纳税额 = 应纳税所得额 × 适用税率 − 速算扣除数

应纳税所得额 = 收入总额 × 应税所得率

= 成本费用支出总额 ÷（1 − 应税所得率）× 应税所得率

提　示

应税所得率是对核定征收个人所得税的个人独资企业和合伙企业计算其应纳税所得额（不是应纳所得税额）时预先规定的比例，是应纳税的所得额占其经营收入的比例。该比例根据各个行业的实际销售利润率或者经营利润率等情况分别测算得出。它不是税率。

应税所得率按照表 5 − 4 规定标准执行。

表 5 − 4　个人所得税应税所得率表

行　业	应税所得率（%）
工业、交通运输业、商业	5 ~ 20
建筑业、房地产开发业	7 ~ 20
饮食服务业	7 ~ 25
娱乐业	20 ~ 40
其他行业	10 ~ 30

（三）对企事业单位的承包经营、承租经营所得应纳税额的计算

1. **应纳税所得额的确定**

对企事业单位的承包经营、承租经营所得，以每一纳税年度的收入总额，减除必要费用后的余额，为应纳税所得额。这里所说的每一纳税年度的收入总额，是指纳税义务人按照承包经营、承租经营合同规定分得的经营利润和工资、薪金性质的所得；所说的减除必要费用，是指按月减除 3 500 元。

2. **应纳税额的计算**

对企事业单位的承包经营、承租经营所得应纳税额的计算公式为

应纳税额 = 应纳税所得额 × 适用税率 − 速算扣除数

=（纳税年度收入总额－必要费用）×适用税率－速算扣除数

【例5－15】 2016年1月1日，王某与公司签订承包承租经营招待所的合同，承包期为3年，2016年招待所实现承包经营利润总额110 000元。按合同规定：承包期内王某每月向公司领取生活费800元，王某每年从承包利润中上交承包费25 000元。则2016年张某应纳个人所得税计算如下：

应纳税所得额＝［（110 000－25 000）+800×12］－3 500×12＝52 600（元）

应纳税额＝52 600×20%－3 750＝6 770（元）

提 示

（1）承包人、承租人对企业经营成果不拥有所有权，仅按合同（协议）规定取得一定的所得的，其所得按工资、薪金所得项目征税。

（2）承包人、承租人按合同（协议）的规定只向发包方、出租方缴纳一定费用后，经营成果归其所有的，按承包经营、承租经营项目征税。

（3）承包经营、承租经营所得，按年计算，如果在一个纳税年度内，承包经营、承租经营期限不满12个月的，以实际承包期、承租期为一个纳税年度。

（4）纳税人在1年内分次取得承包经营、承租经营所得的，应分次预缴税款、年终汇算清缴，多退少补。

（四）劳务报酬所得应纳税额的计算

1. 应纳税所得额的确定

劳务报酬所得实行按次征税，其每次取得的收入减除费用扣除标准后的余额为应纳税所得额。具体为：每次收入不超过4 000元的，减除费用800元；4 000元以上的，减除20%的费用，其余额为应纳税所得额。

其中“每次收入”根据不同劳务项目的特点，分别规定为：

（1）只有一次性收入的，以取得该项收入为一次。例如，从事装潢劳务，往往是接受客户的委托，按照客户的要求，完成一次劳务后取得收入，因此，属于只有一次性的收入，应以每次提供劳务取得的收入为一次。

（2）属于同一事项连续取得收入的，以一个月内取得的收入为一次。例如，某歌手与一家酒吧签约，在一年内每天到酒吧演唱一次，每次演出后付酬400元。在计算其劳务报酬所得时，应视为同一事项的连续性收入，以其一个月内取得的收入为一次计征个人所得税。

2. 劳务报酬应纳税额的计算

劳务报酬应纳个人所得税税额的计算公式如下：

（1）每次收入不足4 000元的：

应纳税额＝应纳税所得额×适用税率＝（每次收入额－800）×20%

（2）每次收入在4 000元以上的应纳税所得额不超过20 000元：

应纳税额＝应纳税所得额×适用税率＝每次收入额×（1－20%）×20%

（3）每次收入的应纳税所得额超过20 000元的：

应纳税额＝应纳税所得额×适用税率－速算扣除数

＝每次收入额×(1－20%)×适用税率－速算扣除数

【例5－16】 某演员8月在同一企业单位分别参加三次文艺演出活动，主办单位分别支付报酬6 000元、6 500元和6 500元。该演员的演出报酬应纳个人所得税计算如下：

解析

应纳所得税额＝(6 000＋6 500＋6 500)×(1－20%)＝15 200（元）

应纳税额＝15 200×20%＝3 040（元）

提示

跟“20 000元”比较的是“应纳税所得额”，而不是“每次收入”。

（五）稿酬所得应纳税额的计算

1. 应纳税所得额的确定

稿酬所得实行按次征税，其每次取得的收入减除费用扣除标准后的余额为应纳税所得额。具体为：每次收入不超过4 000元的，减除费用800元；4 000元以上的，减除20%的费用，其余额为应纳税所得额。

稿酬所得，以每次出版、发表取得的收入为一次。具体又可细分为：

（1）同一作品再版取得的所得，应视作另一次稿酬所得计征个人所得税。

（2）同一作品先在报刊上连载，然后再出版，或先出版，再在报刊上连载的，应视为两次稿酬所得征税。即连载作为一次，出版作为另一次。

（3）同一作品在报刊上连载取得收入的，以连载完成后取得的所有收入合并为一次，计征个人所得税。

（4）同一作品在出版和发表时，以预付稿酬或分次支付稿酬等形式取得的稿酬收入，应合并计算为一次。

（5）同一作品出版、发表后，因添加印数而追加稿酬的，应与以前出版、发表时取得的稿酬合并计算为一次，计征个人所得税。

提示

任职、受雇于报纸、杂志等单位的记者、编辑等专业人员，因在本单位的报纸、杂志上发表作品取得的所得，属于因任职、受雇而取得的所得，应与其当月工资收入合并，按“工资、薪金所得”项目征收个人所得税。除上述专业人员以外，其他人员在本单位的报纸、杂志上发表作品取得的所得，应按“稿酬所得”项目征收个人所得税。

出版社的专业作者撰写、编写或翻译的作品，由本社以图书形式出版而取得的稿费收入，应按“稿酬所得”项目征收个人所得税。

2. **应纳税额的计算**

稿酬所得应纳税额的计算公式如下：

（1）每次收入不足4 000元的：

应纳税额＝应纳税所得额×适用税率×（1－30%）

＝（每次收入额－800）×20%×（1－30%）

（2）每次收入在4 000元以上的：

应纳税额＝应纳税所得额×适用税率×（1－30%）

＝每次收入额×（1－20%）×20%×（1－30%）

【例5－17】　作家王某的一篇小说在一份报纸上连载两个月，第一个月月末报社支付稿酬5 000元；第二个月月末报社支付稿酬6 000元。该作家两个月所获稿酬应缴纳的个人所得税计算如下：

解　析

个人的同一作品在报刊上连载，应合并其连载取得的所得为一次，稿酬按20%的税率征收，并按规定对应纳税额减征30%。即

应纳税额＝11 000×（1－20%）×20%×（1－30%）＝1 232（元）。

【例5－18】　作家张某的一篇长篇小说2015年被某出版社出版发行，取得稿酬55 000元（应纳个人所得税当年已经缴纳），2016年因添加印数又取得追加稿酬35 000元。张某2016年添加印数时应当补缴的个人所得税计算如下：

解　析

补缴的个人所得税＝（55 000＋35 000）×（1－20%）×14%－55 000×（1－20%）×14%＝3 920（元）。

（六）特许权使用费所得应纳税额的计算

1. **应纳税所得额的确定**

特许权使用费所得实行按次征税，其每次取得的收入减除费用扣除标准后的余额为应纳税所得额。具体为：每次收入不超过4 000元的，减除费用800元；4 000元以上的，减除20%的费用，其余额为应纳税所得额。

特许权使用费所得，以一项特许权的一次许可使用所取得的收入为一次。税法对特许权使用费所得的“次”的界定，明确为每一项使用权的每次转让所取得的收入为一次。如果该次转让取得的收入是分笔支付的，则应将各笔收入相加为一次的收入，计征个人所得税。

2. **应纳税额的计算**

特许权使用费所得应纳税额的计算公式如下：

（1）每次收入不足4 000元的：

应纳税额 = 应纳税所得额 × 适用税率 =（每次收入额 − 800）× 20%

（2）每次收入在 4 000 元以上的：

应纳税额 = 应纳税所得额 × 适用税率 = 每次收入额 ×（1 − 20%）× 20%

【例 5 − 19】 工程师王某 5 月份取得两项特许权使用费收入，一项是 2 000 元，另一项是 6 000 元。由于特许权使用费是以一项特许权的一次许可使用所取得的收入为一次，按次征收；因此，王某 5 月份取得的特许权使用费收入应纳个人所得税计算如下：

解 析

应纳个人所得税 =（2 000 − 800）× 20% + 6 000 ×（1 − 20%）× 20% = 1 200（元）。

（七）利息、股息、红利所得和偶然所得应纳税额的计算

1. 应纳税所得额的确定

利息、股息、红利所得和偶然所得按次纳税，以每次收入额为应纳税所得额。

利息、股息、红利所得，以支付利息、股息、红利时取得的收入为一次。偶然所得，以每次收入为一次。

提 示

利息、股息、红利所得和偶然所得，不得扣除任何费用，均应以每次收入额为应纳税所得额。

我国个人所得税法对偶然所得有一些减免税规定，具体内容如下：

（1）免税的偶然所得

1）个人举报、协查各种违法、犯罪行为而获得的奖金。

2）个人购买社会福利有奖募捐奖券一次中奖收入不超过 10 000（含 1 万元）元的，免征个人所得税。超过 1 万元的，“全额”征收个人所得税。

3）个人取得单张有奖发票奖金所得不超过 800 元（含 800 元）的，暂免征收个人所得税；超过 800 元的，应“全额”按“偶然所得”税目征收个人所得税。

（2）企业促销展业赠送礼品

1）企业通过价格折扣、折让方式向个人销售商品（产品）和提供服务，不征收个人所得税。

2）企业在向个人销售商品（产品）和提供服务的同时给予赠品（如通信企业对个人购买手机赠送话费、入网费，或者购话费赠手机等），不征收个人所得税。

3）企业对累积消费达到一定额度的个人按消费积分反馈礼品，不征收个人所得税。

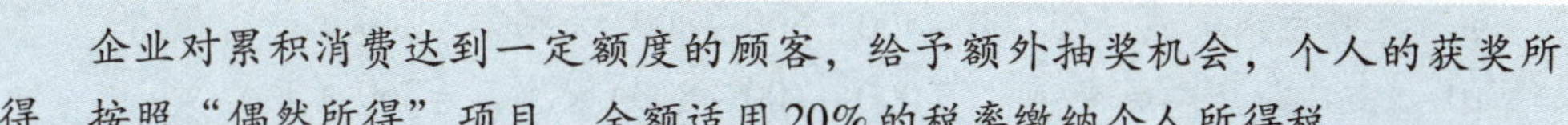

提示

企业对累积消费达到一定额度的顾客，给予额外抽奖机会，个人的获奖所得，按照“偶然所得”项目，全额适用20%的税率缴纳个人所得税。

2. 应纳税额的计算

利息、股息、红利所得和偶然所得应纳税额的计算公式为

应纳税额 = 应纳税所得额 × 适用税率 = 每次收入额 × 适用税率

【例5-20】 李某在某商场的有奖销售中，中了人民币50 000元大奖，则李某应纳的个人所得税计算如下：

解析

应纳税额 = 50 000 × 20% = 10 000（元）

（八）财产租赁所得应纳税额的计算

1. 应纳税所得额的确定

财产租赁所得实行按次征税，其每次取得的收入减除费用扣除标准后的余额为应纳税所得额。具体为：每次收入不超过4 000元的，减除费用800元；4 000元以上的，减除20%的费用，其余额为应纳税所得额。

另外，纳税人出租财产过程中缴纳的税金和教育费附加，持完税凭证，可以从其财产租赁收入中扣除；由纳税人负担的出租财产的修缮费用，提供有效、准确凭证的，也允许从租赁收入中扣除，以每次800元为限，一次扣除不完的，准予在以后各次无限期延续扣除，直到减除完为止。

2. 应纳税额的计算

财产租赁所得应纳税额的计算公式如下：

（1）每次（月）收入不足4 000元的：

应纳税额 = ［每次（月）收入额 - 财产租赁过程中缴纳的税费 - 由纳税人负担的租赁财产实际开支的修缮费用（800元为限）- 800元］ × 20%

（2）每次（月）收入在4 000元以上的：

应纳税额 = ［每次（月）收入额 - 财产租赁过程中缴纳的税费 - 由纳税人负担的租赁财产实际开支的修缮费用（800元为限）］ × (1 - 20%) × 20%

【例5-21】 王某将门面房一间从201×年1月开始出租，租期一年。月租金收入为3 000元，每月缴纳有关税费400元，在出租第7个月发生修缮费用2 200元，由王某承担，并提供有关凭证。王某201×年应纳的个人所得税计算如下：

解析

1～6月每月应纳税额 = (3 000 - 400 - 800) × 20% = 360（元）

7～8月每月应纳税额 = (3 000 - 400 - 800 - 800) × 20% = 200（元）

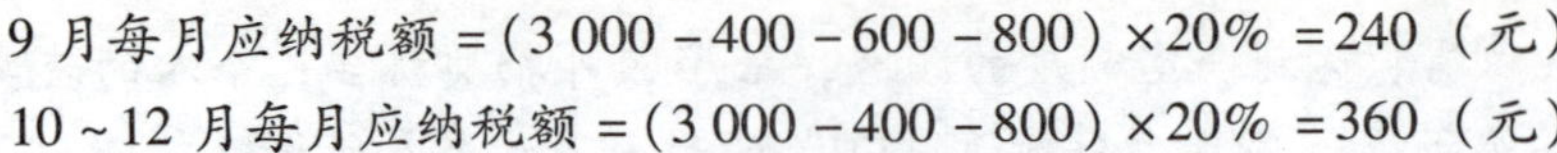

9 月每月应纳税额 =(3 000 - 400 - 600 - 800)×20% =240（元）

10 ~ 12 月每月应纳税额 =(3 000 - 400 - 800)×20% =360（元）

（九）财产转让所得应纳税额的计算

1. 应纳税所得额的确定

财产转让所得，以转让财产的收入额减除财产原值和合理费用后的余额，为应纳税所得额。

其中，每次收入指一项财产的所有权一次转让取得的收入。

财产原值是指：有价证券，为买入价以及买入时按照规定交纳的有关费用；机器设备、车船，为购进价格、运输费、安装费以及其他有关费用；建筑物，为建造费或者购进价格以及其他有关费用；土地使用权，为取得土地使用权所支付的金额、开发土地的费用以及其他有关费用；其他财产，参照以上方法确定。

2. 一般情况下财产转让所得应纳税额的计算

财产转让所得应纳税额的计算公式如下：

应纳税所得额 = 收入总额 - 财产原值 - 合理费用

应纳税额 = 应纳税所得额 ×20%

【例 5 - 22】 李某将自建的造价为 86 万元的一栋别墅，以 125 万元出售，出售过程中支付中介费 7 万元，假设已经缴纳的税金和教育费附加为 5.5 万元。李某应纳个人所得税额计算如下：

解 析

应纳税额 =(125 - 86 - 7 - 5.5)×20% =5.3（万元）

3. 个人销售无偿受赠不动产应纳税额的计算

受赠人转让受赠房屋的，以其转让受赠房屋的收入减除原捐赠人取得该房屋的实际购置成本以及赠予和转让过程中受赠人支付的相关税费后的余额，为受赠人的应纳税所得额，依法计征个人所得税。受赠人转让受赠房屋价格明显偏低且无正当理由的，税务机关可以依据该房屋的市场评估价格或其他合理方式确定的价格核定其转让收入。

（十）其他所得应纳税额的计算

其他所得，以每次收入为一次。其他所得应纳税额的计算公式为

应纳税额 = 应纳税所得额 × 适用税率 = 每次收入额 ×20%

综合案例 ——个人所得税应纳税额的计算

王红是鸿运公司的员工。201×年小王的全部收入和税款缴纳情况如下：

(1) 每个月基本工资收入8 000元，每月缴纳个人所得税345元。12月取得年终奖48 000元，针对年终奖缴纳个人所得税4 695元。

(2) 3月15日，为某公司设计产品营销方案，取得一次性设计收入35 000元。

委托单位扣缴了个人所得税6 400元。

(3) 4月和5月分别在国内专业杂志上发表文章两篇，分别取得稿酬4 500元和1 800元，杂志社已扣个人所得税644元。

(4) 6月10日，将其拥有的一项发明专利让渡给山海公司，转让款为100 000元，山海公司扣缴其个人所得税16 000元。

(5) 8月1日，出租自有商铺给海峰公司，合同约定租期一年，月租金5 000元，按国家规定缴纳除个人所得税外的其他税费400元，缴纳个人所得税736元。

(6) 购买国债，取得利息收入3 500元。

(7) 购买企业债券，取得利息收入2 800元，没有扣缴个人所得税。

(8) 8月10日，一次购买体育彩票，中奖80 000元，扣缴个人所得税16 000元。

现在小赵向你咨询：他的各项收入个人所得税税款是如何计算出来的？年末是否还需要补税？

案例分析

第一步：判断个人所得项目类别，分别确定计税依据并逐项计算应纳个人所得税税额。

(1) 工资、薪金所得。

1) 平时每月工资、薪金个人所得税计算：

每月的工资、薪金个人所得税：

应纳税所得额 $=8\ 000-3\ 500=4\ 500$ (元)

应纳税额 $=4\ 500\times10\%-105=345$ (元)

王红各月工资、薪金个人所得税，鸿运公司为扣缴义务人，应由发放工资的鸿运公司代扣代缴。

2) 年终奖个人所得税计算：

因为12月份的工资超过3 500元，所以年终奖应纳个人所得税额计算如下：

适用税率的确定：$48\ 000\div12=4\ 000$ (元)，适用税率为10%，速算扣除数为105。

应纳税额 $=48\ 000\times10\%-105=4\ 695$ (元)

王红年终奖个人所得税，鸿运公司为扣缴义务人，也应由发放工资的鸿运公司代扣代缴。

(2) 劳务报酬所得。

劳务报酬所得实行按次征税。

适用税率的确定：35 000 × (1 − 20%) = 28 000（元）> 20 000 元，适用税率为 30%，速算扣除数为 2 000。

王红为外单位设计产品营销方案所得应纳税额 = 35 000 × (1 − 20%) × 30% − 2 000 = 6 400（元）

王红取得的设计费应纳的个人所得税额应由委托公司代扣代缴。

(3) 稿酬所得。

稿酬所得实行按次征税。

稿酬所得应纳税款 = 4 500 × (1 − 20%) × 20% × (1 − 30%) + (1 800 − 800) × 20% × (1 − 30%) = 644（元）

稿酬所得应纳税款应由杂志社代扣代缴。

(4) 特许权使用费所得。

应纳税额 = 100 000 × (1 − 20%) × 20% = 16 000（元）

王红让渡发明专利所得应缴个人所得税应由山海公司在支付收入时代扣代缴。

(5) 财产租赁所得。

每月应纳税额 = (5 000 − 400) × (1 − 20%) × 20% = 736（元）

王红出租房屋所得应纳个人所得税应由承租的公司代扣代缴。

(6) 利息、股息、红利所得。

国债利息收入属于免税所得，不计入年应纳税所得额。

(7) 利息、股息、红利所得。

应纳税额 = 2 800 × 20% = 560（元）

上述所得应纳的个人所得税均由支付单位代扣代缴。

(8) 偶然所得。

应纳税额 = 80 000 × 20% = 16 000（元）

第二步：汇总本年度王红应纳个人所得税税额，并确定是否需要补缴个人所得税。

本年度应纳个人所得税税额 = (345 × 12 + 4 695) + 6 400 + 644 + 16 000 + 736 × 5 + 560 + 16 000 = 52 119（元）

本年度已经缴纳的个人所得税额 = (345 × 12 + 4 695) + 6 400 + 644 + 16 000 + 736 × 5 + 16 000 = 51 559（元）

本年度应补缴个人所得税额 = 52 119 − 51 559 = 560（元）

三、应纳税额计算的特殊规定

个人发生公益、救济性捐赠个人所得税的计算

个人将其所得通过中国境内的社会团体、国家机关向教育和其他社会公益事业以及遭受严重自然灾害地区、贫困地区的捐赠，捐赠额未超过纳税人申报的应

纳税所得额30%的部分，可以从其应纳税所得额中扣除。但是以下项目的捐赠，税法规定可以全额扣除：

（1）个人通过非营利性的社会团体和国家机关向红十字事业的捐赠，在计算缴纳个人所得税时，准予在税前的所得额中全额扣除。

（2）个人通过非营利的社会团体和国家机关向农村义务教育的捐赠，在计算缴纳个人所得税时，准予在税前的所得额中全额扣除。

农村义务教育的范围是指政府和社会力量举办的农村乡镇（不含县和县级市政府所在地的镇）、村的小学和初中以及属于这一阶段的特殊教育学校。纳税人对农村义务教育与高中在一起的学校的捐赠，也享受规定的所得税前扣除政策。

（3）个人通过非营利性社会团体和国家机关对公益性青少年活动场所（其中包括新建）的捐赠，在计算缴纳个人所得税时，准予在税前的所得额中全额扣除。

公益性青少年活动场所，是指专门为青少年学生提供科技、文化、德育、爱国主义教育、体育活动的青少年宫、青少年活动中心等校外活动的公益性场所。

（4）个人通过非营利性的社会团体和政府部门向福利性、非营利性老年服务机构捐赠、通过特定的基金会用于公益救济性的捐赠，符合相关条件的，准予在缴纳个人所得税税前全额扣除。

【例5－23】 歌星王某201×年4月参加一场演出，取得出场费30 000元，她将此出场费的6 000元通过民政部门捐赠给红十字会。该歌星应纳的个人所得税额计算如下：

（1）应纳税所得额＝30 000×（1－20%）＝24 000（元）

（2）根据税法有关规定，王某捐赠的6 000元可以全部从应纳税所得额中扣除。

（3）捐赠扣除后的应纳税所得额＝24 000－6 000＝18 000（元）

（4）应纳税额＝18 000×20%＝3 600（元）

任务四 个人所得税征收管理

个人所得税的征收方式主要有两种：一是代扣代缴；二是自行纳税申报。此外，一些地方为了提高征管效率，方便纳税人，对个别应税所得项目，采取了委托代征的方式。

一、代扣代缴申报

代扣代缴是依照税法规定负有代扣代缴义务的单位和个人，在向个人支付应纳税所得时，从纳税人持有的收入中扣取应纳税款并向税务机关解缴的一种纳税方式。

1. **扣缴义务人**

凡支付个人应纳税所得的企业（公司）、事业单位、机关、社团组织、军队、驻华机构、个体户等单位或者个人，为个人所得税的扣缴义务人。这里所说的驻华机构，不包括外国驻华使领馆和联合国及其他依法享有外交特权和豁免的国际组织驻华机构。

2. **代扣代缴的范围**

扣缴义务人向个人支付下列所得时，应代扣代缴个人所得税：工资、薪金所得；对企事业单位的承包经营、承租经营所得；劳务报酬所得；稿酬所得；特许权使用费所得；利息、股息、红利所得；财产租赁所得；财产转让所得；偶然所得等。

扣缴义务人向个人支付应纳税所得（包括现金、实物和有价证券）时，不论纳税人是否属于本单位人员，均应代扣代缴其应纳的个人所得税税款。这里所说支付，包括现金支付、汇拨支付、转账支付和以有价证券、实物以及其他形式的支付。

3. **代扣代缴纳税期限**

扣缴义务人每月扣缴的税款，应当在次月 15 日内缴入国库，并向主管税务机关报送“扣缴个人所得税报告表”、代扣代收税款凭证和包括每一纳税人姓名、单位、职务、收入、税款等内容的支付个人收入明细表，以及税务机关要求报送的其他有关资料。

扣缴义务人应向其主管税务机关进行纳税申报。扣缴义务人应扣未扣、应收而不收税款的，由税务机关向纳税人追缴税款，对扣缴义务人处应扣未扣、应收未收税款 50% 以上 3 倍以下的罚款。

二、自行纳税申报

自行纳税申报是指纳税人取得应纳税所得后，根据取得的应纳税所得项目、数额，计算出应纳的个人所得税额，并在税法规定的申报期限内，如实填写相应的个人所得税纳税申报表，报送税务机关，申报缴纳个人所得税。

（一）自行纳税申报的范围

纳税义务人有下列情形之一的，应当按照规定到主管税务机关办理纳税申报：

（1）年所得 12 万元以上的（不包括在中国境内无住所，且在一个纳税年度中在中国境内居住不满 1 年的个人）；

(2) 从中国境内两处或者两处以上取得工资、薪金所得的;

(3) 从中国境外取得所得的;

(4) 取得应纳税所得，没有扣缴义务人的;

(5) 国务院规定的其他情形。

上述第 (1) 种情况的纳税人，无论取得的各项所得是否已足额缴纳了个人所得税，均应当按照本办法的规定，于纳税年度终了后向主管税务机关办理纳税申报。

上述第 (3) 项所称从中国境外取得所得的纳税人，是指在中国境内有住所，或者无住所而在一个纳税年度中在中国境内居住满 1 年的个人。

(二) 自行申报纳税期限

一般情况下，纳税人应在取得应纳税所得的次月 15 日内向主管税务机关申报所得并缴纳税款。具体规定如下:

(1) 工资、薪金所得的纳税期限。工资、薪金所得的纳税期限，实行按月计征，在次月 15 日内缴入国库，并向税务机关报送个人所得税纳税申报表。对特定行业（采掘业、远洋运输业、远洋捕捞业）的纳税人，可以实行按年计算、分月预缴的方式计征，自年度终了后 30 日内，合计全年工资、薪金所得，再按 12 个月平均计算实际应缴纳的税款，多退少补。

(2) 个体工商户的生产、经营所得的纳税期限。对账册健全的个体工商户，其纳税期限实行按年计算、分月预缴，并在次月 15 日内申报预缴，年终后 3 个月汇算清缴，多退少补；对账册不健全的个体工商户，其纳税期限由税务机关确定。

(3) 对企事业单位的承包经营、承租经营所得的纳税期限。对年终一次性取得承包经营、承租经营所得的，自取得所得之日起 30 日内申报纳税；对在 1 年内分次取得承包经营、承租经营所得的，应在每次取得所得后的 15 日内预缴税款，年终后 3 个月汇算清缴，多退少补。

(4) 劳务报酬、稿酬、特许权使用费、利息、股息、红利、财产租赁及转让、偶然所得等的纳税期限，实行按次计征，并在次月 15 日内预缴税款并报送个人所得税纳税申报表。

(5) 从境外取得所得的纳税期限。若在境外以纳税年度计算缴纳个人所得税的，应在所得来源国的纳税年度终了、结清税款后的 30 日内，向中国主管税务机关申报纳税；若在取得境外所得时结清税款的，或者在境外按所得来源国税法规定免予缴纳个人所得税的，应当在次年 1 月 1 日起 30 日内，向主管税务机关申报纳税。

(6) 年所得额 12 万元以上的纳税义务人，在年度终了后 3 个月内到主管税务机关办理纳税申报。

纳税期限的最后一日是法定休假日的，以休假日的次日为期限的最后一日。对纳税人确有困难，不能按期办理纳税申报的，经主管税务机关核准，可以延期申报。

(7) 个人独资企业和合伙企业投资者个人所得税的纳税期限。

1) 投资者应纳的个人所得税税款，按年计算，分月或者分季预缴，由投资者在每月或者每季度终了后15日内预缴，年度终了后3个月内汇算清缴，多退少补。

2）企业在年度中间合并、分立、终止时，投资者应当在停止生产经营之日起60日内，向主管税务机关办理当期个人所得税汇算清缴。

3）企业在纳税年度的中间开业，或者由于合并、关闭等原因，使该纳税年度的实际经营期不足12个月的，应当以其实际经营期为一个纳税年度。

4）投资者在预缴个人所得税时，应向主管税务机关报送“个人独资企业和合伙企业投资者个人所得税申报表”，并附送会计报表。

年度终了后30日内，投资者应向主管税务机关报送“个人独资企业和合伙企业投资者个人所得税申报表”，并附送年度会计决算报表和预缴个人所得税纳税凭证。

（三）自行申报纳税地点

个人所得税自行申报地点一般应为取得所得所在地主管税务机关。具体规定如下：

（1）年所得12万元以上的纳税人，应向主管地税务机关办理自行纳税申报。

（2）纳税人从两处或两处以上取得工资、薪金的，可选择并固定在其中一地税务机关申报纳税。

（3）在中国境外取得所得的，应向其境内户籍所在地或经常居住地税务机关申报纳税。在中国境内有户籍，但户籍所在地与中国境内经常居住地不一致的，选择并固定向其中一地主管税务机关申报。在中国境内没有户籍的，向中国境内经常居住地主管税务机关申报。

（4）个体工商向实际经营所在地主管税务机关申报。

（5）个人独资企业和合伙企业投资者个人所得税纳税地点。投资者应向企业实际经营管理所在地主管税务机关申报缴纳个人所得税。投资者兴办两个或两个以上企业的，区分不同情形确定纳税申报地点：

1）兴办的企业全部是个人独资性质的，分别向各企业的实际经营管理所在地主管税务机关申报。

2）兴办的企业中含有合伙性质的，向经常居住地主管税务机关申报。

3）兴办的企业中含有合伙性质，个人投资者经常居住地与其兴办企业的经营管理所在地不一致的，选择并固定向其参与兴办的某一合伙企业的经营管理所在地主管税务机关申报。

纳税人不得随意变更纳税申报地点，因特殊情况要求变更申报纳税地点的，须经原主管税务机关批准。

（四）自行申报方式

纳税人可以采取数据电文、邮寄等方式申报，也可以直接到主管税务机关申报，或者采取符合主管税务机关规定的其他方式申报。纳税人也可以委托有税务代理资质的中介机构或者他人代为办理纳税申报。

三、个人所得税申报表及填报说明

扣缴义务人办理全员全额扣缴个人所得税申报时应填写扣缴个人所得税报告表（见表5－5）。

表5－5 扣缴个人所得税报告表

税款所属期：　　年　月　日　至　　年　月　日

扣缴义务人名称：　　　　　　　　　扣缴义务人所属行业：□一般行业　□特定行业月份申报

扣缴义务人编码：□□□□□□□□□□□□□□□□□□□□

金额单位：人民币元（列至角分）

序号	姓名	身份证件类型	身份证件号码	所得项目	所得期间	收入额	免税所得	税前扣除项目								减除费用	准予扣除的捐赠额	应纳税所得额	税率%	速算扣除数	应纳税额	减免税额	应扣缴税额	已扣缴税额	应补（退）税额	备注
								基本养老保险费	基本医疗保险费	失业保险费	住房公积金	财产原值	允许扣除的税费	其他	合计											
1	2	3	4	5	6	7	8	9	10	11	12	13	14	15	16	17	18	19	20	21	22	23	24	25	26	27
合计																										

谨声明：此扣缴报告表是根据《中华人民共和国个人所得税法》及其实施条例和国家有关税收法律法规规定填写的，是真实的、完整的、可靠的。

法定代表人（负责人）签字：　　　　年　月　日

扣缴义务人公章：	代理机构（人）签章：	主管税务机关受理专用章：
经办人：	经办人：　　经办人执业证件号码：	受理人：
填表日期：　　年　月　日	代理申报日期：　　年　月　日	受理日期：　　年　月　日

国家税务总局监制

【表单说明】

适用范围：

本表适用于扣缴义务人办理全员全额扣缴个人所得税申报（包括向个人支付应税所得，但低于减除费用、不需扣缴税款情形的申报），以及特定行业职工工资、薪金所得个人所得税的月份申报。

申报期限：

次月十五日内。扣缴义务人应于次月十五日内将所扣税款缴入国库，并向税务机关报送本表。扣缴义务人不能按规定期限报送本表时，应当按照《中华人民共和国税收征收管理法》及其实施细则有关规定办理延期申报。

本表各栏填写如下：

（一）表头项目

税款所属期：为税款所属期月份第一日至最后一日。

扣缴义务人名称：填写实际支付个人所得的单位（个人）的法定名称全称或姓名。

扣缴义务人编码：填写办理税务登记或扣缴登记时，由主管税务机关所确定的扣缴义务人税务编码。

扣缴义务人所属行业：扣缴义务人按以下两种情形在对应框内打"√"。

一般行业：是指除《中华人民共和国个人所得税法》及其实施条例规定的特定行业以外的其他所有行业。

特定行业：指符合《中华人民共和国个人所得税法》及其实施条例规定的采掘业、远洋运输业、远洋捕捞业以及国务院财政、税务主管部门确定的其他行业。

（二）表内各栏

1. 一般行业的填写

第 2 列"姓名"：填写纳税人姓名。中国境内无住所个人，其姓名应当用中、外文同时填写。

第 3 列"身份证件类型"：填写能识别纳税人唯一身份的有效证照名称。

在中国境内有住所的个人，填写身份证、军官证、士兵证等证件名称。

在中国境内无住所的个人，如果税务机关已赋予 18 位纳税人识别号的，填写"税务机关赋予"；如果税务机关未赋予的，填写护照、港澳居民来往内地通行证、台湾居民来往大陆通行证等证照名称。

第 4 列"身份证件号码"：填写能识别纳税人唯一身份的号码。

在中国境内有住所的纳税人，填写身份证、军官证、士兵证等证件上的号码。

在中国境内无住所的纳税人，如果税务机关赋予 18 位纳税人识别号的，填写该号码；没有，则填写护照、港澳居民来往内地通行证、台湾居民来往大陆通行证等证照上的号码。

税务机关赋予境内无住所个人的 18 位纳税人识别号，作为其唯一身份识别码，由纳税人到主管税务机关办理初次涉税事项，或扣缴义务人办理该纳税人初次扣缴申报时，由主管税务机关赋予。

第 5 列"所得项目"：按照税法第二条规定的项目填写。同一纳税人有多项所得时，分行填写。

第 6 列"所得期间"：填写扣缴义务人支付所得的时间。其中，个人领取的年金所属期间也填入该列。

第 7 列"收入额"：填写纳税人实际取得的全部收入额。其中，个人领取的年金金额也填入该列。

第 8 列"免税所得"：是指税法第四条规定可以免税的所得。

第 9 列~第 16 列"税前扣除项目"：是指按照税法及其他法律法规规定，可在税前扣除的项目。其中，在个人年金的缴费环节，个人允许税前扣除的年金缴费部分填入《扣缴个人所得税报告表》第14列“允许扣除的税费”；在个人年金的领取环节，个人领取年金时允许减计的金额填入第15列“其他”。

第17列“减除费用”：是指税法第六条规定可以在税前减除的费用。没有的，则不填。

第18列“准予扣除的捐赠额”：是指按照税法及其实施条例和相关税收政策规定，可以在税前扣除的捐赠额。

第19列“应纳税所得额”：根据相关列次计算填报。第19列=第7列-第8列-第16列-第17列-第18列

第20列“税率”及第21列“速算扣除数”：按照税法第三条规定填写。部分所得项目没有速算扣除数的，则不填。

第22列“应纳税额”：根据相关列次计算填报。第22列=第19列×第20列-第21列

第23列“减免税额”：是指符合税法规定可以减免的税额。其中，纳税人取得“稿酬所得”时，其根据税法第三条规定可按应纳税额减征的30%，填入此栏。

第24列“应扣缴税额”：根据相关列次计算填报。第24列=第22列-第23列

第25列“已扣缴税额”：是指扣缴义务人当期实际扣缴的个人所得税税款。

第26列“应补（退）税额”：根据相关列次计算填报。第26列=第24列-第25列

第27列“备注”：填写非本单位雇员、非本期收入及其他有关说明事项。

对不是按月发放的工资薪金所得，其适用“工资、薪金所得”个人所得税的填报，则不完全按照上述逻辑关系填写。

2. 特定行业月份申报的填写

第2列~第6列的填写：同上“一般行业”的填写。

第7列~第19列、第22列~第26列的数据口径同上“一般行业”对应项目，金额按以下原则填写：

第7列“收入额”：是指本月实际发放的全部收入额。

第8列~16列的填写：填写当月实际发生额。

第17列“减除费用”：是指税法第六条规定可以在税前减除的费用额。没有的，则不填。

第18列“准予扣除的捐赠额”：准予扣除的捐赠额，按纳税人捐赠月份的实际收入额来计算。

第19列“应纳税所得额”：根据相关列次计算填报。第19列=第7列-第8列-第16列-第17列-第18列

第20列“税率”及第21列“速算扣除数”：按照税法第三条规定填写。

第22列“应纳税额”：特定行业个人所得税月份申报时，“应纳税额”为预缴所得税额。根据相关列次计算填报。

第22列=第19列×第20列-第21列

职业能力训练

一、单选题

1. 下列应税项目中，以1个月为次确定应纳税所得额的是（　　）。

A. 利息、股息、红利所得　　B. 特许权使用费所得

C. 财产租赁所得　　D. 财产转让所得

2. 下列在中国境内无住所的人员中，属于中国居民纳税人的是（　　）。

A. 外籍个人甲2016年7月5日入境，2016年8月2日离境。

B. 外籍个人乙来华学习180日。

C. 外籍个人丙2016年1月1日入境，2016年12月31日离境。

D. 外籍个人丁2016年1月1日入境，2016年11月20日离境。

3. 工程师王某转让一项专利技术，取得转让收入60 000元。其应纳的个人所得税（　　）元。

A. 8 800　　B. 12 000　　C. 9 600　　D. 10 600

4. 下列项目中，属于劳务报酬所得的是（　　）。

A. 发表论文取得的报酬

B. 提供著作的版权而取得的报酬

C. 将国外的作品翻译出版取得的报酬

D. 高校教师受出版社委托进行审稿取得的报酬

5. 某演员一次获得表演收入30 000元，其应纳个人所得税的税额为（　　）元。

A. 5 200　　B. 6 000　　C. 4 800　　D. 5 600

6. 依据个人所得税有关规定，计算财产转让所得时，下列各项准予扣除的是（　　）。

A. 定额800元　　B. 定额800元或定率20%

C. 财产净值　　D. 财产原值和合理费用

7. 对企事业单位的承包经营、承租经营的应纳税所得额是以每一纳税年度的收入总额，减除必要费用后的余额，该必要费用是（　　）。

A. 1 600/月　　B. 3 500/月　　C. 4 000/月　　D. 4 800/月

8. 中国公民王某201×年1～12月份每月工资4 200元，12月份除当月工资以外，还取得全年一次性奖金10 000元。郑某当年应缴纳个人所得税（　　）元。

A. 530　　B. 1 747　　C. 552　　D. 2 195

9. 根据个人所得税法律制度的规定，下列各项中，免征个人所得税的是(　　)。

A. 王某取得的保险赔款

B. 李某取得的加班补贴

C. 胡某取得特许权的经济赔偿收入

D. 张某获得的县级人民政府颁发的教育方面的奖金

10. 下列不可以享受附加减除费用的个人有（　　）。

A. 华侨和港、澳、台同胞

B. 在我国境内的外国企业中工作的中方人员

C. 在我国工作的外籍专家

D. 临时在国外打工取得工资收入的中国居民

二、多选题

1. 下列个人收入，应按照“特许权使用费所得”项目缴纳个人所得税的有(　　)。

A. 个人取得的特许权经济赔偿收入
B. 作家公开拍卖自己的文字作品手稿复印件的收入
C. 电视剧编剧从任职的电视剧制作中心获得的剧本使用费收入
D. 教师自行举办培训班取得的收入

2. 下列项目中，直接以每次收入额为应纳税所得额计算缴纳个人所得税的有（ ）。
A. 稿酬所得
B. 利息、股息、红利所得
C. 偶然所得
D. 特许权使用费所得

3. 个人取得的下列所得，免征个人所得税的有（ ）。
A. 按国家统一规定发给的津贴
B. 个人转让自用8年的家庭唯一生活用房的所得
C. 本单位发给的先进个人奖金
D. 离退休人员工资

4. 下列劳务报酬所得中，不适用加成征收的是（ ）。
A. 设计费32 000元
B. 咨询费5 500元
C. 中介费12 000元
D. 演出出场费26 000元

5. 下列属于稿酬所得项目的是（ ）。
A. 将译文在学术刊物上发表取得的所得
B. 集体编写并正式出版的教材取得的报酬
C. 受托翻译论文的报酬
D. 在报纸上发表文章的报酬

6. 下列各项中，应按“个体工商户生产、经营所得”项目征税的有（ ）。
A. 个人因从事彩票代销业务而取得的所得
B. 个人因专利权被侵害获得的经济赔偿所得
C. 私营企业（非个人独资企业、合伙企业）的个人投资者以企业资本金为本人购买的汽车
D. 个人独资企业的个人投资者以企业资金为本人购买的住房

7. 个人所得税纳税人对企事业单位的承包、承租经营所得包括（ ）。
A. 个人承包、承租经营所得
B. 投资的股息所得
C. 个人按月取得的工薪性质的所得
D. 储蓄存款的利息所得

8. 下列各项中，纳税人应当自行申报缴纳个人所得税的有（ ）。
A. 年所得12万元以上的
B. 从中国境外取得的所得
C. 取得应税所得没有扣缴义务人的
D. 从中国境内两处或两处以上取得工资、薪金所得的

9. 根据个人所得税法律制度的规定，下列各项捐赠中，在计算个人所得税应纳税所得额时，不得扣除的有（ ）。
A. 通过非营利性社会团体向公益性青少年活动中心捐赠
B. 直接向困难企业捐赠

C. 通过国家机关向红十字事业捐赠

D. 直接向贫困地区捐赠

10. 根据个人所得税法律制度的规定，下列支出中，在计算个体工商户个人所得税应纳税所得额时，不得扣除的有（　　）。

A. 从业人员合理工资　　B. 计提的各项准备金

C. 业主本人工资　　D. 业主家庭生活费用

11. 根据个人所得税法律制度的规定，下列各项中，暂免征收个人所得税的有（　　）。

A. 外籍个人以现金形式取得的住房补贴

B. 外籍个人从外商投资企业取得的股息、红利所得

C. 个人转让自用3年，并且是唯一的家庭生活用房取得的所得

D. 个人购买福利彩票，一次中奖收入1 000元的

三、判断题

1. 凡向个人支付应纳税所得的单位和个人，不论是向本单位人员支付，还是向其他人员支付，均应在支付时代扣代缴其应纳的个人所得税。（　　）
2. 个人领取的原提存的住房公积金、医疗保险金、基本养老保险金，免征个人所得税。（　　）
3. 两个或两个以上个人共同取得同一项所得的，应先就其全部收入减除费用计算征收个人所得税，然后将其税后所得在各纳税人之间分配。（　　）
4. 个体工商户生产经营所得的个人所得税税率为25%。（　　）
5. 出租汽车经营单位对出租车驾驶员采用单车承包或承租方式运营，出租车驾驶员从事客货营运取得的收入，按个体工商户的生产经营所得项目缴纳个人所得税。（　　）
6. 同一作品在报刊上连载取得的收入，应当以每次连载取得的收入为一次计征个人所得税。（　　）
7. 个人取得的住房转租收入，应按“财产转让所得”征收个人所得税。（　　）
8. 个人通过非营利性的社会团体和国家机关向红十字事业的捐赠，准予在税前的所得额中全额扣除。（　　）
9. 个人对企事业单位承包、承租经营后，工商登记改变为个体工商户的，取得的承包、承租经营所得，按个体工商户的生产、经营所得项目缴纳个人所得税。（　　）
10. 对个人独资企业投资者取得的生产经营所得应征收企业所得税，不征收个人所得税。（　　）

四、综合业务题

（一）夏某1月取得如下收入：

1. 一次性稿费收入14 000元；

2. 转让一项专利技术收入 80 000 元；
3. 一次性翻译资料收入 5 500 元；
4. 到期国债利息收入 1 320 元。

要求：计算夏某当月应缴纳个人所得税税额。

（二）中国公民李某 2016 年 12 月取得以下收入：

1. 完成某单位委托的某工程项目可行性方案，取得设计费 8 000 元。
2. 购买福利彩票支出 500 元；取得一次性中奖收入 19 000 元。
3. 股票转让所得 25 000 元。
4. 转让自用住房一套，取得转让收入 180 万元，支付转让税费 8.8 万元；该套住房购买价为 79 万元，购买时间为 2011 年 3 月并且是唯一的家庭生活用房。
5. 转让设备一台，取得转让收入 6 000 元。该设备原价 5000 元，转让时支付的有关费用 200 元。
6. 取得本公司股权分红 30 000 元。

要求：

1. 分项说明李某当月各项收入是否应缴纳个人所得税；
2. 计算李某当月应缴纳的个人所得税税额。

（三）201×年作家刘某出版一部长篇小说，3 月份收到预付稿酬 20 000 元。5 月份小说正式出版又取得稿酬 40 000 元；12 月份将小说手稿在境外某国公开拍卖，取得收入 250 000 元，并按该国有关规定缴纳了个人所得税 21 000 元。试计算该作家上述所得在中国境内应缴纳的个人所得税税额。

项目六 城市维护建设税与教育费附加核算

知识目标

※ 了解城市维护建设税与教育费附加概念、特点等；
※ 掌握城市维护建设税与教育费附加的基本内容；
※ 掌握城市维护建设税与教育费附加应纳税费的计算。

技能目标

※ 能够正确进行城市维护建设税与教育费附加的会计处理；
※ 能完成城市维护建设税与教育费附加的纳税申报事宜

任务一 城市维护建设税核算

一、概念

城市维护建设税，简称城建税，是我国为了加强城市的维护建设，扩大和稳定城市维护建设资金的来源，对从事工商经营，缴纳消费税、增值税的单位和个人征收的一种税。

法规链接

现行城市维护建设税的基本规范，是1984年工商税制全面改革中设置的一个新税种。1985年2月8日，国务院发布《中华人民共和国城市维护建设税暂行条例》，从1985年1月1日起在全国范围内施行。

二、特点

1. 具有附加税性质

它以纳税人实际缴纳的增值税、消费税税额为计税依据，附加于“二税”

税额，本身并没有特定的、独立的征税对象。

2. 具有特定目的

城市维护建设税税款专门用于城市的公用事业和公共设施的维护建设，具有特定的目的和用途。

3. 征收范围广

只要缴纳消费税、增值税的纳税人都要缴纳城市维护建设税，其征税范围比一般税种的范围要广。

三、纳税人

凡缴纳增值税、消费税的单位和个人，都是城市维护建设税的纳税人。但海关对进口产品代征的增值税等不征收城市维护建设税。但对外商投资企业和外国企业，从 2010 年 12 月 1 日起也征收城市维护建设税。

城市维护建设税的代扣代缴、代收代缴，一律比照增值税、消费税的有关规定办理，增值税、消费税的代扣代缴、代收代缴义务人同时也是城市维护建设税的代扣代缴、代收代缴义务人。

四、税率

城市维护建设税按照纳税人所在地的不同，分别设置了三档地区差别比例税率，即：

（1）纳税人所在地在城市市区的，税率为 7%。

（2）纳税人所在地在县城、建制镇的，税率为 5%。对撤县建市的，撤县建市后税率为 7%。

（3）纳税人所在地不在城市市区、县城或者镇的，税率为 1%；开采海洋石油资源的中外合作油（气）田所在地在海上，其城市维护建设税税率为 1%。

城市维护建设税的适用税率，一般规定按纳税人所在地的适用税率执行。但对下列两种情况，可按缴纳“二税”所在地的规定税率就地缴纳城市维护建设税：

（1）由受托方代扣代缴、代收代缴“二税”的单位和个人，其代扣代缴、代收代缴的城市维护建设税按受托方所在地适用税率执行。

（2）流动经营等无固定纳税地点的单位和个人。在经营地缴纳“二税”的，其城市维护建设税按经营地适用税率执行。

五、计税依据

城市维护建设税以纳税人实际缴纳的增值税、消费税为计税依据，与这“二税”同时缴纳。城市维护建设税以“二税”为计税依据，指的是“二税”的实纳税额，不包括滞纳金和罚款。但纳税人在被查补“二税”和被处以罚款时，应同时对其偷漏的城市维护建设税进行补税、征收滞纳金和罚款。

城市维护建设税以“二税”为计税依据并同时征收，如果要免征或者减征“二税”，也就要同时免征或者减征城市维护建设税。

但对出口产品退还的增值税、消费税，不退还已缴纳的城市维护建设税。

六、应纳税额的计算

城市维护建设税的应纳税额是由纳税人实际缴纳的“二税”决定的。其计算公式为

应纳税额 = 纳税人实际缴纳的增值税、消费税税额 × 适用税率

【例 6－1】 某企业位于市区，201×年 10 月实际缴纳增值税 40 000 元，消费税 12 000 元。计算其应纳城市维护建设税。

应纳税额 =（40 000 + 12 000）× 7% = 3 640（元）

七、税收优惠

城市维护建设税具有附加税性质，原则上不单独减免；但当主税发生减免时，城市维护建设税相应发生税收减免。城市维护建设税的税收减免具体有以下几种情况：

（1）城市维护建设税按减免后实际缴纳的“二税”税额计征，即随“二税”的减免而减免。

（2）对于因减免税而需进行“二税”退库的，城市维护建设税也可同时退库。

（3）海关对进口产品代征的增值税、消费税，不征收城市维护建设税。

（4）对“二税”实行先征后返、先征后退、即征即退办法的除另有规定外，对随“二税”附征的城市维护建设税，一律不予退（返）还。

八、纳税环节

城市维护建设税纳税环节，实际就是纳税人缴纳“二税”的环节。纳税人只要发生“二税”的纳税义务，就要在同样的环节，分别计算缴纳城市维护建设税。

九、纳税地点

城市维护建设税以纳税人实际缴纳的增值税、消费税为计税依据，与这“二

税”同时缴纳。所以纳税人“二税”的地点，就是该纳税人缴纳城市维护建设税的地点。

十、纳税期限

由于城市维护建设税是由纳税人在缴纳“二税”时同时缴纳的，所以其期限分别与“二税”的纳税期限一致。

教育费附加和地方教育费附加核算

一、教育费附加和地方教育费附加的概念

教育费附加和地方教育费附加是对缴纳增值税、消费税的单位和个人，以其实际缴纳的税额为计算依据征收的一种附加费。

法规链接

1984 年，国务院颁布了《关于筹措农村学校办学经费的通知》，开征了农村教育事业经费附加。1985 年，中共中央做出了《关于教育体制改革的决定》，指出必须在国家增拨教育基本建设投资和教育经费的同时，充分调动企、事业单位和其他各种社会力量办学的积极性，开辟多种渠道筹措经费。为此，国务院于 1986 年 4 月 28 日颁布了《征收教育费附加的暂行规定》，决定从同年 7 月 1 日开始在全国范围内征收教育费附加。国务院从 2010 年 12 月 1 日起，统一内外资企业和个人城市维护建设税和教育费附加制度，教育费附加统一按增值税、营业税（现已改征增值税）、消费税实际缴纳税额的 3% 征收；地方教育附加统一按增值税、消费税实际缴纳税额的 2% 征收。

教育费附加与城市维护建设税具有同样的特点，即具有附加税性质，并且具有特定目的。

二、教育费附加和地方教育费附加的缴纳人

凡缴纳增值税、消费税的单位和个人，都是教育费附加的缴纳人。但海关对进口货物征收的增值税、消费税不附征教育费附加。

三、教育费附加和地方教育费附加的计征依据和征收率

教育费附加以纳税人实缴的增值税、消费税二税为计征依据，教育费附加的征

收率为3%，地方教育费附加的征收率为2%，与增值税、消费税二税同时缴纳。

四、教育费附加和地方教育费附加的计算

教育费附加的征收额是由纳税人实际缴纳的“二税”决定的。其计算公式为

应纳教育费附加 = 纳税人实际缴纳的增值税、消费税税额 × 征收比例（3%或2%）

【例6-2】 甲企业位于县城，某月实际缴纳增值税40 000元，消费税12 000元。计算甲企业应缴纳教育费附加和地方教育费附加。

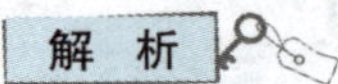

应纳教育费附加 = (40 000 + 12 000) × 3% = 1 560（元）

应纳地方教育费附加 = (40 000 + 12 000) × 2% = 1 040（元）

五、教育费附加和地方教育费附加的减免规定

（1）对海关进口的产品征收的增值税、消费税，不征收教育费附加。

（2）对由于减免的增值税、消费税而发生退税的，可同时退还已征收的教育费附加，但对出口产品退还增值税、消费税的，不退还已征的教育费附加。

一、单项选择题

1. 城市维护建设税的计税依据是（　　）。

   A. 增值税、消费税的计税依据

   B. 印花税、车船税的计税依据

   C. 纳税人实际缴纳的增值税、消费税税额

   D. 纳税人实际缴纳的印花税、车船税税额

2. 城市维护建设税纳税人所在地在县城、镇的，其适用的城市维护建设税税率为（　　）。

   A. 7%　　B. 5%　　C. 3%　　D. 1%

3. 由受托方代征代扣增值税、消费税的单位和个人，其代征代扣的城市维护建设税按（　　）所在地适用税率。

   A. 受托方　　B. 委托方

   C. 双方约定的第三方　　D. 纳税人

4. 下列不属于城市维护建设税纳税人的有（　　）。

   A. 私营企业　　B. 个体工商户　　C. 外商投资企业　　D. 国有企业

5. 某纳税人无故拖欠了消费税10万元，经查出后，补缴了拖欠的消费税，同时加罚了滞纳金600元，应按以下办法缴纳城建税和教育费附加（　　）。
   A. 以10万元为税基补交城建税和教育费附加
   B. 以600元为税基补交城建税和教育费附加
   C. 以10.06万元为税基补交城建税和教育费附加
   D. 不补交城建税和教育费附加

二、多项选择题

1. 下列关于城建税的正确说法是（　　）。
   A. 城建税为特定目的税　　B. 城建税属于价内税
   C. 进口货物不征城建税　　D. 出口货物不退城建税
2. 下列各项中，可以作为城建税计税依据的是（　　）。
   A. 纳税人交纳消费税和加收的滞纳金
   B. 纳税人享受减免税后实际缴纳的消费税
   C. 纳税人偷逃增值税被处的罚款
   D. 纳税人偷逃消费税被查补的税款
3. 下列各项中，符合城市维护建设税法规规定的有（　　）。
   A. 城市维护建设税的计税依据是纳税人实际缴纳的增值税、消费税税额，包括对“二税”加收的滞纳金和罚款
   B. 海关对进口产品代征增值税、消费税时，同时代征城市维护建设税
   C. 对出口产品退还增值税、消费税的，不退还已缴纳的城市维护建设税
   D. 免征或减征增值税、消费税的，要同时免征或减征城市维护建设税

三、判断题

1. 凡是按我国税法规定缴纳增值税和消费税单位和个人，都是城建税的纳税人。（　　）
2.《征收教育费附加的暂行规定》不适用我国境内的外商投资企业和外国企业。（　　）

四、计算业务题

1. 某县城一企业6月实际缴纳增值税20万元，缴纳消费税40万元，试计算该企业6月份应纳的城市维护建设税和教育费附加。
2. 地处某市的纳税人本月缴纳增值税30万元，消费税60万元，另外补缴上月应纳的消费税50万元，并被处以罚款5万元，试计算该企业应纳的城市维护建设税和教育费附加。

项目七 资源税类

知识目标

※ 了解现行资源税制的构成、资源税类的各种概念、特点等；

※ 掌握资源税类各税种的基本内容，如纳税人、征税对象、税率以及征收管理方面的内容；

※ 掌握资源税类各税种的计算依据，能够正确进行应纳税额的计算。

技能目标

※ 能够正确进行资源税类各税种的会计处理；

※ 能正确进行资源税类各税种的纳税申报事宜。

任务一 资源税核算

一、资源税的概念

资源税是对在我国境内从事开采应税资源矿产品和生产盐的单位和个人征收的一种税。

法规链接

现行资源税法的基本规范，是2011年9月21日国务院修订颁布的《中华人民共和国资源税暂行条例》（以下简称《资源税暂行条例》）2011年10月28日财政部、国家税务总局发布修订后的《中华人民共和国资源税暂行条例实施细则》（以下简称《实施细则》及财政部、国家税务总局2016年5月9日发布的《关于全面推进资源税改革的通知》财税〔2016〕53号

二、资源税的特点

（1）征收范围的有限性。我国资源税法中只规定对矿产品、盐资源等进行征税。

（2）征收环节的单一性。资源税在开采和生产环节征收，实行一次课征制度。

（3）资源开发的保护性。资源税的征收，有利于促进资源的合理开发，节约使用，有效配置。随着我国经济的快速发展，对自然资源的合理利用和有效保护将越来越重要，资源税开征的范围将逐步扩大。

三、纳税义务人

资源税的纳税义务人是指在中华人民共和国领域及管辖海域开采条例规定的矿产品或者生产盐（以下称开采或者生产应税产品）的单位和个人。

四、税目、税率

（一）税目

资源税税目包括7大类，在7个税目下面又设有若干子目。现行资源税的税目及子目是根据资源税应税产品和纳税人开采资源的行业特点设置的，仅包括矿产品、盐和水（目前仅在河北省试点）类。共设7大类、27种资源品目：

（1）原油，是指开采的天然原油，不包括人造石油。

（2）天然气，是指专门开采或者与原油同时开采的天然气。

（3）煤炭，包括原煤和以未税原煤加工的洗选煤。

（4）金属矿：包括铁矿、金矿、铜矿、铝土矿、铅锌矿、镍矿、锡矿以及其他未列举名称的其他金属矿产品。

（5）非金属矿：石墨、硅藻土、高岭土、萤石、石灰石、硫铁矿、磷矿、氯化钾、硫酸钾、井矿盐、湖盐、提取地下卤水晒制的盐、煤层（成）气、黏土、砂石、未列举名称的其他非金属矿产品。

（6）海盐：主要为氯化钠初级产品。

（7）自来水：目前暂在河北省试点。

纳税人在开采主矿产品的过程中伴采的其他应税产品，凡未单独规定适用税额的，一律按主矿产品或视同主矿产税目征收资源税。

（二）税率

资源税实行从价定率和从量定额征收的办法，贯彻“普遍征收，级差调节”的原则。国家税务总局公布了《资源税税目税率幅度表》（见表7-1）。

（1）对《资源税税目税率幅度表》中列举名称的资源品目，由省级人民政府在规定的税率幅度内提出具体适用税率建议，报财政部、国家税务总局确定核准。

（2）对未列举名称的其他金属和非金属矿产品，由省级人民政府根据实际情况确定具体税目和适用税率，报财政部、国家税务总局备案。

表7－1 资源税税目税率幅度表

序 号	税 目		征税对象	税额或税率幅度
1	原油			销售额的6%～10%
2	天然气			销售额的6%～10%
3	煤炭			销售额的2%～10%
4	金属矿	铁矿	精矿	1%～6%
5		金矿	金锭	1%～4%
6		铜矿	精矿	2%～8%
7		铝土矿	原矿	3%～9%
8		铅锌矿	精矿	2%～6%
9		镍矿	精矿	2%～6%
10		锡矿	精矿	2%～6%
11		未列举名称的其他金属矿产品	原矿或精矿	税率不超过20%
12	非金属矿	石墨	精矿	3%～10%
13		硅藻土	精矿	1%～6%
14		高岭土	原矿	1%～6%
15		萤石	精矿	1%～6%
16		石灰石	原矿	1%～6%
17		硫铁矿	精矿	1%～6%
18		磷矿	原矿	3%—8%
19		氯化钾	精矿	3%～8%
20		硫酸钾	精矿	6%～12%
21		井矿盐	氯化钠初级产品	1%～6%
22		湖盐	氯化钠初级产品	1%～6%
23		提取地下卤水晒制的盐	氯化钠初级产品	3%～15%
24		煤层（成）气	原矿	1%～2%
25		黏土、砂石	原矿	每吨或立方米0.1元～5元
26		未列举名称的其他非金属矿产品	原矿或精矿	从量税率每吨或立方米不超过30元；从价税率不超过20%
27	海盐		氯化钠初级产品	1%～5%

五、应纳税额的计算

资源税的应纳税额，按照从价定率或者从量定额的办法，分别以应税产品的销售额乘以纳税人具体适用的比例税率或者以应税产品的销售数量乘以纳税人具体适用的定额税率计算。

应税资源的销售额或销售数量和规定的税率计算，其公式如下：

应纳税额 = 课税数量 × 单位税额

或

应纳税额 = 销售额 × 适用税率

【例7-1】 东北某油田1月销售原油20万吨，每吨售价5 000元人民币，该油田适用的资源税税率为6%。请计算该油田本月应纳资源税税额。

应纳税额 = 5 000 × 200 000 × 6% = 60 000 000（元）

【例7-2】 某企业为2015年12月销售原煤280万吨，每吨单价450元，资源税率为3%。要求：计算该企业2015年12月应缴纳的资源税。

解析

应纳税额 = 2 800 000 × 450 × 3% = 37 800 000（元）

【例7-3】 某企业8月开采销售石灰石原矿产品600 000元，该企业所在地区适用税率5%。要求：计算该企业8月应缴纳的资源税。

解析

应纳资源税 = 600 000 × 5% = 30 000（元）

六、税收优惠

资源税贯彻普遍征收、级差调节的原则，因此规定的减免税项目比较少。

（1）开采原油过程中用于加热、修井的原油，免税。

（2）纳税人开采或者生产应税产品过程中，因意外事故或者自然灾害等原因遭受重大损失的，由省、自治区、直辖市人民政府酌情决定减税或者免税。

（3）铁矿石资源税减按40%征收资源税。

（4）尾矿再利用的，不再征收资源税。

（5）从2007年1月1日起，对地面抽采煤层气暂不征收资源税。煤层气是指赋存于煤层及其围岩中与煤炭资源伴生的非常规天然气，也称煤矿瓦斯。

（6）自2010年6月1日起，纳税人在新疆开采的原油、天然气用于连续生产原油、天然气的，不缴纳资源税；自用于其他方面的，视同销售，依照本规定计算缴纳资源税。

(7) 国务院规定的其他减税、免税项目。

纳税人的减税、免税项目，应当单独核算课税数量；未单独核算或者不能准确提供课税数量的，不予减税或者免税。

任务二 耕地占用税核算

一、耕地占用税的概念

耕地占用税是对占用耕地建房或者从事其他非农业建设的单位和个人，按其实际占用的耕地面积征收的一种税。

法规链接

现行耕地占用税的基本法律规范是2008年1月1日起施行的《中华人民共和国耕地占用税暂行条例》。

二、纳税人

耕地占用税纳税人，是占用耕地建房或者从事非农业建设的单位和个人。

所称单位，包括国有企业、集体企业、私营企业、股份制企业、外商投资企业、外国企业以及其他企业和事业单位、社会团体、国家机关、部队以及其他单位；所称个人，包括个体工商户以及其他个人。

经申请批准占用耕地的，纳税人为农用地转用审批文件中标明的建设用地人；农用地转用审批文件中未标明建设用地人的，纳税人为用地申请人。未经批准占用耕地的，纳税人为实际用地人。

三、征税范围

耕地占用税的征收范围包括纳税人为建房或从事其他非农业建设而占用的国家所有和集体所有的耕地。

耕地是指用于种植农作物的土地，包括菜地、园地。其中，园地包括花圃、苗圃、茶园、果园、桑园和其他种植经济林木的土地。

占用鱼塘及其他农用土地建房或从事其他非农业建设，也视同占用耕地，依法征收耕地占用税。

四、税率

耕地占用税在税率设计上采用了地区差别定额税率，具体税率规定如下：

1. 人均耕地不超过 1 亩的地区（以县级行政区域为单位，下同），每平方米为 10 ~50 元。

2. 人均耕地超过 1 亩但不超过 2 亩的地区，每平方米为 8 ~40 元。

3. 人均耕地超过 2 亩但不超过 3 亩的地区，每平方米为 6 ~30 元。

4. 人均耕地超过 3 亩的地区，每平方米为 5 ~25 元。

经济特区、经济技术开发区和经济发达、人均耕地特别少的地区，适用税率可以适当提高，但最多不得超过当地适用税额的 50%（见表 7 -2）。

表 7 -2 各省、自治区、直辖市耕地占用税平均税额

地　区	每平方米平均税额/元
上海	45
北京	40
天津	35
江苏、浙江、福建、广东	30
辽宁、湖北、湖南	25
河北、安徽、江西、山东、河南、重庆、四川	22.5
广西、海南、贵州、云南、陕西	20
山西、吉林、黑龙江	17.5
内蒙古、西藏、甘肃、青海、宁夏、新疆	12.5

五、计税依据

耕地占用税以纳税人实际占用的耕地面积为计税依据，以每平方米为计量单位。

六、应纳税额的计算

耕地占用税以纳税人实际占用的耕地面积为计税依据，按照适用的定额税率计税。其计算公式为

应纳税额 = 实际占用的耕地面积（平方米）× 适用定额税率

【例 7 -4】 某企业占用耕地 50 000 平方米建设厂房，当地政府规定的耕地占用税适用税额标准为每平方米 30 元。计算该企业应纳耕地占用税税额。

应纳税额 = 50 000 × 30 = 1 500 000（元）

七、税收优惠

（一）免征耕地占用税

（1）军事设施占用耕地免税。

（2）学校、幼儿园、养老院、医院占用耕地免税。

（二）减征耕地占用税

（1）铁路线路、公路线路、飞机场跑道、停机坪、港口、航道占用耕地，减按每平方米2元的税额征收耕地占用税。

（2）农村居民占用耕地新建住宅，按照当地适用税额减半征收耕地占用税。

（3）纳税人临时占用耕地，应当按照本条例的规定缴纳耕地占用税。

（4）按照规定免征或者减征耕地占用税后，纳税人改变原占地用途，不再属于免征或者减征耕地占用税情形的，应当按照当地适用的税额补交耕地占用税。

任务三 城镇土地使用税核算

一、城镇土地使用税的概念

城镇土地使用税是以开征范围的土地为征税对象，以实际占用的土地面积为计税标准，按规定税额对拥有土地使用权的单位和个人征收的一种税。

法规链接

现行城镇土地使用税的基本法律规范是2006年12月31日国务院修改并颁布的《中华人民共和国城镇土地使用税暂行条例》，2013年12月4日国务院第32次常务会议做了部分修改（2013年12月7日起实施）。

二、城镇土地使用税的基本内容

（一）纳税人

城镇土地使用税是以国有土地或集体土地为征税对象，对拥有土地使用权的单位和个人征收的一种税。

在城市县城、建制镇、工矿区范围内使用土地的单位和个人，为城镇土地使用税的纳税义务人。

所称单位，包括国有企业、集体企业、私营企业、股份制企业、外商投资企业、外国企业以及其他企业和事业单位、社会团体、国家机关、部队以及其他单位；所称个人，包括个体工商户以及其他个人。

城镇土地使用税的纳税人通常包括以下几类：

（1）拥有土地使用权的单位或个人。

（2）拥有土地使用权的单位或个人不在土地所在地的，其土地的实际使用人和代管人为纳税人。

（3）土地使用权未确定或权属纠纷未解决的，其实际使用人为纳税人。

（4）土地使用权共有的，共有各方都是纳税人，由共有各方分别纳税。

（二）征税范围

城镇土地使用税的征税范围为城市、县城、建制镇和工矿区内的国家所有和集体所有的土地。

上述，城市、县城、建制镇和工矿区分别按以下标准确认：

（1）城市是指经国务院批准设立的市，其征税范围包括市区和郊区；

（2）县城是指县人民政府所在地，其征税范围为县人民政府所在地的城镇；

（3）建制镇是指经省、自治区、直辖市人民政府批准设立的，符合国务院规定的镇建制标准的镇，其征税范围为镇人民政府所在地；

（4）工矿区是指工商业比较发达，人口比较集中的大中型工矿企业所在地，工矿区的设立必须经省、自治区、直辖市人民政府批准。

建立在城市、县城、建制镇和工矿区以外的工矿企业不需要缴纳城镇土地使用税。

（三）税率

城镇土地使用税采用定额税率，即采用有幅度的差别税额，按大、中、小城市和县城、建制镇、工矿区分别规定每平方米土地使用税年应纳税额。具体标准如下：

（1）大城市 1.5 ~ 30 元。

（2）中等城市 1.2 ~ 24 元。

（3）小城市 0.9 ~ 18 元。

（4）县城、建制镇、工矿区 0.6 ~ 12 元。

大、中、小城市是以公安部门登记在册的非农业正式户口人数为依据，按照国务院颁布的《城市规划条例》中规定的标准划分。人口在 50 万人以上的为大城市；人口在 20 万 ~ 50 万人的为中等城市；人口在 20 万人以下的为小城市。城

镇土地使用税税率表见表7－3。

表7－3 城镇土地使用税税率表

级 别	人口/人	每平方米税额
大城市	50万以上	1.5～30
中等城市	20万～50万	1.2～24
小城市	20万以下	0.9～18
县城、建制镇、工矿区		0.6～12

各省、自治区、直辖市人民政府可以根据市政建设情况和经济繁荣程度在规定税额幅度内，确定所辖地区的适用税额幅度。经济落后地区的城镇土地使用税适用税额标准可以适当降低，但降低额不得超过规定的最低税额的30%，经济发达地区城镇土地使用税的适用税额标准可以适当提高，但须报经财政部批准。

三、城镇土地使用税应纳税额的计算

（一）计税依据

城镇土地使用税以纳税人实际占用的土地面积为计税依据。土地面积计量标准为平方米。

纳税人实际占用的土地面积，以房地产管理部门核发的土地使用证书与确认的土地面积为准；尚未核发土地使用证书的，应由纳税人据实申报土地面积，据以纳税，待核发土地使用证以后再作调整。

（二）应纳税额的计算

城镇土地使用税的应纳税额依据纳税人实际占用的土地面积乘以该土地所在地段的适用税额计算。其计算公式为

全年应纳税额＝实际占用应税土地面积（平方米）×适用税额

土地使用权由几方共有的，由共有各方按照各自实际使用的土地面积占总面积的比例，分别计算缴纳土地使用税。

【例7－5】 设在A城市的一家企业使用土地面积为20 000平方米，经税务机关核定，该土地为应税土地，每平方米税额为4元，计算该企业全年应纳的城镇土地使用税税额。

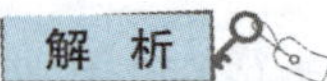

全年应纳税额＝20 000×4＝80 000（元）

四、城镇土地使用税税收优惠

（一）下列土地免缴土地使用税

（1）国家机关、人民团体、军队自用的土地。

（2）由国家财政部门拨付事业经费的单位自用的土地。

（3）宗教寺庙、公园、名胜古迹自用的土地。

（4）市政街道、广场、绿化地带等公共用地。

（5）直接用于农、林、牧、渔业的生产用地。

（6）经批准开山填海整治的土地和改造的废弃土地，从使用的月份起免缴5～10年。

（7）其他免缴土地使用税的单位。

（二）省、自治区、直辖市地方税务局确定减免土地使用税的优惠

（1）个人所有的居住房屋及院落用地。

（2）房产管理部门在房租调整改革前经租的居民住房用地。

（3）免税单位职工家属的宿舍用地。

（4）集体和个人办的各类学校、医院、托儿所、幼儿园用地。

【例7-6】 下列各项中，免征城镇土地使用税的是（ ）。

A. 基建项目在建期间使用的土地

B. 宗教寺庙内的宗教人员生活用地

C. 从事农、林、牧、渔业生产单位的办公用地

D. 企业关闭、撤销后，其占地作他用的

【答案】B

五、城镇土地使用税的征收管理

（一）纳税义务发生时间

（1）纳税人购置新建商品房，自房屋交付使用之次月起，缴纳城镇土地使用税。

（2）纳税人购置存量房，自办理房屋权属转移，变更登记手续，房地产权属登记机关签发房屋权属证书之次月起，缴纳城镇土地使用税。

（3）纳税人出租、出借房产，自交付出租、出借房产之次月起，缴纳城镇土地使用税。

（4）以出让或转让方式有偿取得土地使用权的，应由受让方从合同约定交付土地时间的次月起缴纳城镇土地使用税；从合同约定交付时间的，由受让方从

合同签订的次月起缴纳城镇土地使用税。

(5) 纳税人新征用的耕地，自批准征用之日起满1年时开始缴纳城镇土地使用税。

(6) 纳税人新征用的非耕地，自批准征用次月起缴纳城镇土地使用税。

(7) 自2009年1月1日起，纳税人因土地的权利发生变化而依法终止城镇土地使用税义务的，其应纳税款的计算应截止到土地权利发生变化的当月月末。

【例7-7】 新征用耕地应缴纳的城镇土地使用税，其纳税义务发生时间是（ ）。

A. 自批准征用之日起满3个月 B. 自批准征用之日起满6个月

C. 自批准征用之日起满1年 D. 自批准征用之日起满12年

【答案】 C

（二）纳税期限

城镇土地使用税按年计算、分期缴纳，缴纳期限由省、自治区、直辖市人民政府确定。

（三）纳税申报

填写《城镇土地使用税纳税申报表》，纳税人新征用的土地，必须与批准征用之日起30内申报登记。纳税人如有住址变更、土地使用权属转换等情况，自转移之日起，按规定期限办理申报变更登记。

（四）纳税地点

城镇土地使用税在土地所在地缴纳，由土地所在地的税务机关负责征收。

纳税人使用的土地不属于同一省、自治区、直辖市管辖的，由纳税人分别向土地所在地的税务机关申报缴纳；在同一省、自治区、直辖市管辖范围，纳税人跨地区使用的土地，其纳税地点由省、自治区、直辖市地方税务局确定。

一、单选题

1. 下列企业既是增值税纳税人又是资源税纳税人的是（ ）。

A. 销售金属矿产品的贸易公司 B. 进口金属矿产品的企业

C. 在境内开采金属矿产品的企业 D. 在境外开采金属矿产品的企业

2. 下列各项中，属于资源税应税产品的有（ ）。

A. 铁矿石　　B. 进口原油　　C. 人造石油　　D. 煤炭制品

3. 下列资源中，属于资源税征税范围的是（　　）。

A. 原煤　　B. 洗煤　　C. 选煤　　D. 焦煤

4. 按《资源税暂行条例》规定，资源税的纳税环节有（　　）。

A. 自产自用环节　　B. 进口产品环节

C. 开采销售环节　　D. 最终消费环节

5. 下列占用土地的行为，应缴纳城镇土地使用税的是（　　）。

A. 国家机关自用的土地　　B. 公园自用的土地

C. 市政街道公共占用的土地　　D. 企业厂区绿化地带占用的土地

6. 某公司与政府机关共同使用一栋共有土地使用权的建筑物。该建筑物占用土地面积2 000 平方米，建筑面积10 000 平方米（公司与机关占用比例为4:1），城镇土地使用税年税额 5 元/平方米。该公 司应缴纳城镇土地使用税（　　）元。

A. 0　　B. 2 000　　C. 8 000　　D. 10 000

二、多选题

1. 房产税与城镇土地使用税在以下（　　）方面的规定是一致的。

A. 对农村均不征收

B. 对外资企业和外籍人士均不征收（目前都征收）

C. 对公园自用土地及房屋均不征收

D. 对个人所有的居住房屋及院落用地均不征收

2. 下列各项中，符合城镇土地使用税征税规定的有（　　）。

A. 核电站在基建期内的应税土地减半征收城镇土地使用税

B. 对于军需工厂用地，既生产军品又生产经营民品的，一律不得免征城镇土地使用税

C. 经济发达地区城镇土地使用税的适用税额标准可以适当提高，但须经省、自治区、直辖市人民政府批准

D. 对廉租住房经营单位按照政府规定价格、向规定保障对象出租的廉租住房用地，免征城镇土地使用税

E. 开发商在经济适用住房、商品住房项目中配套建造廉租住房，如能提供政府部门出具的相关材料，可按廉租住房建筑面积占总建筑面积的比例免征城镇土地使用税

3. 以下土地中，可以免征城镇土地使用税的有（　　）。

A. 盐场的生产厂房用地　　B. 港口的码头用地

C. 机场飞行区用地　　D. 房地产开发公司建造商品房的用地

E. 企业厂区内的铁路专用线、公路等用地

三、计算题

1. 某市一家企业新占用 25 000 平方米耕地用于工业建设，所占耕地适用的定额税率为 20 元/平方米，计算该企业应缴纳的耕地占用税。

2. 武泰钢材进出口公司拥有自用房产原值600 000元，允许减除20%计税，房产税年税率为1.2%；小汽车2辆，每年每辆税额300元；载重汽车3辆，计净吨位15吨，每吨年税额60元；占用土地面积为1 500平方米，每平方米年税额为6元；税务部门规定对房产税、车船使用税和城镇土地使用税在季末后10日内交纳，计算1月份应缴纳各项税金为多少？
3. 某盐业公司12月生产卤水井矿盐30 000吨，每吨单价120元，氯化钠初级产品的税率为3%，计算12月该盐业公司应缴纳资源税为多少？

项目八 财产税类

知识目标

※ 了解财产税类各税种概念、特点等；
※ 掌握财产税类各税种的基本内容；
※ 掌握财产税类各税种应纳税额的计算。

技能目标

※ 能够正确进行财产税类各税种的会计处理；
※ 能完成财产税类各税种的纳税申报事宜。

任务一 车船税核算

一、车船税概念

车船税是指在我国境内依法应当在车船登记管理部门登记的机动车辆和船舶以及依法不需要在车船登记管理部门登记的在单位内部场所行驶或者作业的机动车辆和船舶，按照规定的计税单位和年税额标准对车船的所有人或者管理人征收的一种税收。

车船税具有财产税的性质，实行分类、分级定额税率，由地方税务机关负责征收。车船税征收，可以促使纳税人提高车船使用效益，督促纳税人合理使用车船；可以开辟财源、集中财力，有利于为地方政府筹集财政资金；有利于加强对车船的管理，也有利于调节财富差异。

法规链接

我国现行车船税的基本法律规范是2011年2月25日第十一届全国人民代表大会常务委员会第十九次会议通过并自2012年1月1日起施行的《中华人民共

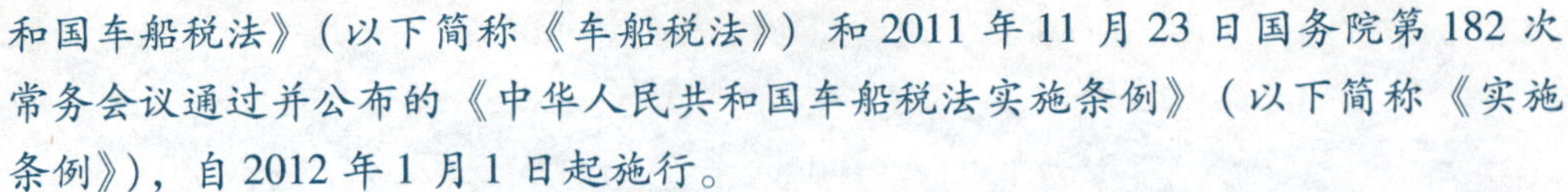
和国车船税法》（以下简称《车船税法》）和2011年11月23日国务院第182次常务会议通过并公布的《中华人民共和国车船税法实施条例》（以下简称《实施条例》），自2012年1月1日起施行。

二、纳税人

在我国境内，车辆、船舶的所有人或者管理人为车船税的纳税人。管理人是指对车船具有管理使用权、不具有所有权的单位和个人。

从事机动车交通责任事故责任强制保险业务的保险机构为车船税的扣缴义务人。

三、征税对象和范围

车船税的征税对象是《车船税法》所附车船税税目税额表中的车辆、船舶。车辆、船舶，是指依法应当在车船登记管理部门登记的机动车辆和船舶以及依法不需要在车船登记部门登记的在单位内部场所行驶或者作业的机动车辆和船舶。具体包括：

（1）车辆。车辆是指依靠燃油、电力等能源作为动力运行的机动车辆，包括载客汽车（含电车）、载货汽车、三轮汽车等。

（2）船舶。船舶包括机动船舶和非机动驳船。机动船舶是指依靠燃料等能源作为动力的船舶，如客轮、货船等；非机动驳船是指没有动力装置，由拖轮牵引或推行的船舶。

四、税率

车船税实行定额税率，又称固定税率，依照《实施条例》所附的车船税税目税率表执行，见表8－1。

表8－1 车船税税目税率表

税目		计量单位	每年税额/元	备注
乘用车按发动机气缸容量（排气量）分档	1.0升（含）以下的	辆	60～360	核定载客人数9人（含）以下
	1.0升以上至1.6升（含）的	辆	300～540	
	1.6升以上至2.0升（含）的	辆	360～660	
	2.0升以上至2.5升（含）的	辆	660～1200	
	2.5升以上至3.0升（含）的	辆	1200～2400	
	3.0升以上至4.0升（含）的	辆	2400～3600	
	4.0升以上的	辆	3600～5400	

（续）

<table>
<tr><th colspan="2">税 目</th><th>计量单位</th><th>每年税额/元</th><th>备 注</th></tr>
<tr><td rowspan="2">商用车</td><td>客车</td><td>辆</td><td>480 ~ 1440</td><td>核定载客人数 9 人（包括电车）以上</td></tr>
<tr><td>货车</td><td>整备质量每吨</td><td>16 ~ 120</td><td>1. 包括半挂牵引车、挂车、客货两用汽车、三轮汽车和低速载货汽车等。
2. 挂车按照货车税额的 50% 计算</td></tr>
<tr><td rowspan="2">其他车辆</td><td>专用作业车</td><td>整备质量每吨</td><td>16 ~ 120</td><td rowspan="2">不包括拖拉机</td></tr>
<tr><td>轮式专用机械车</td><td>整备质量每吨</td><td>16 ~ 120</td></tr>
<tr><td>摩托车</td><td></td><td>辆</td><td>36 ~ 180</td><td></td></tr>
<tr><td rowspan="2">船舶</td><td>机动船舶</td><td>净吨位每吨</td><td>3 ~ 6</td><td rowspan="2">拖船和非机动驳船分别按照机动船舶税额的 50% 计算；游艇的税额另行规定</td></tr>
<tr><td>游艇</td><td>艇身长度每米</td><td>600 ~ 2000</td></tr>
</table>

五、车船税的计算

1. 计税依据

（1）载客汽车及摩托车以“辆”为计量单位。

（2）货车、三轮车、低速货车以“整备质量”为计量依据。

（3）船舶以“净吨位”为计税依据。

2. 应纳税额的计算

（1）载客汽车及摩托车的应纳税额 = 车辆数 × 适用单位税额。

（2）载货汽车（含客货两用汽车）、三轮车、低速货车的应纳税额 = 自重吨位数 × 适用单位税额。

（3）机动船的应纳税额 = 净吨位数 × 适用单位税额。

（4）拖船和非机动驳船的应纳税额 = 净吨位数 × 适用单位税额 × 50%。

【例 8 - 1】 某航运公司拥有机动船 20 艘，其中净吨位为 600 吨的 10 艘，2 000吨的 8 艘，5 000 吨的 2 艘。已知 201 ~ 2 000 吨位的船舶，每吨单位税额 4 元，2 001 ~ 10 000 吨位的船舶，每吨单位税额 5 元。请计算该公司应缴纳的车船税。

应纳车船税额 $=600\times4\times10+2\,000\times4\times8+5\,000\times5\times2=138\,000$（元）

六、征收管理

1. 纳税期限

车船税纳税义务发生时间为取得车船所有权或管理权的当月。以购买车船的发票或其他证明文件所载日期的当月为准。

2. 纳税地点

车船税的纳税地点为车船的登记地或者车船税扣缴义务人所在地。依法不需要办理登记的车船，车船税的纳税地点为车船所有人或者管理人所在地。

房产税核算

一、房产税的概念

房产税是以城市、县城、建制镇和工矿区的房产为征税对象，按照房屋的计税余值或租金收入为计税依据，向房屋产权所有人征收的一种财产税。

法规链接

1986 年 9 月 15 日，国务院正式发布了《中华人民共和国房产税暂行条例》（以下简称《房产税暂行条例》），1994 年税制改革时做了扩大征收范围、改变计税依据、调整税率结构的修订。

二、房产税的纳税人

房产税以在征税范围内的房屋产权所有人为纳税人。其中：

（1）房屋产权属国家所有的，由经营管理单位纳税；房屋产权属集体和个人所有的，由集体单位和个人纳税。

（2）房屋产权出典的，由承典人纳税。所谓产权出典，是指产权所有人将房屋、生产资料等的产权，在一定期限内典当给他人使用，而取得资金的一种融资业务。

（3）房屋产权所有人、承典人不在房屋所在地的，由房产代管人或者使用人纳税。

（4）房屋产权未确定及租典纠纷未解决的，由房产代管人或者使用人纳税。

（5）自2009年1月1日起，外商投资企业、外国企业和组织及外籍个人，依照《房产税暂行条例》缴纳房产税。

三、房产税的征税范围

房产税的征税对象是房产。所谓房产是以房屋形态存在的财产。房屋是指有屋面和围护结构（有墙或两边有柱），能够遮风避雨，可供人们在其中生产、工作、学习、娱乐、居住或储藏物资的场所。房地产开发企业建造的商品房，在出售前，不征收房产税；但对出售前房地产开发企业已使用或出租、出借的商品房应按规定征收房产税。

房产税征税范围是位于城市、县城、建制镇和工矿区的房屋。对坐落在上述地区之外的房屋不征收房产税。

四、房产税税率

我国现行房产税采用比例税率。根据房产税的计税依据分为从价计征和从租计征两种：

（1）从价计征的，税率为1.2%，即按照房产原值一次减除10%～30%后的余值的1.2%计征。

（2）从租计征的，税率为12%，即按照房产出租的租金收入的12%计征。

五、房产税应纳税额的计算

纳税人的应纳税额，根据计税依据不同采用不同的税率计算。其计算公式为

（1）从价计征的房产税的计算公式为

$$应纳税额 = 房产原值 \times (1 - 扣除比例) \times 1.2\%$$

（2）从租计征的房产税的计算公式为

$$应纳税额 = 房产租金收入 \times 12\%$$

【例8-2】　某企业2016年度的上半年共有房产原值4 000万元，7月1日起企业将原值200万元的一栋仓库出租给某商场存放货物，租期1年，每月租金收入1.5万元。8月10日对委托施工单位建设的生产车间办理验收手续，由在建工程转入固定资产原值500万元。（房产余值的扣除比例为20%）。试计算企业2016年应缴纳的房产税。

解 析

(1) 用全年房产原值扣20%计税后，减掉下半年出租房产的分摊税金：

应纳税额 =4 000 ×(1 -20%) ×1.2% -200 ×(1 -20%) ×1.2% ×50% =37.44 (万元)

(2) 企业出租房产按7月至当年底共6个月租金收入计税：

应纳税额 =1.5 ×6 ×12% =1.08 (万元)

(3) 在建工程完工转入的房产应自验收手续之次月起计税，故应从9月计至年底共4个月：

应纳税额 =500 ×(1 -20%) ×1.2% ÷12 ×4 =1.6 (万元)

2016年应缴纳房产税 =37.44 +1.08 +1.6 =40.12 (万元)

六、房产税的减免

下列房产免税：

(1) 国家机关、人民团体、军队自用的房产。但这些单位的出租房产以及非本身业务使用的生产、营业用房，应按规定征税。

(2) 由国家财政部门拨付事业经费的单位自用的房产。

(3) 宗教寺庙、公园、名胜古迹自用的房产。但于寺庙、公园、名胜古迹中附设的营业单位，如茶社、饮食部、照相馆、影剧院等所使用的房产及出租的房产，不属免税范围。

(4) 个人所有非营业用的房产。

(5) 经财政部批准免税的其他房产。

七、房产税的缴纳

(一) 缴纳期限

房产税按年征收、分期缴纳，具体纳税期限由省、自治区、直辖市人民政府确定。

(二) 纳税义务发生时间

(1) 将原有房产用于生产经营，从生产经营之日起，计征房产税。

(2) 自建的房屋用于生产经营的，自建成之次月起，计征房产税。

(3) 委托施工企业建设的房屋，从办理验收手续之日的次月起，计征房产税。对于在办理验收手续前已使用或出租、出借的新建房屋，应从使用或出租、出借的当月起按规定计征房产税。

(4) 购置新建商品房，自房屋交付使用之次月起计征房产税。

(5) 出租、出借房产，自交付出租、出借之次月起计征房产税。

（6）房地产开发企业自用、出租、出借本企业建造的商品房，自房屋使用或交付之次月起计征房产税。

（三）纳税地点

房产税在房产所在地缴纳。房产不在同一地方的纳税人，应按房产的坐落地点分别向房产所在地的税务机关纳税。

房产税由房产所在地的地方税务局征收。

任务三 契税核算

一、契税的概念

契税是对在我国境内转移的土地、房屋权属，向产权承受人征收的一种财产税。契税在房地产的转让环节征收，房地产权属每转让一次就征收一次契税，由取得土地、房屋权属的一方缴纳。

法规链接

现行契税法律规范是1997年7月7日颁布的《中华人民共和国契税暂行条例》。该条例自1997年10月1日起施行。

二、纳税人

契税的纳税人是在我国境内转移土地、房屋权属，承受的单位和个人，具体包括企业单位、事业单位、国家机关、军事单位、社会团体和其他组织，个人是指个体经营者及其他个人，包括中国公民和外籍人员。

承受是指以受让、购买、受赠、交换等方式取得土地、房屋权属的行为。

三、征税范围

契税的征税对象，为发生土地使用权和房屋所有权权属转移的土地和房屋。其征收范围包括单位和个人所有在我国境内的转移土地、房屋权属的行为。它具体指下列行为：

（一）国有土地使用权出让

它是指土地使用者向国家交付土地使用权出让费用，国家将国有土地使用权在一定年限内让予土地使用者的行为。

国有土地使用权出让，受让者应向国家缴纳出让金，以出让金为依据计算缴纳契税。不得因减免土地出让金而减免契税。

（二）土地使用权转让

这是指土地使用者以出售、赠予、交换或者其他方式将土地使用权转移给其他单位和个人的行为。土地使用权转让不包括农村集体土地承包经营权的转移。

（三）房屋买卖

它是指房屋所有者将其房屋出售，由承受者交付货币、实物或者其他经济利益的行为。以下几种特殊情况，视同房屋买卖：

（1）以房产价投资、入股。

（2）以房产价抵债或实物交换房屋。

（3）买房拆料或翻建新房，应照章征收契税。

（四）房屋赠予

它是指房屋所有者将其房屋无偿转让给受赠者的行为。

（五）房屋交换

它是指房屋所有者之间相互交换房屋所有权的行为。

四、税率

契税的税率为3% ~5%的幅度比例税率。

具体执行税率，由各省、自治区、直辖市人民政府可以在3% ~5%的幅度税率规定范围内，根据本地区实际情况确定。

五、契税的计税依据

契税以土地、房屋权属转移当事人签订的合同成交价格或核定的市场价格作为计税依据。其具体包括：

（1）土地使用权出让、土地使用权出售和房屋买卖，以成交价格为计税依据。即土地、房屋权属转移合同确定的价格。

纳税人以分期付款方式承受土地、房屋权属的，按合同规定的总价款征收契税。

（2）土地使用权赠予、房屋赠予，由征收机关参照土地使用权出售、房屋买卖的市场价格核定。

（3）以土地、房屋权属作价投资入股的，或以土地、房屋权属抵债的，以无形资产方式、获奖方式转移土地、房屋权属的，由征收机关参照土地使用权出售、房屋买卖的市场价格核定计税价格。

（4）以划拨方式取得土地使用权，经批准转让房地产时，由房地产转让者补交契税。其计税依据为补缴的土地使用权出让费用或者土地收益。

六、契税应纳税额的计算

应纳税额 = 计税依据 × 税率

【例8-3】 居民甲将一栋私有房屋出售给居民乙，房屋成交价格为600 000元。甲另将一处两室住房与居民丙交换成两处一室住房，并支付换房差价款110 000元。计算甲、乙、丙相关行为应缴纳的契税（假定税率为3%）。

解析

（1）乙应纳税额 = 600 000 元 × 3% = 18 000（元）

（2）甲应纳税额 = 110 000 元 × 3% = 3 300（元）

（3）丙不缴纳契税。

七、契税的减免

（1）国家机关、事业单位、社会团体、军事单位承受土地、房屋用于办公、教学、医疗、科研和军事设施的，免税。

（2）城镇职工经县以上人民政府批准，在国家规定标准面积以内，第一次购买公有住房的，免税；但超过国家规定标准面积的部分，仍应照章纳税。

（3）因自然灾害、战争等不能预见、不能避免和不能克服的客观情况丧失住房而重新购买住房的，酌情给予减征或免征。

（4）财政部规定的其他减征、免征契税的项目。

八、契税征收管理

（一）纳税义务发生时间

契税的纳税义务发生时间，为纳税人签订土地、房屋权属转移合同的当天，或者纳税人取得其他具有土地、房屋权属转移合同性质凭证的当天。

（二）纳税期限

纳税人应自纳税义务发生之日起 10 日内，向土地、房屋所在地的契税征收机关办理纳税申报，并在征收机关核定的期限内缴纳税款。

（三）纳税地点

契税在土地、房屋所在地的征收机关缴纳。

职业能力训练

一、单选题

1. 下列车船，应征收车船税的是（　　）。

A. 临时入境的外国车船　　B. 低速载货汽车

C. 捕捞养殖渔船　　D. 纯电动汽车

2. 车船出租且租赁双方未商定纳税人的，由（　　）承担车船税的纳税义务。

A. 车船所有人　　B. 车船使用人

C. 车船承租人　　D. 税务机关认定的纳税人

3. 纳税人新购置车辆使用，其车船使用税的纳税义务发生时间为（　　）。

A. 购置使用的当月起　　B. 购置使用的次月起

C. 购置使用的当年起　　D. 购置使用的次年起

4. 某企业有整备质量2.1吨小型载货车和整备质量3.8吨小型载货车各一辆，当地车船税为货车整备质量5吨以下，每吨20元。该企业需要缴纳车船税（　　）元。

A. 118　　B. 235　　C. 375　　D. 390

5. 根据房产税纳税地点现行规定，人保投资控股有限公司在全国各地拥有房产的，应按照规定，其在（　　）的房产所在地主管税务机关申报办理税务登记。

A. 公司总机构　　B. 全国各地

C. 投保人所在地　　D. 分保人所在地

6. 居民乙因拖欠居民甲180万元的款项无力偿还，6月经当地有关部门调解，以房产抵偿该笔债务，居民甲因此取得该房产的产权并支付给居民乙差价款20万元。假定当地省政府规定的契税税率为5%。下列表述中正确的是(　　)。

A. 居民甲应缴纳契税1万元　　B. 居民乙应缴纳契税1万元

C. 居民甲应缴纳契税10万元　　D. 居民乙应缴纳契税10万元

7. 契税是在土地、房屋权属发生转移时，对（　　）征收的一种税。

A. 交易的任何一方　　B. 交易双方

C. 产权承受人　　D. 出售方

二、多选题

1. 按照我国现行税制的有关规定，车船税的计税依据有（　　）。

A. 车船的净吨位　　B. 车船的净值

C. 车的辆数　　D. 按自重每吨

2. 下列车船，免征车船税的有（　　）。

A. 非机动车船（不包括非机动驳船）　　B. 拖拉机；

C. 捕捞、养殖渔船； D. 军队、武警专用的车船、警用车船

3. 以下按房产余值征收房产税的有（ ）。

A. 自有用于经营的房产 B. 对外经营租赁出租的房产

C. 融资租赁租入的房产 D. 产权出典

4. 根据房产税的有关规定，下列说法正确有（ ）。

A. 对出租房产，租赁双方签订的租赁合同约定有免收租金期限的，免收租金期间不缴纳房产税

B. 产权纠纷未解决的，由房产代管人或使用人纳税

C. 对按照房产原值计税的房产，如果土地使用权单独核算计入无形资产，房产原值不包含为取得土地使用权支付的价款

D. 因房屋大修导致连续停用半年以上的，在房屋大修期间免征房产税

5. 下列各项中，应当征收房产税的有（ ）。

A. 房产租赁合同约定有免收租金期限的，在免收租金期间的房产

B. 房地产开发企业售出前已使用或出租、出借的商品房

C. 居民住宅内业主共有的经营性房产

D. 投资者以房产投资联营，收取固定收益，不承担联营风险的房屋

6. 根据契税有关规定，下列表述正确的有（ ）。

A. 非公司制企业，按照相关规定，整体改建为有限责任公司或股份有限公司，对改建后的公司承受原企业土地、房屋权属，免征契税

B. 在股权转让中，单位、个人承受企业股权，企业土地、房屋权属不发生转移的，不征收契税

C. 企业合并中，原投资主体存续的，对其合并后的企业承受原合并各方的土地、房屋权属，免征契税

D. 债权人承受破产企业土地、房屋权属以抵偿债务的，免征契税

三、判断题

1. 车船税按年申报缴纳，纳税义务时间为车船管理部门核发的车船登记证书或行驶证书所记载日期的当月。（ ）

2. 对市内公共汽车、出租汽车可暂免征收车船税。（ ）

3. 从事机动车交通事故责任强制保险业务的保险机构为机动车车船税的扣缴义务人。（ ）

4. 纳税人在购买机动车交通事故责任强制保险时缴纳车船税的，不再向地方税务机关申报纳税。（ ）

5. 以房屋为载体、不可随意移动的附属设备和配套设施，如果单独记账，价值没有计入房产原值，可以不计算缴纳房产税。（ ）

6. 目前，外商投资企业缴纳城市房地产税，暂不适用《房产税暂行条例》。（ ）

7. 企业为取得固定资产而交纳的契税，应计入资产入账价值。（ ）

8. 以土地、房屋权属抵债的，属于契税征税范围。（ ）

四、业务计算题

1. 某企业有房屋12幢，其中10幢用于生产经营，房产原值共计12 000万元，1幢（原值400万元）用作幼儿园和职工学校，1幢（原值600万元）出租给其他企业，年租金80万元。房产原值减除比例为30%，计算该企业当年应缴纳房产税。
2. 某公司2017年有载客汽车2辆，核定载客人数均为50人；载货汽车3辆，整备质量分别为20吨、15吨、18吨，当地省政府规定，载客汽车年税额为960元/辆，载货汽车为40元/吨。计算该公司2017年应缴纳的车船税。
3. 某航运公司2017年拥有机动船4艘，每艘净吨位为3 000吨；拖船1艘，发动机功率为1 800千瓦。已知201 ~2 000吨位的船舶，每吨单位税额4元，2 001 ~10 000吨位的船舶，每吨单位税额5元，拖船按照发动机功率每1千瓦折合净吨位0.67吨计算征收车船税。计算该航运公司2017年应缴纳车船税。
4. 张某2017年初购买90平方米的商品房一处，价款100万元，并以20万元购买单独计价的汽车库，均采用分期付款方式，分20年支付，假设2017年支付12万元，根据当地规定，商品房的契税税率为3%，汽车库的契税税率为2%，计算2017年应缴纳的契税。

项目九 行为税类

知识目标

※ 了解行为税类各税种概念、特点等；
※ 掌握行为税类各税种的基本内容；
※ 掌握行为税类各税种应纳税额的计算。

技能目标

※ 能够正确进行行为税类各税种的会计处理；
※ 能完成行为税类各税种的纳税申报事宜。

任务一 印花税核算

一、印花税概念

印花税是对经济活动和经济交往中，书立、领受应税凭证的行为为征税对象所征收的一种税。因纳税人主要是通过在应税凭证上粘贴印花税票来完成纳税义务，故名印花税。

法规链接

现行印花税的基本法律规范是1988年8月6日国务院颁布并于同年10月1日起实施的《中华人民共和国印花税暂行条例》。

二、印花税的特点

1. **兼有凭证税和行为税性质**

印花税是对单位和个人书立、领受的应税凭证征收的一种税，具有凭证税性

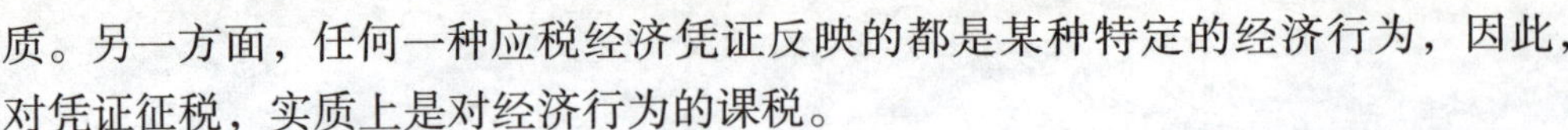

质。另一方面，任何一种应税经济凭证反映的都是某种特定的经济行为，因此，对凭证征税，实质上是对经济行为的课税。

2. 征税范围广泛

印花税的征税对象包括了经济活动和经济交往中的各种应税凭证。凡书立和领受这些凭证的单位和个人都要缴纳印花税，其征税范围是极其广泛的。

3. 税收负担比较轻

印花税与其他税种相比较，税率要低得多，其税负较轻，具有广集资金、积少成多的财政效应。

4. 由纳税人自行完成纳税义务

纳税人通过自行计算、购买和粘贴印花税票的方法完成纳税义务，并在印花税票和凭证的骑缝处自行盖戳注销或画销。

三、纳税人

印花税是以在中国境内书立、使用、领受印花税暂行条例所列举的凭证并依法履行纳税义务的单位和个人。

所称单位和个人，是指国内各类企业、事业、机关、团体、部队以及中外合资企业、合作企业、外资企业、外国公司和其他经济组织及其在华机构等单位和个人。

上述单位和个人按照书立、使用、领受应税凭证的不同，可以分别确定为立合同人、立据人、立账簿人、领受人和使用人。

（1）立合同人，是指合同的当事人。所谓当事人，是指对凭证有直接权利义务关系的单位和个人，不包括合同的担保人、证人和鉴定人。

（2）立据人。产权转移书据的纳税人是立据人。

（3）立账簿人。营业账簿的纳税人是立账簿人，也就是设立并使用营业账簿的单位和个人。

（4）领受人。权利、许可证照的纳税人是领受人，也就是指领取或接受并持有该项凭证的单位和个人。

（5）使用人。在国外书立、领受，但在国内使用的应税凭证，其纳税人是使用人。

（6）各类电子应税凭证的签订人，即以电子形式签订的各类应税凭证的当事人。

需注意的是，对应税凭证，凡由两方或两方以上当事人共同书立的，其当事人各方都是印花税的纳税人，应就其所持凭证的计税金额各自履行纳税义务。

四、征税范围

现行印花税只对《中华人民共和国印花税暂行条例》列举的凭证征税，未列举的不征税。征税范围分为以下五大类：

（1）经济合同，包括购销、加工承揽、建设工程承包、财产租赁、货物运输、仓储保管、借款、财产保险、技术等合同或者具有合同性质的凭证。

（2）产权转移书据，包括财产所有权、版权、商标专用权、专利权和专有技术使用权等转移书据。

（3）营业账簿，是指单位或者个人记载生产经营活动的财务会计核算账簿包括记载资金的账簿和其他账簿。

（4）权利、许可证照，包括政府部门颁发的房屋产权证、工商营业执照、商标注册证、专利证和土地使用证。

五、税目与税率

印花税的税率采用比例税率和定额税率两种形式。

1. 比例税率

印花税的比例税率分为4个档次，分别为：0.05‰、0.3‰、0.5‰、1‰。

（1）0.05‰，适用于借款合同；

（2）0.3‰，适用于购销合同、建筑安装工程承包合同、技术合同；

（3）0.5‰，适用于加工承揽合同、建筑工程勘察设计合同、货物运输合同、产权转移书据和营业账簿税目中记载资金的账簿；

（4）1‰，适用于财产租赁合同、仓储保管合同和财产保险合同。

印花税税目税率表见表9-1。

表9-1 印花税税目税率表

税 目	征税范围	税 率	纳税人
购销合同	包括供应、预购、采购、购销结合及协作、调剂、补偿、易货等合同	按购销金额0.3‰贴花	立合同人
加工承揽合同	包括加工、定做、修缮、修理、印刷、广告、测绘、测试等合同	按加工或承揽收入0.5‰贴花	立合同人
建设工程勘察设计合同	包括勘察、设计合同	按收取费用0.5‰贴花	立合同人
建筑安装工程承包合同	包括建筑、安装工程承包合同	按承包金额0.3‰贴花	立合同人
财产租赁合同	包括租赁房屋、船舶、飞机、机动车辆、机械、器具、设备等	按租赁金额1‰贴花，税额不足1元的按1元贴花	立合同人

（续）

税　目	征税范围	税　率	纳税人
货物运输合同	包括民用航空、铁路运输、海上运输、内河运输、公路运输和联运合同	按运输费用0.5‰贴花	立合同人
仓储保管合同	包括仓储、保管合同	按仓储保管费用1‰贴花	立合同人
借款合同	银行及其他金融组织和借款人（不包括银行同业拆借）所签订的借款合同	按借款金额0.05‰贴花	立合同人
财产保险合同	包括财产、责任、保证、信用等保险合同	按投保金额1‰贴花	
技术合同	包括技术开发、转让、咨询、服务等合同	按所载金额0.3‰贴花	立合同人
产权转移书据	包括财产所有权和版权、商标专用权、专利权、专有技术使用权等转移书据	按所载金额0.5‰贴花	立据人
营业账簿	生产经营用账册	记载资金的账簿，按实收资本和资本公积总额0.5‰贴花，其他账簿按件贴花5元	立账簿人
权利、许可证照	包括政府部门颁发的房屋产权证、工商营业执照、商标注册证、专利证、土地使用证	按件贴花5元	领受人

2. 定额税率

权利、许可证照和营业账簿税目中除记载资金以外的其他账簿，适用定额税率，即以件为单位缴纳一定数额的税款，按件贴花，单位税额为5元。

六、应纳税额的计算

（1）实行从价定率办法计税的应税凭证，其计算公式为

$$应纳税额=应税凭证所载金额\times适用税率$$

（2）实行从量定额办法计税的应税凭证，其计算公式为

$$应纳税额=应税凭证件数\times单位税额$$

【例9-1】 某企业与铁路运输部门签订货物运输合同，运输费用为200 000元，仓储保管费用为6 000元，已知货物运输合同按运输费用的0.5‰纳税，仓储合同按仓储费用1‰纳税。计算该企业应纳印花税额。

应纳印花税额 $=200\,000\times0.5‰+6\,000\times1‰=106$（元）

七、税收优惠

（1）已缴纳印花税的凭证的副本或者抄本免税。

（2）财产所有人将财产赠给政府、社会福利单位、学校所书立的书据免税。

（3）国家指定的收购部门与村民委员会、农民个人书立的农副产品收购合同免税。

（4）无息、贴息的贷款合同免税。

（5）外国政府或者国际金融组织向我国政府及国家金融机构提供优惠贷款所书立的合同免税。

（6）经财政部确定免税的其他凭证。

任务二　车辆购置税核算

一、车辆购置税的概念

车辆购置税是对在我国境内购置应税车辆的单位和个人，就其购置的应税车辆在购置环节一次性征收的一种税。

法规链接

现行车辆购置税的基本法律规范是2000年10月22日国务院颁布于2001年1月1日起实施的《中华人民共和国车辆购置税暂行条例》。

二、纳税人

在我国境内购置应税车辆的单位和个人，为车辆购置税的纳税人。其中，单位包括国有企业、集体企业、私营企业、股份制企业、外商投资企业、外国企业以及其他企业和事业单位、社会团体、国家机关、部队以及其他单位；个人，包括个体工商户以及其他个人。

三、征税范围

车辆购置税征税范围包括汽车、摩托车、电车、挂车、农用运输车。具体内容见表9－2。

表 9-2 车辆购置税征收范围表

应税车辆	具体范围	注释
汽车	各类汽车	
摩托车	轻便摩托车	最高设计时速不大于 50km/h，发动机汽缸总排量不大于 $50cm^3$ 的两个或者三个车轮的机动车
	二轮摩托车	最高设计车速大于 50km/h，发动机汽缸总排量大于 $50cm^3$ 的两个车轮的机动车
	三轮摩托车	最高设计车速大于 50km/h，发动机汽缸总排量大于 $50cm^3$，空车质量不大于 400kg 的三个车轮的机动车
电车	无轨电车	以电能为动力，由专用输电电缆线供电的轮式公共车辆
	有轨电车	以电能为动力，在轨道上行驶的公共车辆
挂车	全挂车	无动力设备，独立承载，由牵引车辆牵引行驶的车辆
	半挂车	无动力设备，与牵引车辆共同承载，由牵引车辆牵引行驶的车辆
农用运输车	三轮农用运输车	柴油发动机，功率不大于 7.4kW，载重量不大于 500kg，最高车速不大于 40km/h 的三个车轮的机动车自 2004 年 10 月 1 日起对农用三轮车免征车辆购置税
	四轮农用运输车	柴油发动机，功率不大于 28kW，载重量不大于 1 500kg，最高车速不大于 50km/h 的四个车轮的机动车

四、税率

车辆购置税实行统一的比例税率，税率为 10%。

五、应纳税额的计算

车辆购置税实行从价定率的办法计算应纳税额。应纳税额的计算公式为

应纳税额 = 计税依据 × 10%

车辆购置税的计税依据如下：

1. 按应税车辆全部价款确定的计税依据

（1）购买自用车辆为纳税人支付给销售者的全部价款和价外费用，不包括增值税税款。价外费用是指销售方价外向购买方收取的基金、集资费、返还利润、补贴、违约金（延期付款利息）和手续费、包装费、储存费、优质费、运输装卸费、保管费、代收款项、代垫款项以及其他各种性质的价外收费。

（2）进口自用车辆为应税车辆的计税价格。

计税价格 = 关税完税价格 + 关税 + 消费税

2. **按核定计税价格确定的计税依据**

（1）自产、受赠、获奖或者以其他方式取得并自用车辆，计税依据由车购办参照国家税务总局核定的应税车辆最低计税价格核定。

（2）购买自用或者进口自用车辆，纳税人申报的计税价格低于同类型应税车辆的最低计税价格，又无正当理由的，计税依据为最低计税价格。

最低计税价格是指国家税务总局依据车辆生产企业提供的车辆价格信息并参照市场平均交易价格核定的车辆购置税计税价格。

申报的计税价格低于同类型应税车辆的最低计税价格，又无正当理由的，是指纳税人申报的车辆计税价格低于出厂价格或进口自用车辆的计税价格。

【例 9-2】 张某购入一辆奥迪轿车，购买含增值税价款为 280 800 元，国家税务总局核定该车的最低计税价格为 230 000 元，则张某应缴纳车辆购置税多少元？

解 析

申报的计税价格 = 280 800 ÷ (1 + 17%) = 240 000（元）

因申报的价格不低于同类型车辆的最低计税价格，故计税价格为 240 000 元

应纳车辆购置税税额 = 240 000 × 10% = 24 000（元）

六、税收优惠

（1）外国驻华使馆、领事馆和国际组织驻华机构及其外交人员自用的车辆，免税。

（2）中国人民解放军和中国人民武装警察部队列入军队武器装备订货计划的车辆，免税。

（3）设有固定装置的非运输车辆，免税。设有固定装置的非运输车辆是指，挖掘机、平地机、叉车、装载车（铲车）、起重机（吊车）、推土机等工程机械。

（4）防汛部门和森林消防等部门购置的由指定厂家生产的指定型号的用于指挥、检查、调度、防汛（警）、联络的专用车辆（以下简称防汛专用车和森林消防专用车），免税。

（5）回国服务的在外留学人员（以下简称留学人员）购买的 1 辆国产小汽车，免税。

（6）长期来华定居专家（以下简称来华专家）进口 1 辆自用小汽车，免税。

（7）有国务院规定予以免税或者减税的其他情形的，按照规定免税、减税。

七、纳税期限

纳税人购买自用应税车辆的，应当自购买之日起 60 日内申报纳税；进口自

用应税车辆的，应当自进口之日起60日内申报纳税；自产、受赠、获奖或者以其他方式取得并自用应税车辆的，应当自取得之日起60日内申报纳税。

职业能力训练

一、单选题

1. 下列选项中不属于车辆购置税征收范围的是（　　）。

A. 摩托车　　B. 电瓶车　　C. 挂车　　D. 农用运输车

2. 以下选项中属于车辆购置税计税依据的是（　　）。

A. 受赠使用的，按同类最低价格计算

B. 进口自用的，按进口应税车辆的组成计税价格

C. 购买自用的，按购买应税车辆而支付的含税价格

D. 自产自用的，按国家税务总局定的最高计税价格

3. 下列各项中，不应按“产权转移书据”税目征收印花税的有（　　）。

A. 商品房销售合同　　B. 土地使用权转让合同

C. 专利申请权转让合同　　D. 个人无偿赠予不动产登记表

4. 下列选项所列证照中，都要缴纳印花税的是（　　）。

A. 房屋产权证、工商营业执照、税务登记证、营运许可证

B. 土地使用证、专利证、特殊行业经营许可证、房屋产权证

C. 商标注册证、卫生许可证、土地使用证、营运许可证

D. 房屋产权证、工商营业执照、商标注册证、专利证、土地使用证

5. 根据印花税法律制度的有关规定，下列凭证中不属于印花税征税范围的是（　　）。

A. 原始凭证　　B. 工商营业执照　　C. 购销合同　　D. 借款合同

二、多选题

1. 下列关于车辆购置税的申报与缴纳，说法正确的有（　　）。

A. 底盘发生更换的车辆，纳税人不用重新办理纳税申报

B. 免税条件消失的车辆，纳税人应重新办理纳税申报

C. 车辆购置税的纳税地点为应税车辆登记注册地或纳税人所在地

D. 纳税人获奖自用的应税车辆，自取得之日起30天内申报纳税

E. 进口自用的应税车辆，应自进口之日起60日内申报纳税

2. 下列车辆中，不免征车辆购置税的是（　　）。

A. 回国服务的留学人员用现汇购买1辆自用的进口小汽车

B. 四轮农用运输车

C. 长期来华定居专家进口2辆自用小汽车

D. 设有固定装置的非运输车辆

3. 已缴纳车辆购置税的车辆，发生下列情形之一的，准予纳税人申请退税（　　）。
   A. 车辆退回生产企业或者经销商的
   B. 符合免税条件的设有固定装置的非运输车辆但已征税的
   C. 因自然灾害发生毁损的车辆
   D. 符合免税条件的设有固定装置的运输车辆但已征税的
4. A公司于2016年10月与B公司签订了数份以货易货合同，用共计500 000元的钢材换取450 000元的水泥，A公司取得差价50 000元。下列各项中表述不正确的有（　　）。
   A. A公司10月应缴纳的印花税为285元
   B. A公司10月应缴纳的印花税为150元
   C. A公司可对易货合同采用汇总方式缴纳印花税
   D. A公司可对易货合同采用汇贴方式缴纳印花税
5. 下列关于印花税税率表述正确的有（　　）。
   A. 印花税税率有比例税率和定额税率两种形式
   B. 印花税的税率设计，遵循税负从轻、共同负担的原则
   C. 印花税的比例税率分为四档
   D. 印花税中权利、许可证照适用定额税率
6. 下列项目中，符合印花税相关规定的有（　　）。
   A. 加工承揽合同的计税依据为加工货物的同类售价金额
   B. 财产租赁合同的计税依据为租赁金额
   C. 仓储保管合同的计税依据为所保管货物的金额
   D. 建设工程勘察设计合同的计税依据为收取的费用

三、判断题

1. 按金额比例贴花的应税凭证，未标明金额的，应按照凭证所载数量及市场价格计算金额，依适用税率贴足印花。（　　）
2. 财产租赁合同的应纳税额超过1元但不足5元的，按5元贴花。（　　）
3. 纳税人购买了印花税票不等于履行了纳税义务，只有在将印花税票贴在应税凭证上以后，才算完成了纳税义务。（　　）
4. 甲乙双方签订一份仓储保管合同，合同上注明货物金额500万元，保管费用10万元。甲乙双方共应缴纳印花税200元。（　　）
5. 车辆退回生产企业或者经销商的，纳税人申请退税时，主管税务机关自纳税人办理纳税申报之日起，按已缴纳税款全额退税。（　　）
6. 车辆购置税实行一次征收制度，税款应当一次缴清。购置已征车辆购置税的车辆，不再征收车辆购置税。（　　）

四、计算题

1. 王明从大众4S店（一般纳税人）购买轿车一辆供自己使用，支付含增值税的价款117 000元，另支付购置工具件和零配件价款2 400元，车辆装饰费5 800

元，4S 店还收取加急费等 6 000 元，并统一开具普通发票，政府另外收取控购费 2 000 元。要求：计算王明应纳车辆购置税税额。

2. 某企业已登记注册的一辆北京现代越野车，其底盘发生更换支付更换款 18 500 元，最新核发的同类型车辆最低计税价格为 186 000 元。要求：计算该企业应缴纳车辆购置税。

3. 甲公司经批准进口小轿车 1 辆，该辆车关税完税价格为人民币 185 000 元，缴纳关税 203 500 元。已知该小轿车适用的消费税税率为 12%，车辆购置税税率为 10%。计算该辆进口小轿车应缴纳的车辆购置税税额。

4. 某企业与某运输公司分别签订了两份运输保管合同：第一份合同载明的金额合计 65 万元（运费和保管费并未分别记载）；第二份合同中注明运费 42 万元、保管费 11 万元。要求：分别计算该企业第一份、第二份合同应缴纳的印花税税额。

5. 甲企业 201×年 7 月签订了如下合同和凭证：向乙公司租赁设备一台，年租金 12 万元，租期三年；与银行签订借款合同，借款金额为 400 万元，因该借款用于企业技术改造项目，为无息贷款；受丙公司委托加工一批产品，总金额为 300 万元，签订的加工承揽合同中注明原材料由丙公司提供，金额为 180 万元，甲企业提供加工劳务和辅助材料，金额为 20 万元。要求：计算甲企业上述事项应纳印花税税额。

6. 甲企业 201×年 1 月开业，领受房产证、工商营业执照、土地使用证各一件；与其他企业订立转移专有技术使用权书据，所载金额 100 万元；订立产品购销合同，所载金额 70 万元；订立借款合同，所载金额 60 万元；企业设立营业账簿 11 本，“实收资本”科目载有资金 800 万元；201×年 1 月该企业“实收资本”科目所载资金增加为 1 100 万元；要求：计算该企业应纳印花税税额。

项目十 税收征管法

知识目标

1. 熟悉办理税务登记流程；
2. 掌握发票管理和使用的相关规定；
3. 掌握税款征收方式；
4. 熟悉违反税收征管的法律责任。

技能目标

1. 能办理各类税务登记；
2. 能根据发票管理规定正确开具发票；
3. 会进行纳税申报；
4. 能判断税收违法行为应承担的法律责任。

任务一 税务管理

税收征收管理法是有关税收征收管理法律规范的总称，包括税收征收管理法及税收征收管理的有关法律、法规和规章。税收征收管理法是国家税法体系的重要组成部分。税务管理主要包括：①税务登记管理；②账簿、凭证管理；③发票管理；④纳税申报管理等内容。

法规链接

现行的《税收征收管理法》（以下简称《征管法》）是2001年4月28日第九届全国人大常委会第二十一次会议通过修订后，于2001年5月1日起施行。2012年和2015年全国人民代表大会常务委员会对《征管法》又进行过两次修订。

一、税务登记

税务登记是指税务机关根据税法规定，对纳税人的生产、经营活动进行登记管理的一项法定制度，也是纳税人依法履行纳税义务的法定手续。税务登记又称纳税登记，它是税务机关对纳税人实施税收管理的首要环节和基础工作，是征纳双方法律关系成立的依据和证明，也是纳税人必须依法履行的义务。因办理税务登记的目的不同，税务登记可分为开业税务登记、变更税务登记、停业税务登记和注销税务登记等。

（一）开业税务登记

开业税务登记是指纳税人经由工商登记而设立或者依照法律、行政法规的规定成为法定纳税人之时，依法向税务机关办理的税务登记。

1. 开业税务登记的对象

（1）领取营业执照从事生产、经营的纳税人，包括企业、企业在外地设立的分支机构、个体工商户、从事生产、经营的事业单位。

（2）其他纳税人。不从事生产、经营，但依照法律、法规的规定负有纳税义务的单位和个人，除国家机关、个人和无固定生产、经营场所的流动性农村小商贩外，也应办理税务登记。

此外，负有代扣代缴或者代收代缴税款的扣缴义务人，也应当办理扣缴税款登记。

2. 开业税务登记的时间和地点

从事生产、经营的纳税人，应当自领取营业执照之日起30日内，向生产、经营地或者纳税义务发生地的主管税务机关申报办理税务登记，填写税务登记表并按照税务机关的要求提供有关证件、资料。除上述以外的其他纳税人，除国家机关和个人外，应当自纳税义务发生之日起30日内，持有关证件向所在地主管税务机关申报办理税务登记。

3. 开业税务登记的内容

（1）单位名称、法定代表人或业主姓名及其居民身份证、护照或者其他证明身份的合法证件。

（2）住所、经营地点。

（3）登记注册类型及所属主管单位。

（4）核算方式。

（5）行业、经营范围、经营方式。

（6）注册资金（本）、投资总额、开户银行及账号。

（7）经营期限、从业人数、营业执照号码。

（8）财务负责人、办税人员。

（9）其他有关事项。

企业在外地的分支机构或者从事生产、经营的场所，还应当登记总机构名称、地址、法人代表、主要经营范围、财务负责人。

4. 开业税务登记的程序

（1）申请。纳税人在规定的期限内，首先应当到主管税务机关或指定的税务登记处办理开业登记。在申报办理税务登记时，纳税人应领取并认真填写《税务登记表》，将登记表交给主管税务机关并附送以下证件和资料：

① 营业执照或其他核准执业证件及工商登记表，或其他核准执业登记表复印件；

② 有关机关、部门批准设立的文件；

③ 有关合同、章程、协议书；

④ 法定代表人和董事会成员名单；

⑤ 法定代表人（负责人）或业主居民身份证、护照或者其他证明身份的合法证件；

⑥ 组织机构统一代码证书；

⑦ 住所或经营场所证明；

⑧ 委托代理协议书复印件；

⑨ 属于享受税收优惠政策的企业，还应包括需要提供的相应证明、资料，税务机关需要的其他资料、证件。

企业在外地的分支机构或者从事生产、经营的场所，在办理税务登记时，还应当提供由总机构所在地税务机关出具的在外地设立分支机构的证明。

（2）税务登记表的受理、审核。

① 受理。税务机关对申请办理税务登记的单位和个人所提供的“申请税务登记报告书”及要求报送的各种附列资料、证件进行查验，对手续完备、符合要求的，方可受理登记，并根据其经济类型发给相应的税务登记表。

② 审核。税务登记审核工作，既是税务机关税务登记工作的开始，也是税务登记管理工作的关键。为此，加强税务登记申请的审核就显得十分必要。通过税务登记申请的审核，可以发现应申报办理税务登记户数，实际办理税务登记户数，进而掌握申报办理税务登记户的行业构成等税务管理信息。

为此，税务机关对纳税人填报的《税务登记表》、提供的证件和资料，应当在收到申报的当日审核完毕。符合规定的，予以登记；对不符合规定的不予登记，并应在30日内予以答复。

（3）税务登记证的核发。税务机关对纳税人提交的证件和资料齐全，且税务登记表填报的内容符合规定的，应在当日办理并发放税务登记证件。

【例10-1】 企业向税务机关办理税务登记时需要提供的资料有（ ）。

A. 营业执照　　B. 法定代表人的身份证

C. 企业章程　　　　　　　　　　D. 企业财务报表

【答案】ABC

（二）变更税务登记

变更税务登记，是指纳税人税务登记内容发生重要变化时向税务机关申报办理的税务登记手续。

1. 变更税务登记的范围

纳税人变更税务登记有两种情况：一是纳税人变更生产、经营内容需要工商行政管理机关或者其他机关批准的，要在工商行政管理机关或者其他机关办理变更登记之日起30日内，持有关证件向原税务登记机关申报办理变更税务登记；二是纳税人税务登记内容发生变化，要到工商行政管理机关或者其他机关办理变更登记的，应当自发生变更登记之日起30日持有关证件向原税务登记机关申报办理变更税务登记。

2. 变更登记的要求

纳税人办理变更税务登记需提供以下证件和资料：变更税务登记申请书；变更登记有关证明文件；税务机关发放的原税务登记证件（包括税务登记证及其副本、税务登记等）；其他有关资料。

3. 变更登记的时间

纳税人税务登记内容发生变化的，应当自工商行政管理机关或者其他机关办理变更登记30日内，持有关证件向原税务登记机关申报办理变更税务登记；纳税人税务登记内容发生变化，不需要到工商行政管理机关或者其他机关办理变更登记的，应当自发生变化之日起30日内，持有关证件向原税务登记机关申报办理变更税务登记。

【例10－2】　在下列情况下，企业需要办理变更登记的有（　　）。

A. 企业改变银行账户

B. 企业改变住所但不改变主管税务机关

C. 企业改变法定代表人

D. 企业被吊销营业执照

【答案】ABC

（三）停业、复业登记

停业、复业登记，是纳税人暂停和恢复生产经营活动而办理的纳税登记。

实行定期定额征收方式的纳税人，在营业执照核准的经营期限内需要停业的，应当向税务机关提出停业登记，说明停业的理由、时间、停业前的纳税情况和发票的领、用、存情况，并如实填写申请停业登记表。税务机关经过审核，应当责成申请停业的纳税人结清税款、滞纳金、罚款，并收存税务登记证件、发票领购簿和未使用完的发票及其他税务证件，办理停业登记。纳税人的停业期限不得超过1年。

纳税人在停业期间发生纳税义务，应当及时向主管税务机关申报，依法补缴应纳税款。纳税人应当于恢复生产、经营之前，向税务机关提出复业登记申请，经确认后，办理复业登记，领回或启用税务登记证件和发票领购簿及其领购的发票，纳入正常管理。

纳税人停业期满不能及时恢复生产、经营的，应当在停业期满前向税务机关提出延长停业登记。纳税人停业期满未按期复业又不申请延长停业的，税务机关应当视为已恢复营业，实施正常的税收征收管理。

【例10-3】 （判断）企业在停业期间发生纳税义务的，应在复业后与其他发生的纳税义务一起纳税申报。（ ）

【答案】 错

（四）注销税务登记

注销税务登记，是指纳税人在发生解散、破产、撤销以及依法终止履行纳税义务的其他情形时，向原税务登记机关申请办理的登记手续。

1. 注销税务登记的范围

纳税人有下列情形之一的，应持相关资料到原主管税务机关申请办理注销税务登记手续，并填写“注销税务登记申请审批表”。

（1）因经营期限届满而自动解散；

（2）企业由于改组、分立、合并等原因而被撤销；

（3）企业资不抵债而破产；

（4）纳税人住所、经营地址迁移而涉及改变原主管税务机关的；

（5）纳税人被工商行政管理部门吊销营业执照；

（6）纳税人依法终止履行纳税义务的其他情形。

2. 注销税务登记的时间

纳税人发生解散、破产、撤销以及其他情形，依法终止纳税义务的，应当在向工商行政机关办理注销登记前，持有关证件向原税务登记管理机关申报办理注销税务登记；按照规定不需要在工商管理机关办理注销登记的，应当自有关机关批准或者宣告终止之日起15日内持有关证件向原税务登记管理机关申报办理注销税务登记。

纳税人因住所、生产、经营场所变动而涉及改变主管税务登记机关的，应当在向工政管理机关申请办理变更或注销登记前，或者住所、生产、经营场所变动前，向原登记机关申报办理注销税务登记，并在30日内向迁达地主管税务登记机关申报办理登记。

纳税人被工商行政管理机关吊销营业执照的，应当自营业执照被吊销之日起

15 日内，向税务登记机关申报办理注销税务登记。

（五）外出经营报验登记

从事生产、经营的纳税人到外县市进行生产经营活动的，应当向主管税务机关申请开具“外出经营活动税收管理证明”（以下简称“外管证”）。主管税务机关对纳税人的申请进行审核后，按照一地一证原则，核发外管证，外管证的有效期一般为 30 天，最长不得超过 180 天。

纳税人应当在到达经营地进行生产、经营前向经营地税务机关申请报验登记，并提交有关证件、资料：

（1）税务登记证件副本；

（2）外管证。

纳税人外出经营活动结束后，应当向经营地税务机关填报“外出经营活动情况申报表”，并结清税款、缴销发票。纳税人应当在外管证有效期届满后 10 日内，持外管证回原税务机关办理外管证缴销手续。

（六）税务登记证的作用

除按照规定不需要发给税务登记证件的以外，纳税人办理下列事项时，必须持有税务登记证件：

（1）开立银行账户；

（2）申请减税、免税、退税；

（3）申请办理延期申报、延期缴纳税款；

（4）领购发票；

（5）申请开具外管证；

（6）办理停业歇业；

（7）其他有关税务事项。

二、发票管理

（一）发票印制管理

发票是指在购销商品、提供或者接受服务以及从事其他经营活动中，开具、收取的收付款凭证，它是经济业务的证明。是会计核算的原始依据。也是税务稽查的重要依据。税务机关是发票的主管机关，负责发票的印刷、领钩、开具、取得、保管、缴销的管理与监督。

发票按其用途及反映的内容不同，分为增值税专用发票、普通发票及专业发票。增值税专用发票由国务院税务主管部门指定的企业印制；其他发票按照国务院税务主管部门的规定，分别由省、自治区、直辖市国家税务局、地方税务局指定企业印制。

（二）发票领购管理

依法办理税务登记的单位和个人，在领取税务登记证后，向主管税务机关申请领购发票。对固定经营场地或者财务制度不健全的纳税人申请领购发票，主管税务机关有权要求其提供担保人，不能提供担保人的，可以视其情况，要求其提供保证金，并限期缴销发票。对发票保证金应设专户储存，不得挪作他用。纳税人可以根据自己的需要申请领购普通发票。增值税专用发票只限于增值税一般纳税人领购使用。

（三）发票开具、使用、取得的管理

根据《征管法》第二十一条的规定："单位、个人在购销商品、提供或者接受经营服务以及从事其他经营活动中，应当按照规定开具、使用、取得发票。"普通发票开具、使用、取得的管理，应注意以下几点：

（1）销货方按规定填开发票；

（2）购买方按规定索取发票；

（3）纳税人进行电子商务必须开具或取得发票；

（4）发票要全联一次填写；

（5）发票不得跨省、自治区、直辖市使用。发票限于领购单位和个人在本省、自治区、直辖市内开具。发票领购单位未经批准不得跨规定使用区域携带、邮寄、运输空白发票，禁止携带、邮寄或者运输空白发票出入境；

（6）开具发票要加盖财务印章或发票专用章；

（7）开具发票后，如发生销货退回需开红字发票的，必须收回原发票并注明"作废"字样或取得对方有效证明；发生销售折让的，在收回原发票并证明"作废"后，重新开具发票。

（四）发票保管管理

根据发票管理的要求，发票保管分为税务机关保管和用票单位、个人保管两个层次，都必须建立严格的发票保管制度。保管制度包括：专人保管制度；专库保管制度；专账登记制度；保管交接制度；定期盘点制度。

（五）发票缴销管理

发票缴销包括发票收缴和发票销毁。发票收缴是指用票单位和个人按照规定向税务机关上缴已经使用或者未使用的发票；发票销毁是指由税务机关统一将自己或者他人已使用或者未使用的发票进行销毁。发票收缴与发票销毁既有联系又有区别，发票销毁首先必须收缴；但收缴的发票不一定都要销毁，一般都要按照法律法规保存一定时期后才能销毁。

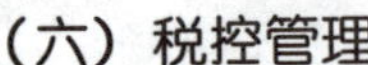

（六）税控管理

税控管理是税收征收管理的一个重要组成部分，它是指税务机关利用税控装置对纳税人的生产经营情况进行监督和管理，以保障国家税收收入，防止税款流失，提高税收征管工作效率，降低征收成本的各项活动的总称。

纳税人应当按照规定安装、使用税控装置，不得损毁或者擅自改变税控装置。不能按照规定安装、使用税控装置，或者损毁或者擅自改动税控装置的，由税务机关责令限期改正，可以处以 2 000 元以下的罚款；情节严重的，处 2 000 元以上 1 万元以下的罚款。这样不仅使推广使用税控装置有法可依，而且可以打击在推广使用税控装置中的各种违法犯罪活动。

三、纳税申报

纳税申报是纳税人按照税法规定的期限和内容，向税务机关提交有关纳税事项书面报告的法律行为，是纳税人履行纳税义务、界定纳税人法律责任的主要依据，是税务机关税收管理信息的主要来源和税务管理的重要制度。

（一）纳税申报的对象

纳税申报的对象是指依照国家法律、行政法规的规定，负有纳税义务的纳税人和扣缴义务人。纳税人在纳税期内没有应纳税款的，也应当按照规定办理纳税申报。纳税人享受减税、免税待遇的，在减税、免税期间应当按照规定办理纳税申报。

（二）纳税申报的内容

纳税人和扣缴义务人的纳税申报和代扣代缴、代收代缴税款报告的主要内容包括：税种、税目，应纳税项目或者应代扣代缴、代收代缴税款项目，计税依据，扣除项目及标准，适用税率或者单位税额，应退税项目及税额、应减免税项目及税额，应纳税额或者应代扣代缴、代收代缴税额，税款所属期限、延期缴纳税款、欠税、滞纳金等。

（三）纳税申报的期限

《征管法》规定纳税人和扣缴义务人都必须按照法定的税期限纳税申报。纳税期限是纳税人据以计算应纳税额的时间界限，报缴期限是从纳税期限届满之日纳税人缴纳税款的时间界限，纳税申报的期限可按纳税期限的长短和报缴税款的次数的多少来确定。不同的税种规定的纳税期限不同，其申报时间也不同。报缴期限的最后一天如遇公休日，可顺延。如果由于特殊困难等原因，纳税人不能按期申报，经县以上税务机关核准，可以延期申报，但最长不得超过 3 个月，其税款应按上期或税务机关核定的税额预缴。办理延期申报应在原来规定的纳税申报期限内向税务机关提出书面延期申请，经税务机关核准，在核准的期限内办理。

（四）纳税申报的方式

目前纳税申报的方式主要是数据电文申报，此外还有直接申报和邮寄申报。

数据电文，是指经税务机关确定的电话语音、电子数据交换和网络传输等电子方式进行纳税申报。例如，目前纳税人的网上申报，就是数据电文申报方式的一种形式。

纳税人采取电子方式办理纳税申报的，应当按照税务机关规定的期限和要求保存有关资料。纳税人、扣缴义务人采取数据电文方式办理纳税申报的，其申报日期以税务机关计算机网络系统收到该数据电文的时间为准。

【例10-4】 （多项选择题）下列各项中，属于纳税申报方式的有（　　）。

A. 网上申报　　B. 直接申报　　C. 邮寄申报　　B. 他人代报

【答案】ABC

任务二 税款征收

税款征收，是国家税务机关等主体依照税收法律、法规规定将纳税人应当缴纳的税款征收入库的一系列活动的总称。税款征收是税收征收管理工作中的中心环节，是全部税收征管 工作的目的和归宿，在整个税收工作中占据着极其重要的地位。

一、税款征收原则

（1）税务机关是征税的唯一行政主体。

（2）税务机关只能依照法律、行政法规的规定征收税款。

（3）税务机关不得违反法律、行政法规的规定开征、停征、多征、少征、提前征收或者延缓征收税款或者摊派税款。

（4）税务机关征收税款必须遵守法定权限和法定程序的原则。

（5）税务机关征收税款或扣押、查封商品、货物或其他财产时，必须向纳税人开具完税凭证或开付扣押、查封的收据或清单。

（6）税款、滞纳金、罚款统一由税务机关上缴国库。

（7）税款优先。

1）税收优先于无担保债权。这里所说的税收优先于无担保债权是有条件的，也就是说并不是优先于所有的无担保债权，对于法律上另有规定的无担保债权，不能行使税收优先权。

2）纳税人发生欠税在前的，税收优先于抵押权、质权和留置权的执行。这里有两个前提条件：①纳税人有欠税；②欠税发生在前，即纳税人的欠税发生在以其财产设定抵押、质押或被留置之前。纳税人在有欠税的情况下设置抵押权、质权、留置权时，纳税人应当向抵押权人、质权人说明其欠税情况。

欠缴的税款是指纳税人发生纳税义务，但未按照法律、行政法规规定的期限或者未按照税务机关依照法律、行政法规的规定确定的期限向税务机关申报缴纳的税款或者少缴的税款。纳税人应缴纳税款的期限届满之次日即是纳税人欠缴税款的发生时间。

3）税收优先于罚款、没收非法所得。

①纳税人欠缴税款，同时又被税务机关决定处以罚款、没收非法所得的，税收优先于罚款、没收非法所得。

②纳税人欠缴税款，同时又被税务机关以外的其他行政部门处以罚款、没收非法所得的，税款优先于罚款、没收非法所得。

二、税款征收的方式

税款征收方式是指税务机关根据各税种的不同特点、征纳双方的具体条件而确定的计算征收税款的方法和形式。税款征收的方式主要有以下几种。

（一）查账征收

查账征收是指税务机关按照纳税人提供的账簿所记载，先行计算缴纳税款，事后经税务机关查账核实，如有不符合税法规定的，则多退少补的一种税款征收方式。这种方式一般适用于经营规模大、财务会计制度较为健全，会计记录完整，能够如实核算和提供生产经营情况，并能正确计算税款，能够认真履行纳税义务的纳税人。

（二）查定征收

查定征收是指税务机关根据纳税人的从业人员、生产设备、原材料耗用情况等因素，查实核定其在正常生产经营条件下应税产品的数量、销售额，并据以征收税款的一种方式。这种方式一般适用于生产经营规模较小，账册不够健全，财务管理和会计核算水平低，生产不稳定但是能够控制原材料或进销货的纳税人。

（三）查验征收

查验征收是指税务机关对纳税人应税商品，通过查验数量，按市场一般销售单价计算其销售收入并据以征税的方式。这种方式一般适用于经营品种比较单一，经营地点、时间和商品来源不固定的纳税人。

（四）定期定额征收

定期定额征收，是指税务机关依照有关法律法规的规定，按照一定的程序，核定纳税人在一定期限内的营业额、利润额，并以此为依据，确定其应纳税额的一种税款征收方式。这种方式一般适用于规模较小，账册不健全，难以提供完整的纳税资料的个体工商户的税款征收。

（五）委托代征

委托代征税款是指税务机关委托代征人以税务机关的名义征收税款，并将税款缴入国库的方式。这种方式一般适用于小额、零散税源的征收。

（六）代扣代缴

代扣代缴，是指按照税法规定，负有扣缴税款的法定义务人，在向纳税人支付款项时，从所支付的款项中直接扣收税款，并按照规定的期限和缴库方法申报解缴的一种税款征收方式。其目的是对零星分散、不易控制的税源实行源泉控制。

（七）其他方式

邮寄申报、自填自缴等。

三、税款的追缴与退还

（一）税款追缴

（1）因税务机关责任，致使纳税人、扣缴义务人未缴或者少缴税款的，税务机关在 3 年内可要求纳税人、扣缴义务人补缴税款，但是不得加收滞纳金。

（2）因纳税人、扣缴义务人计算等失误，未缴或者少缴税款的，税务机关在 3 年内可以追征税款、滞纳金；未缴或者少缴的税款累计数额在 10 万元以上的，追征期可以延长到 5 年。

（3）对偷税、抗税、骗税的，税务机关在追征其未缴或者少缴的税款、滞纳金或者所骗取的税款，不受规定期限的限制，无限期追征。

（二）税款退还

纳税人超过应纳税额缴纳的税款，税务机关发现纳税人多缴税款的，应当自发现之日起 10 日内办理退还手续；纳税人自结算缴纳税款之日起 3 年内发现的，可以向税务机关要求退还多缴的税款并加算银行同期存款利息，税务机关及时查实后应当立即退还。

四、延期纳税

纳税人、扣缴义务人按照法律、行政法规规定或者税务机关依照法律、行政法规的规定确定的期限，缴纳或者解缴税款。纳税人因有特殊困难，不能按期缴纳税款的，经省、自治区、直辖市国家税务局、地方税务局批准，可以延期缴纳税款，但是最长不得超过三个月。

上述特殊困难是指：①因不可抗力，导致纳税人发生较大损失，正常生产经营活动受到较大影响的；②当期货币资金在扣除应付职工工资、社会保险费后，不足以缴纳税款的。

纳税人申请延期缴纳税款必须在规定的纳税期限之前向主管国家税务机关提出书面申请，领取延期纳税审批表，说明原因，经主管国家税务局核准后在批准的延期内缴纳税款，未经核准的，仍应在规定的纳税期限内缴纳税款。

税务机关应当自收到申请延期缴纳税款报告之日起20日内做出批准或者不予批准的决定；批准延期内免于加收滞纳金，不予批准的，从缴纳税款期限届满之日起加收滞纳金。

五、税收滞纳金

纳税人未按照规定期限缴纳税款的，扣缴义务人未按照规定期限解缴税款的，税务机关除责令其限期缴纳外，从滞纳税款之日起，按日加收滞纳税款万分之五的滞纳金。具体计算滞纳金的公式为

$$滞纳金金额 = 滞纳税款的数额 \times 税款滞纳天数 \times 0.05\%$$

【例10－5】 某公司为增值税一般纳税人，2016年11月应纳增值税200 000元，税务机关规定的纳税期限截至2016年12月15日，但该公司于2016年12月27日才缴纳该笔税款，请计算税务机关可以对该公司加收多少税收滞纳金？

解析

税收滞纳金金额＝200 000×12×0.05%＝1 200（元）

六、税收保全措施

税收保全措施，是指税务机关对可能由于纳税人的行为或者某种客观原因，致使以后税款的征收不能保证或难以保证的案件，采取限制纳税人处理或转移商品、货物或其他财产的措施。

税务机关有根据认为从事生产、经营的纳税人有逃避纳税义务行为的，可以在规定的纳税期之前，责令限期缴纳税款；在限期内发现纳税人有明显的转移、隐匿其应纳税的商品、货物以及其他财产迹象的，税务机关应责令其提供纳税担保。如果纳税人不能提供纳税担保，经县以上税务局（分局）局长批准，税务机关可以采取下列税收保全措施：

（1）书面通知纳税人开户银行或者其他金融机构冻结纳税人的金额相当于应纳税款的款项。

（2）扣押、查封纳税人的价值相当于应纳税款的商品、货物或者其他财产。其他财产包纳税人的房地产、现金、有价证券等不动产和动产。

（3）通知出入境管理机关阻止其出境。

纳税人在上款规定的限期内缴纳税款的，税务机关必须立即解除税收保全措施；限期期限内仍未缴纳税款的，经县以上税务局（分局）局长批准，税务机关可以书面通知纳税人开户行或者其他金融机构，从其冻结的存款中扣缴税款，或者依法拍卖或者变卖所扣押、查封商品、货物或者其他财产，以拍卖或者变卖所得抵缴税款。

个人及其所扶养家属维持生活必需的住房和用品，不在税收保全措施的范围之内。个人扶养家属，是指与纳税人共同居住生活的配偶、直系亲属以及无生活来源并由纳税人扶养的其他亲属。生活必需的住房和用品不包括机动车辆、金银饰品、古玩字画、豪华住宅或者一处以外的住房。税务机关对单价 5 000 元以下的其他生活用品，不采取税收保全措施和强制执行范围内。

如果纳税人在税务机关采取税收保全措施后按照税务机关规定的期限缴纳了税款，税务机关应按规定在收到税款或银行转回的税票后 24 小时内解除税收保全。

七、税收强制执行

税收强制执行措施，是指当事人不履行法律、行政法规规定的义务，有关国家机关采用法定的强制手段，强迫当事人履行义务的行为。

从事生产、经营的纳税人、扣缴义务人未按照规定的期限缴纳或者解缴税款，纳税担保人未按照规定的期限缴纳所担保的税款，由税务机关责令限期缴纳，逾期仍未缴纳的，经县以上税务局（分局）局长批准，税务机关可以采取下列强制执行措施：

（1）书面通知纳税人开户银行或者其他金融机构从其存款中扣缴税款；

（2）扣押、查封、依法拍卖或者变卖其价值相当于应纳税款的商品、货物或者其他财产，以拍卖或者变卖所得抵缴税款。

税务机关采取强制执行措施时，对纳税人、扣缴义务人、纳税担保人未缴纳的滞纳金必须同时强制执行。应注意，可以采取税收保全措施的纳税人仅限于从事生产、经营的纳税人，不包括非事从生产、经营的纳税人，也不包括扣缴义务人和纳税担保人。个人及其所扶养家属维持生活必需的住房和用品，不在强制执行措施的范围之内。税务机关对单价 5 000 元以下的其他生活用品，不采取税收保全措施和强制执行范围内。

任务三 税务检查

税务检查也叫纳税检查，是税务机关以国家的法律、法规政策和税收征收管理制度为依据，对纳税人履行纳税义务情况及其逃避缴纳税款的行为的审核和查处行为的总称。

一、税务检查的内容

（1）检查纳税人履行纳税义务的情况，如执行政策的情况，是否按时、准确、全面地履行了纳税义务，有无逃避税款、欠税问题。如有，应将税收及时足额地征收入库。

（2）检查纳税人遵守财务、会计制度的情况，其财务、会计制度及其财务、会计处理办法有无与国家有关税收的规定相抵触。如有，则应纠正，按税收的有关规定计算纳税。

（3）检查税务人员执行税收征管制度的情况，直接主管税务机关和税务人员在税收征收理中是否存在漏洞或问题。如有，应找出原因，提出改进意见。

（4）了解纳税人的生产经营情况，帮助纳税人改善经营管理，挖掘潜力，提高经济效益。

二、税务检查的形式

（1）重点检查。重点检查是指对公民举报、上级机关交办或有关部门转来的有逃避缴纳税款行为嫌疑的，纳税申报与实际生产经营情况有明显不符的纳税人及有普遍逃税行为的行业检查。

（2）分类计划检查。分类计划检查是指根据纳税人历来纳税情况、纳税人的纳税规模及税务检查间隔时间的长短等综合因素，按事先确定的纳税人分类、计划检查时间及检查频率进行的检查。

（3）集中性检查。集中性检查是指税务机关在一定时间、一定范围内，统一安排、统一组织的税务检查，这种检查一般规模比较大，如以前年度的全国范围内的税收、财务大检查就属于这类检查。

（4）临时性检查。临时性检查是指由各级税务机关根据不同的经济形势、偷逃税趋势、税收任务完成情况等综合因素，在正常的检查计划之外安排的检查，如行业性解剖、典型调性的检查等。

（5）专项检查。专项检查是指税务机关根据税收工作实际，对某一税种或税收征收管理一环节进行的检查，如增值税一般纳税专项检查、漏征漏管户专项检查等。

三、税务检查的方法

税务检查的方法主要如下：

（1）全查法与抽查法；

（2）顺查法与逆查法；

（3）现场检查法与调账检查法；

（4）比较分析法与控制计算法；

（5）审阅法、核对法、外调法；

（6）盘存法与交叉稽核法。

以上几种方法各有优劣，在实际运用中应有选择地结合起来运用。

任务四 税收法律责任

税收法律责任是指纳税主体和征税主体违反税收法律规定的义务而应当承担的法律责任。税收违法行为承担的法律责任包括行政法律责任与刑事法律责任。

一、纳税人违反税收征管法的法律责任

（一）违反税务管理基本规定行为的处罚

（1）纳税人有下列行为之一的，由税务机关责令限期改正，可处以2 000元以下的罚款；情节严重的，处2 000元以上1万元以下的罚款。

1）未按照规定的期限申报办理税务登记、变更或者注销登记的。

2）未按照规定设置、保管账簿或者保管记账凭证和有关资料的。

3）未按照规定将财务、会计制度或者财务、会计处理办法和会计核算软件报送税务机关备查的。

4）未按照规定将其全部银行账号向税务机关报告的。

5）未按照规定安装、使用税控装置，或者损毁或擅自改动税控装置的。

（2）纳税人不办理税务登记的，由税务机关责令限期改正；逾期不改正的，由工商行政管理机关吊销其营业执照。

（3）纳税人通过提供虚假的证明材料等手段，骗取税务登记证件的，处2 000元以下罚款；情节严重的，处2 000元以上1万元以下的罚款。

（4）纳税人违反发票管理法规规定的，税务机关责令限期改正，可以处1万元以下的罚款，有违法所得予以没收。

（5）扣缴义务人未按规定办理扣缴税款登记的，税务机关应当自发现之日起3日内责令限期改正，并可处1 000元以下的罚款。

（二）纳税人和扣缴义务人未按规定进行纳税申报的法律责任

纳税人未按照规定的期限办理纳税申报和报送纳税资料的，或者扣缴义务人未按照规定的期限向税务机关报送代扣代缴、代收代缴税款报告表和有关资料的，由税务机关责令限期改正，可处以 2 000 元以下的罚款；情节严重的，可处以 2 000 元以上 1 万元以下的罚款。

（三）对逃避缴纳税款的认定及其法律责任

纳税人、扣缴义务人采取欺骗、隐瞒手段进行虚假纳税申报或者不申报，逃避缴纳税款数额较大并且占应纳税额 10% 以上的，处三年以下有期徒刑或者拘役，并处罚金；数额巨大并且占应纳税额 30% 以上的，处三年以上七年以下有期徒刑，并处罚金。

逃避缴纳税款的或将被追究刑事责任。五年内受过刑事处罚或者被税务机关给予两次以上行政处罚的将被追究刑事责任。经税务机关依法下达追缴通知，补缴了应纳税款，缴纳了滞纳金，已受行政处罚的，可不追究刑事责任。

职业能力训练

一、单选题

1. 企业领取营业执照后，应当在（　　）内向主管税务机关办理税务登记手续。

   A. 10 日　　B. 20 日　　C. 15 日　　D. 30 日

2. 外管证的有效期限一般为（　　）。

   A. 30 日　　B. 90 日　　C. 60 日　　D. 120 日

3. 纳税人账簿、凭证、财务会计制度比较健全，能够如实反映生产经营成果，正确计算应纳税款的，税务机关应当对其采用的税款征收方式是（　　）。

   A. 定期定额征收　　B. 查验征收　　C. 查账征收　　D. 查定征收

4. 某酒店 201×年 12 月份取得餐饮收入 5 万元，客房出租收入 10 万元，该酒店未在规定期限内进行纳税申报，经税务机关责令限期申报，逾期仍未申报。根据税收征收管理法律制度的规定，税务机关有权对该酒店采取的税款征收措施是（　　）。

   A. 采取税收保全措施　　B. 责令提供纳税担保

   C. 税务人员到酒店直接征收税款　　D. 核定其应纳税额

5. 甲企业 2015 年 10 月 5 日购买乙企业原材料，尚欠货款 40 万元未归还。2016 年 1 月，将一幢办公楼作为抵押向银行贷款 50 万元，到期未归还。2016 年 7 月至 12 月又欠缴税款 30 万元。如果 2017 年 1 月，该企业仅有的这幢办公楼被变卖得款 100 万元，按税款优先原则，应（　　）。

   A. 先支付税款 30 万元，再归还乙企业货款 40 万元，剩余的 30 万元归还银行

贷款

B. 先支付乙企业货款 40 万元，再归还银行贷款 50 万元，剩余的 10 万元归还欠缴税款

C. 先支付银行贷款 50 万元，再支付欠缴税款 30 万元，剩余的 20 万元归还乙企业货款

D. 先支付税款 30 万元，再归还银行贷款 50 万元，剩余的 20 万元归还乙企业货款

6. 根据税收征收管理法律制度的规定，下列各项中，属于强制执行措施的有（ ）。

A. 责令纳税人暂时停业，直至缴足税款

B. 扣押纳税人的价值相当于应纳税款的商品

C. 拍卖纳税人的价值相当于应纳税款的货物

D. 书面通知纳税人开户银行冻结纳税人的金额相当于应纳税款的存款

7. 某公司将税务机关确定的应于 201×年 9 月 15 日缴纳的税款 20 万元拖至 9 月 25 日缴纳，根据税收征收管理法律制度的规定，税务机关依法加收该公司滞纳税款的滞纳金为（ ）元。

A. 100　　B. 1 000　　C. 10 000　　D. 1 100

二、多选题

1. 在下列情况下，企业需要办理变更登记的有（ ）。

A. 企业改变开户银行

B. 企业改变住所但不改变主管税务机关

C. 企业改变法定代表人

D. 企业被吊销营业执照

2. 目前纳税申报的方式有（ ）。

A. 直接申报　　B. 邮寄申报　　C. 网上申报　　D. 其他方式

3. 下列各项中，属于我国税款征收方式的有（ ）。

A. 委托代征　　B. 代扣代缴　　C. 查账征收　　D. 定期定额征收

4. 企业未按规定办理税务登记的，税务机关可以做出（ ）处罚。

A. 责令限期改正　　B. 通报

C. 对责任人处以 2 000 元的罚款　　D. 对单位处以 1 500 元的罚款

5. 根据《发票管理办法规定》，单位和个人未按规定开具发票的，应给予（ ）。

A. 责令限期改正　　B. 没收非法所得

C. 可以处 2 000 元以上 1 万元以下罚款　D. 可以处 1 万元以下罚款

6. 根据税收征收管理法律制度的规定，下列各项中，属于税收保全措施的有（ ）。

A. 书面通知纳税人开户银行从其存款中直接扣缴税款

B. 拍卖纳税人的价值相当于应纳税款的商品、货物或其他财产

C. 书面通知纳税人开户银行冻结纳税人的金额相当于应纳税款的存款
D. 扣押、查封纳税人的价值相当于应纳税款的商品、货物或者其他财产

7. 根据税收征收管理法律制度的规定，纳税人发生逃避缴纳税款行为时，税务机关可以行使的权力有（ ）。
A. 追缴税款 B. 加收滞纳金 C. 处以罚款 D. 处以罚金

三、判断题

1. 开业登记是指从事生产、经营的纳税人，经国家工商行政管理部门批准开业前办理的纳税登记。 （ ）
2. 普通发票主要由营业税纳税人和增值税小规模纳税人使用，增值税一般纳税人在不能开具专用发票的情况下也可使用普通发票。 （ ）
3. 税收强制执行措施的对象只包括纳税人未缴纳的税款而不包括纳税人未缴纳的滞纳金。 （ ）
4. 纳税人、扣缴义务人、纳税担保人同税务机关在纳税上发生争议时，可以依法申请行政复议，也可以依法直接向人民法院起诉。 （ ）

四、案例分析题

1. 某企业于201×年6月10日在工商行政管理部门领取营业执照，但由于各项工作尚处于筹备之中，生产未能正常运转，直到7月10日才正常投产，故该企业于7月12日向税务机关办理税务登记。

请问：（1）改企业办理税务登记是否符合规定？说明理由。
（2）如不符合规定，税务机关对该企业应如何处理？

2. 李小林在某市甲区设立个人独资企业，其住所即为其经营地点。后根据经营情况，小李将企业搬至该市乙区。请问李小林要办理何种税务登记？

参考文献

[1] 中国注册会计师协会．税法［M］．北京：经济科学出版社．2016.

[2] 刘佐．中国税制概览［M］．北京：经济科学出版社，2016.

[3] 全国注册税务师职业资格考试教材编写组．税法（Ⅰ）［M］．北京：中国税务出版社，2016.

[4] 全国注册税务师职业资格考试教材编写组．税法（Ⅱ）［M］．北京：中国税务出版社，2016.

[5] 王振东，张红升，危磊．税法［M］．北京：人民邮电出版社，2013.

[6] 杨宁，付琳．税法基础［M］．北京：教育科学出版社，2016.

[7] 毛晓军．税法［M］．上海：上海立信出版社，2012.

[8] 穆静．税法实务［M］．西安：西北工业大学出版社，2014.

[9] 全国注册税务师职业资格考试教材编写组．涉税服务实务［M］．北京：中国税务出版社，2016.

[10] 翟继光，张晓龙．中小企业纳税实用技巧［M］．上海：立信会计出版社，2008.

[11] 王振东，白洁．税法［M］．北京：北京师范大学出版社，2009.

[12] 张瑞珍．纳税实务［M］．北京：人民邮电出版社，2011.

[13] 梁伟祥，王碧秀．企业纳税全真实训［M］．北京：清华大学出版社，2012.

[14] 张紫东，张彤．税务会计实训丛书［M］．北京：北京大学出版，2011.

[15] 黄超平．纳税实务项目化教程［M］．北京：冶金工业出版社，2010.

[16] 梁文涛．纳税实筹划［M］．北京：清华大学出版社，2012.

参考文献